자식농사 주 안에서
내 마음대로 된다

자식농사 주 안에서 내 마음대로 된다

초판 인쇄 2014년 12월 15일
4쇄 발행 2023년 12월 1일

지은이 권창규
펴낸이 권창규
펴낸곳 도서출판 올리브
등 록 제2013-4호(2013. 2. 13)
주 소 대구광역시 남구 앞산순환로 655
      전화 053)213-9191
디자인 표지 이수연
디자인 본문 구본일
제작대행 세줄기획(이명수) 전화 02. 2265. 3749
영업(총판) 일오삼
      전화 02. 964. 6993, 팩스 02. 2208. 0153

저자 연락처 : 010-3213-3617
         E-mail. silguy97@naver.com

값 17,000 원
ISBN 979-11-954169-0-5 03230

ⓒ 2014, 권창규

* 잘못 만들어진 책은 바꾸어 드립니다. 저자와의 협약으로 인지는 생략합니다.
* 본사의 허락없이 무단전재와 무단복제를 금합니다.

자식농사 주 안에서
내 마음대로 된다

미운 3살을 순종하는 3살로
때려죽이고 싶은 7살을 복종하는 7살로
반항하는 10대를 효도하는 10대로
세상의 걱정거리인 20대를 아름다운 세상을 만드는 20대로 기르는 교육법!

권창규 지음

도서출판 올리브

추천사 1

게리 코헨 박사 | 코헨대학교 총장

Every year many books about Jews come out. These books are usually written from the perspectives of foreigners outside the Jewish community. I have always felt something important missing in those books because those who wrote these books seemed not to know about Jews truly enough. Also, it is probable that many people learn to have erroneous information about Jews from these books. That is, they are telling something about the surface of Jewish lives but don't get to the heart of their lives. As a Messianic Jew who believes in and follows the Christian idea of Jesus as messiah, I highly recommend this book.

This book is based on Hebrew thinking from the research of many Jewish areas including culture, society, religion, education, etc. Dr. Kwon knows surely the core of Jewish education is anchored in their family lives. It is a precise diagnosis when he said the collapse of modern education originated from the breakdown of the family in modern society. He found out this from the Jewish lives on the basis of the Holy Bible.

What are the most crucial things in Jewish education are Sabbath meal, Bat Mitzvah, and recitation, which couldn't be understood thoroughly unless they are approached from the religious perspectives of worshiping the God. These three things have made positive influences on Jewish education, playing a pivotal role of restoring a relationship with the God which cannot be seen in family relations of the modern age. The most characteristic about Jewish education is that the three communities of family, society, and school build education together based on the Shema centering around the Chapter 6 of Deuteronomy, which Jewish children start to learn at their early ages.

Jews regard three kinds of education as important. First, learning takes place anywhere anytime. Jews tend to try to learn more and more. Second, what is learned must be practised. Jews learn this when they are very young. Third, Jews intend to achieve what they learned. The secret of Jewish survival through all those years lies in these three learning principles. Jews make it a rule to contribute to the community and society they belong to after making a success. They try to share what they earn and practise devotion in their society. This is the Jewish thinking being passed down from the Abraham of the Old Testament to the present generation.

I could find the core of Jewish lives and their education in this book which is totally different from other books about Jews. They only tell the superficiality of Jewish lives. However, Dr. Kwon made a great contribution to the Christian education in that he practised the Jewish education to foreign Christians stressing that school and church must be united centering around family. The essence of Jewish education, he said, is a family-centered society in which respecting parents takes priority at all times.

This book is excellent and unparalleled in emphasizing children's relationship with their parents. It is unprecedented that Dr. Kwon, as a foreigner, found out the important elements of Jewish education and practiced them to many Christian and non-Jewish families. I strongly recommend this book, whose writer is a balanced practitioner of theory and practice, religious leader, and scholar. This book is full of concrete guiding principles based on the words of the Holy Bible. Thus, it will give an answer to those families who try to truly seek the God-oriented education. Lastly, all the churches should work together to study and practise what they find in this book.

I am really proud that Dr. Kwon published this precious

book and I have more expectation about what he will contribute in the future. I recommend this book to all the Christians, their families, and churches in South Korea.

Nov. 2014

● ● ●

매년 유대인과 관련된 책들이 얼마나 많이 쏟아져 나오는지 모른다. 그런데 책들 대부분이 이방인과 유대인 공동체 밖에서 쓰여져 있다. 이런 책들을 읽다보면 유대인으로서 안타까운 마음이 든다. 유대인을 제대로 알지 못한 채 기록된 부분이 많아서 많은 사람들에게 잘못된 이해를 가져올 위험성이 있기 때문이다. 이러한 책들은 유대인의 삶에 대해 표면적인 부분은 말해줄 수 있으나 핵심을 짚어 내지는 못한다.

예수 그리스도를 메시야로 믿고 따르는 메시야닉 유대인으로서 본서를 적극 추천한다. 권창규 박사는 유대인의 문화, 사회, 종교, 교육 등 다방면의 연구를 바탕으로, 히브리적 사고에 입각하여 이 책을 내 놓았다. 유대인 교육의 핵심이 가정이라는 것, 현대 교육 붕괴 원인을 가정파괴로 본 것은 아주 정확한 진단이다. 그리고 그 대안으로 성경을 바탕으로 하고 유대인들의 삶에서 원리를 찾은 것 또한 탁월하다 하겠다.

유대인 교육에 있어 결정적인 역할을 하고 있는 것은 안식일의 거룩한 식사와 바미츠바(말씀의 아들 선포식) 그리고 암송이다. 이것들을 하나님을 경외하는 종교적 관점에서 이해하지 않으면 유대인 교육을 제대로 알 수 없다. 이 세 가지는 유대인 교육에 긍정적인 영향을 미쳤다. 현재까지도 가족관계를 통해 안 보이는 하나님과의 관계까지도 회복시키는 중요한 역할을 하고 있다.

신명기 6장을 중심으로 한 쉐마를 토대로 가정, 학교, 사회, 세 공동체가 함께 교육을 만들어가는 것이 가장 큰 특징이다. 오랜 세월동안 유대주의가 만들어진 토대라 할 수 있다. 어린 아이 때부터 신명기 6장 교육이 이루어진다. 유대인들은 크게 세 가지 방법의 교육을 중요하게 여긴다. 첫째, 언제 어디서든 배운다(learning). 좀 더 배우려고 하는 것이 유대인의 특징이다. 둘째, 배운 것을 실천한다(doing well). 어릴 때부터 습득한 방법이다. 셋째, 언제 어디서든 배운 것을 성취하고자 한다(achieving). 이 세 가지 바탕에 유대인의 생존비밀이 있다. 유대인 질고의 삶에서도 살아남은 비법이다. 성취한 후에 소속된 지역과 사회에 반드시 공헌한다. 지역 공동체에 헌신하며 나눔을 실천한다. 구약의 아브라함부터 현재까지 내려오는 유대인의 사고방식이다.

유대인으로서 권창규 박사의 본서는 표면적인 면을 말하는 책들과는 달리 유대인의 삶과 교육의 핵심을 정확히 찾아내었다. 그리고 성경 말씀에 근거하여 유대인 교육을 이방인 기독교인들에게 접목하고 실천한 것은 기독교교육에 큰 공헌이다. 권창규 박사는 가정을 중심에 두고 가정, 학교와 교회가 하나 되어야 할 부분에 대해 강조하였다. 유대인 교육의 바탕이라 할 수 있다. 유대인 교육은 부모 공경, 가족중심이 바탕을 이루고 있다. 이 책은 부모와의 관계를 강조하고 있다는 점도 탁월한 부분이라 하겠다. 유대인이 아니면서 이러한 유대인 교육의 중요한 요소들을 찾아 연구 발전시켜 자신의 가정과 다른 수많은 가정 그리고 교회에 접목 실천한 사례는 전 세계에 유래가 없을 것이다. 이론과 실제를 균형 있게 실천한 실천가이자 목회자 겸 학자인 권창규 박사의 책을 적극 추천한다.

하나님이 원하시는 교육을 어떻게 해야 할지 고민하는 가정들이 많다. 이 책은 성경의 말씀에 입각하여 유대인 교육을 연구하여 내놓은 구체적인 지침으로 가득하다. 이 책이 해답이 될 것이다. 이 책을 추천하며 모든 교회들이 함께 연구하고 실천해가길 소망한다. 나는 권창규 박사가 본교의 후배 교수로서 이러한 귀한 책을 출판하게 된 것을 자랑스럽게 생각한다. 더 큰 기대를 갖게 된다. 한국의 그리스도인들과 가정들, 교회에 이 책을 추천한다.

2014. 11. Gary Cohen

추천사 2

박영철 교수 | 침례신학대학교 명예교수,
주님의기쁨교회 담임목사, 〈셀교회론〉의 저자

이 책은 저자 스스로의 영적 순례의 길에서 만나게 된 자녀교육에 대한 소중한 성경의 가르침을 실제로 적용하고 보완한 것을 진솔하게, 그러나 균형 있고 심도 있게 다룬, 매우 유익하고 탁월한 책이다. 특히 그리스도의 십자가와 부활 복음으로 자신의 주인을 자신으로부터 예수님으로 바꾼 사람들이 자녀들을 교육하는 막중한 일을 성경적으로 수행하기 위하여 필연적으로 직면하는 문제들을 구체적으로 다루며 그 해결책을 찾아 제시한 책이다.

저자는 자신이 서언에서 밝혔듯이 하나님이 기뻐하시는 교육 원리와 방법을 홈스쿨링에서 발견하고 세 딸들 모두를 홈스쿨링을 통해 교육해 왔으며, 또한 그 과정에서 발견한 신학적, 성서적 문제들과 한계를 극복하기 위해 그 모든 것의 근본인 복음의 본질로부터 신학적 모티브를 철저히 정리했다. 뿐만 아니라 그의 논의는 신학적 이론의 단계로부터 실질적이고 구체적인 원리로 나아가서 성서적인 교육의 모델로서의 유대인의 자녀교육 방법까지 다루며 한계를 극복하는 노력을 기울인 점은 본 서의 우수성을 더욱 높여주었다.

날이 갈수록 어둠의 세상 교육철학과 방법들이 그리스도인의 자녀들을 무차별적으로 무신론적 입장의 교육에 철저히 노출시킴으로써 기독교인다운 자녀교육을 원천적으로 봉쇄하는 책략을 심하게 구사하고 있다. 예수님을 주님으로 모신 진정한 그리스도인이라면 자녀들이 하나님께서 부모에게 맡겨주신 하나님의 사람들이라는 사실을 인식하고, 이들을 철저히 하나님의 사람으로 양육하기 위해 부모로서의 사명을 다해야 한다. 그러기 위해서 본서에서 저자가 심층적으로 다루고 있는 자녀교육과 관계된 이슈들에 대해 진지하게 고민하고 반드시 성경적인 교육에 성공할 수 있도록 부모들은 노력을 기울여야 한다.

본서는 신학생과 목회자들은 물론이고 모든 그리스도인들이 반드시 읽어야 할 자녀교육에 관한 교과서 같은 책이다. 이제 한국 기독교인들이 신앙적으로 자녀들을 교육하는 일이 학교에 맡겨서 되어지지 않는다는 각성을 하기 시작했다. 바로 이 문제에 있어서 선구자적 역할을 감당하는 저자 권창규 목사의 노력의 결실인 본서가 매우 유익한 길잡이가 될 것이기에 큰 기쁨과 자랑스러움으로 모든 그리스도인들에게 적극 추천한다.

추천사 3

강신권 박사 | 피드먼트대학교 총장

　세계 선교와 말씀 전수는 교회가 결코 놓칠 수 없는 두 기둥이다. 한국 교회는 지난 시절 동안 세계 선교에는 괄목할 만한 성과를 내었다. 그러나 말씀 전수에는 실패했다. 그래서 신자들의 삶에서 말씀을 통한 신앙의 체질화가 이뤄지지 않았다. 여기서 한국 교회의 모든 문제가 파생되었다. 말씀 전수의 체질화 이것만이 한국 교회와 세계 교회가 살 길이다. 말씀이 체질화되지 않고 그것이 전수되어 생활화되도록 가정에서 만들지 않기 때문에 '말씀 따로, 생활 따로'라는 이원론적인 현상이 심각하게 그리스도인들의 가정과 교회에 지배하고 있다. 히브리적 사고로 말씀 전수가 가정을 중심으로 이루어져야 한다. 성경은 하나님이 자신의 의도를 인간에게 드러낸 책이다. 하나님은 자신의 의도를 인간에게 전달하기 위한 수단으로 히브리(유대)민족을 선택했다. 그들에게는 자신들만의 총체적이고 독특한 사고의 문화가 있다. 그들만의 고난과 영광이라는 철학적, 역사적 배경, 자신들만의 세계관이 녹아 있다. 히브리적 사고는 이런 총체적 배경에서 나온 것이다. 성경을 제대로 이해하기 위해 반드시 히브리식 사고를 알아야 한다. 히브리적 사고를 바탕으로 성경을 이해하고 연구하며 테필린(암송)해야 함을 20년 가까이 한국 교회에 가르쳐왔다.

권 박사는 히브리적 사고에 입각한 설교와 교수사역을 탁월하게 할 뿐 아니라 교육에 접목하여 기독교 교육의 새로운 장을 열고 있다. 그의 책은 한국 교회와 세계 교회에 새로운 반향을 일으킬 것이다. 이론 뿐 아니라 히브리적 사고에 입각한 기독교 교육의 기틀을 마련하였다. 말씀 전수의 산실이 되어야 할 가정 중심의 교육은 히브리적 사고에 입각한 교육에 있어 핵심인데 이를 가정과 교회에 접목하여 정착시켰다.

전 세계 교회가 다음 세대인 자녀들을 잃어버리고 있으며 특히 조국 한국 교회와 중국 교회의 믿음의 가정에서 자란 자녀들이 교회를 떠난다는 보고가 쏟아지고 있다. 참으로 참담한 일이다. 이에 권 박사가 저술한 본 서는 성경의 역사적, 철학적, 신학적 연구를 바탕하여 교육학을 정립하고 가정에서 행할 수 있는 실제적인 지침들로 가득하다. 히브리적 사고에 입각한 교육을 홈스쿨링과 유대인 교육으로 임상을 거쳐 체계화 한 것에 경의를 표한다.

이 책을 적극 추천하며 믿음의 각 가정들은 부지런히 이 책을 성경과 더불어 가정교육의 교과서로 삼아 부모들이 자녀들에게 말씀을 전수하는 일에 힘쓰기를 바란다. 이러한 귀한 책이 제자 권 박사를 통해 그리고 한국에서 나오게 된 것을 큰 영광으로 여긴다.

2014년 11월 13일

추천사 4

김형종 박사 | 코헨대학교 부총장

　사랑하는 제자 권창규 목사의 첫 번째 책을 자랑스럽게 추천합니다. 권 목사가 저를 찾아온 지 4년이 되어 갑니다.
　권 목사는 여러 면에서 목회자로 교수로 준비된 사람입니다. 먼저 저자는 10년 전부터 홈스쿨을 통해 세 자녀를 훌륭하게 키우고 있습니다. 그리고 저자는 10년 전에 개척한 좋은가족교회를 통해서 홈스쿨을 교회에 접목하여, 주님이 기뻐하는 모델의 교회로 사역하고 있습니다. 저자는 저를 만나 성경을 배우면서 유대인의 자녀교육의 비밀이 성경암송이라는 것을 배웠습니다. 유대인들은 지난 삼천년 동안 아무도 모르게 성경암송을 생명처럼 여기고 자녀를 양육했습니다. 그러자 그 아이들에게 하늘의 지혜, 총명과 명철이 임하고, 천재들이 되었습니다.
　성경을 암송하면 누구든지 세 가지의 축복을 받습니다.
　첫째는 하늘의 지혜가 임하는 머리의 축복입니다.
　둘째는 하나님의 마음으로 가슴이 열리는 축복입니다. 가슴이 열리면 많은 사람을 하나님의 마음으로 보게 되고 자신의 축복을 나누게 됩니다. 그래서 미국 경제의 주축인 유대인들이 자신들의 물질을 세상에 기부하는 사람이 되었습니다.
　셋째는 손과 발의 축복으로 하는 일마다 잘되는 역사가 일어납니다. 유대인들은 지난 삼천년 동안 이런 축복의 현장의 주인공이고 지금도 그들은 물질의 복을 누리며, 나누어주는 축복의 도구로 사용되고 있습니다.

권 목사는 유대인의 비밀스런 축복의 현상이 성경암송으로 되었다는 것을 알았습니다. 권 목사는 이것을 배워 바로 목회와 각 가정, 주일학교에 적용하여 4년이 지나갑니다. 이제 좋은가족교회의 50명의 아이들이 적게는 1천 절에서 4천 절을 암송하게 되었습니다. 이것은 시간과 노력이 만든 정말 놀라운 일이 아닐 수 없습니다. 네 살짜리 아이가 영어 잠언 암송 캠프에서 자원봉사를 하는 엄마를 따라 다니다가, 형 누나들이 영어로 외우는 소리를 계속해서 들으면서 자신도 모르게 암송하게 되었습니다.

그때부터 유대인들이 4살 때부터 암송하는 이유를 깨닫고, 무조건 4살부터 외우도록 시작했으며 최근에는 강보교육으로 이 교회에서는 태중에서부터 시작하는 것을 보았습니다. 그리고 더 놀라운 것은 어릴수록 암송하는 속도가 비례적으로 빠르다는 것입니다.

이 책은 유대인의 암송에 대한 이론적인 내용과 아울러 암송하는 방법에 대한 내용을 자세하고 구체적으로 각 교회에서 적용할 수 있도록 알려주는 내용입니다.

당신이 이 책을 읽는 순간부터 성령께서 역사하셔서 암송의 세계로 빠져들게 할 것입니다. 또한 암송 뿐 아니라 성경적 육아와 교육을 가정에서 어떻게 해야 할지 구체적인 방법들을 제시해주고 있습니다. 좋은 책을 추천할 수 있어서 매우 기쁩니다.

2014년 11월 14일

감사의 글

교육과 관련하여 아무것도 모르던 저를 11년의 세월 동안 훈련시켜주시고 가르쳐 주신 분은 하나님이십니다. 하나님이 기뻐하시는 교육의 원리를 알게 하시고, 관심을 갖고 연구하고, 자녀들의 어려운 문제들을 풀어가게 하신 분도 하나님이심을 고백합니다. 모든 것이 그분의 이끄심과 돌보심, 도우심이 없었다면 불가능한 일이었으므로 모든 일이 오직 하나님의 은혜였음을 고백합니다. 모든 영광을 살아계시고 역사하시는 성삼위 하나님께 올려드립니다.

우리 하나님은 하찮은 피조물의 작은 몸부림과 고통에도 관심을 갖고 다가오셔서 깨닫게 하시고, 가르쳐주시는 최고의 스승이자, 상담자십니다.

또한 홈스쿨 초기부터 미국 땅을 떠나 한국에서 한국의 가정들을 도우며 특별히 우리 가정에 애정과 사랑을 갖고 도와주신 미국의 기독교 홈스쿨 초기 개척자이자 지도자이신 로리 여사와 9살 때부터 홈스쿨로 자라 한국 여인과 결혼하여 이제 세 아이의 아버지가 된 브래들리 볼러 형제에게도 감사를 전합니다. 성경적 육아의 아주 실제적인 것을 우리 부부에게 가르쳐주고, 질문마다 사랑과 애정으로 지도해준 것이 지금, 현재 우리 가정이 있게 한 원동력입니다.

복음이 무엇이며, 교회가 무엇인지 그리고 영적인 관계가 무엇인지 알도록 가르쳐주신 전(前) 침례신학대학원 박영철 교수와 전

신자사역훈련원 김선홍 목사께도 감사를 전합니다. 때로 형님처럼 아버지처럼 책망과 격려를 아끼지 않으셨던 것을 기억합니다.

저희 가정이 위기에 있을 때 도움을 주신 박훈 목사와 교회의 식구들께도 감사를 전합니다. 유대인 교육에 입문하게 하시고 기독교 홈스쿨의 신학적, 성경적, 역사적 뿌리의 문제와 한계를 느낄 때, 그 해답을 찾게 하시고 수많은 유대의 아름다운 유산을 깨닫게 해주신 쉐마교육의 현용수 박사께도 감사를 전합니다.

또한, 하나님의 특별한 인도로 테필린 교육을 접하여서 원어적인 이해와 히브리적 사고로 성경을 볼 수 있는 눈을 가지게 해 주신 나의 스승이신 강신권 박사와 김형종 박사께도 감사를 드립니다. 히브리적 사고로 성경의 원어와 신학적 이해를 갖게 해주셔서 목회와 가정과 교육사역에 새로운 지평을 열어주신 은혜를 잊지 못합니다. 지금도 그 풍요로움은 가정과 교회, 교육사역에 성령의 역사와 기적을 매일 만들어내고 있습니다.

이 모든 만남을 주선하신 이는 우리 좋으신 하나님이심을 다시 고백합니다. 마지막으로, 10여년을 넘게 세 딸을 홈스쿨링하며 눈물로 내조해 준 아내 전실경에게 감사하며, 지우, 세은, 지원이가 있었기에 기도하며 연구할 수 있었음에 감사합니다. 그리고 세 딸은 하나님이 보내신 보배며 믿음의 유산을 이어 신앙의 명문가를 이룰 권씨 가문의 이삭들임을 고백합니다.

감사의 마음 가득 담아 아내와 세 딸에게 사랑과 고마움을 전합니다. 세 딸을 주신 하나님 감사합니다. 아브라함처럼 믿음의 신앙 명가를 이루겠습니다.

차례

추천사1 · 게리 코헨 박사 ·· 4
추천사2 · 박영철 교수 ··· 10
추천사3 · 강신권 박사 ··· 12
추천사4 · 김형종 박사 ··· 14
감사의 글 ··· 16

머리말 ··· 24

1. 교육은 교과학습이 아니다 ·· 31

2. 내 자녀 누가 책임져야 하나?
  1. 신명기 6:4~9 ·· 35
  2. 신명기 31:11~13 ·· 36
  3. 잠언 22:6, 15, 29;17, 13:24 ··································· 38
  4. 에베소서 6:4 ·· 39
  5. 디모데전서 3:4, 12 ··· 40
  6. 디도서 1:6 ·· 42
  7. 누가복음 23:28 ·· 43

3. 성경이 말하는 자녀교육의 성공과 실패
  1. 절반의 성공을 거둔 아담 ······································ 45
  2. 홍수심판의 원인이 된 불신결혼과 자녀교육 실패 ········· 46

3. 최고의 성공사례 노아 ·· 48
　　4. 자녀와 열방에 말씀전수 사명을 받은 아브라함 ············ 49
　　5. 이삭, 야곱, 요셉으로 이어지는 성공사례······················ 50
　　6. 가문을 멸망으로 이끈 엘리제사장의 자녀교육 ············ 52
　　7. 아버지에게 칼을 들게 한 다윗의 자녀교육 ·················· 53
　　8. 외조모 로이스와 어머니 유니게의 합작품 디모데········· 55

4. 성경적 교육의 7가지 기초
　　1. 기르기만 하지 말고, 훈계와 훈련으로 교육하라! ·········· 59
　　2. 성경적 인간론을 바탕으로 교육하라! ··························· 61
　　3. 하나님께서는 자녀교육의 책임을 부모에게 맡기셨다 ··· 70
　　4. 세상적인 교육전문가보다 하나님의 말씀을 더 신뢰해야 한다··· 72
　　5. 기는 살리고 고집은 꺾어라! ··· 75
　　6. 부모가 리더십을 가지라!·· 82
　　7. 분리하여 교육하라! ··· 83

5. 성경적 신앙교육
　　전제 : 신앙 우선 교육 ·· 90
　　1. 온전한 복음교육—값싼 복음을 물리치라! ······················ 94
　　　　1) 바라 בָּרָא (창조) ·· 96
　　　　2) 죄 ··· 96
　　　　3) 십자가와 부활 ··· 97
　　　　4) 회심 ··· 98

19

5) 믿음 ··· 100
2. 가정식탁예배 – 온가족을 말씀으로 하나 되게 하는 가정예배
  1) 사전준비 : 예비일 ································· 107
  2) 초기 유대인 그리스도인들의 가정예배 순서 ············ 107
  3) 가정식탁예배를 통해 얻은 유익 ······················ 113
3. 온전한 주일성수 – 우리가 안식일을 지킨 것이 아니라
  안식일이 우리를 지켰다 ······························· 116
  1) 안식일의 특징 ···································· 118
  2) 성수주일을 위한 실제적 제안 ······················· 121
4. 여호와 절기교육 – 1년을 생명력 있게 만들라! ············ 123
  1) 절기에 관련된 원어의 뜻 ··························· 123
  2) 절기의 중요성 ···································· 124
  3) 절기와 기독교와의 연속성 ·························· 125
  4) 유월절의 중요성 ·································· 127
5. 성경암송 – 말씀을 영혼에 흘러넘치게 하라! ··············· 132
6. 원어와 히브리사고로 성경을 연구하고
  말씀을 체질화시키라 ································· 138
7. 탈무드식 성경디베이트 – 말씀의 사람을 만들라! ·········· 143
8. 새벽기도 – 목숨 걸고 기도한 다니엘을 만들라! ·········· 151
9. 복음전파 – 모든 민족을 제자 삼으라! ····················· 154
10. 신앙교육을 위한 추가제안 ····························· 157
  1) 말이 아닌 삶으로의 교육 ··························· 157
  2) 너무나도 중요한 '생명의 사이클' ···················· 158

3) 삼대 교육 ··· 160

4) 신앙교육을 토대로 한 인성, 지성교육 ················· 161

5) 시냇가에 심은 나무처럼 열매 맺는 교육 ············· 162

6) 신앙교육으로 가정, 교회, 학교가 하나 되어
다음 세대 교육하기·· 162

6. 성경적 인성교육

1. 효도교육 ·· 167
2. 권위와 질서교육 ·· 171
   1) 성경이 말하는 권위와 질서 ································ 172
   2) 하나님께서 세우신 권위의 영역 ······················· 174
   3) 권위자를 대하는 올바른 자세 ··························· 177
3. 공경과 예절교육 ·· 181
4. 부드러운 사랑교육 : 칭찬과 격려 ······················· 187
   1) 성경에서 살펴 본 칭찬과 격려 ··························· 187
   2) 세 가지 칭찬의 요소 ·· 189
   3) 칭찬은 훈련으로 만들어진다 ····························· 191
   4) 브래들리 볼러의 칭찬 사례 ································ 192
   5) 나쁜 칭찬 ·· 194
   6) 좋은 칭찬 ·· 195
   7) 이렇게 칭찬하라! ·· 196
   8) 칭찬을 받았을 때 반응과 태도 ························· 197
   9) 칭찬의 부작용 ·· 198

5. 엄한 사랑교육 : 책망, 매, 벌 ················· 199
6. 역사(고난)교육 ····························· 202
　1) 잃어버린 역사교육하기 : 창세기 1~11장의 잃어버린
　　 역사를 가르치라! ······················ 202
　2) 역사를 말하려면 모세오경과 나머지 성경을 원어,
　　 히브리적 세계관으로 연구하라! ············ 203
　3) 패배의 날을 기억하게 하라! ················ 206
　4) 수치스러운 조상의 역사를 낱낱이 가르치라! ···· 207
　5) 가장 행복할 때 불행을 이야기하라! ············ 210
　6) 시각과 청각으로 경험하게 하라! ············ 210
7. 지혜교육 ································ 211
8. 십계명과 산상수훈 교육 ··················· 213
9. 성경교육 ································ 214
10. 경제교육 ······························· 215
　1) 기독교에서는 경제(돈)에 대해 왜 부정적인가? ····· 215
　2) 유대인과 돈 ··························· 216
　3) 유대인과 직업 ·························· 218
　4) 유대공동체는 경제공동체 ················· 218
11. 성령의 열매와 품성교육 ··················· 221
　1) 바울의 품성 : 성령의 열매(갈 5;22~23) ········· 221
　2) 이스라엘 인성교육 ······················ 221
　3) 미국품성교육 - IBLP의 49가지 품성 ········· 223
12. 한국인 그리스도인의 정체성교육 ············ 230

7. 성경적 지성교육

1. 유대인 교육법 ································· 235
   1) 유대인 교육 전제 ··························· 235
   2) 지혜와 슈르드교육 ························· 236
   3) 모세오경 암송교육 ························· 239
   4) 탈무드 디베이트교육 ······················ 242
2. 뇌 과학 학습법 ······························· 245
   1) 뇌 구조와 기능이해 ························ 245
   2) 뇌 과학 교육원리 : 뇌 특성 7가지 ········ 253
   3) 뇌 과학으로 검증된 12가지 학습법 ······ 265
   4) 뇌 과학으로 본 유대인 교육 ·············· 273

맺는 말 ·· 277

교육 간증 사례문 ································· 281

머리말

**4세기 이후 잃어버린 교육원리로
주 안에서 자식농사 내 마음대로 된다.
토브교육으로 이제 다음 세대가 달라진다.**

이 책은 나와 우리 가정의 성경적 자녀교육에 대한 고민과 연구 과정을 통해 만들어졌다. 나는 11년째 기독교 홈스쿨링으로 자녀를 기르고 있다. 미국 기독교 홈스쿨링의 지원과 후원으로 2003년경부터 홈스쿨링을 준비하여 진행해왔다. 미국 기독교 홈스쿨링의 영향을 받은 부분은 청교도 정신에 입각한 홈스쿨러들이었다(이 책에서 미국 기독교 홈스쿨링이라고 할 때 다양한 성격의 홈스쿨이 있지만 기독교의 청교도적 홈스쿨링에 입각하고 있다. 그러므로 다양한 미국 홈스쿨 모두를 가리키는 것이 아닌 청교도적 홈스쿨과 초기 기독교 홈스쿨 개척정신을 고수하고 있는 그룹으로 제한한다).

세 딸(18살의 권지우, 14살의 권세은, 7살의 권지원)의 아버지로서 부지런히 홈스쿨 해왔으며 이제 12년째를 접어들고 있다. 청교도 홈스쿨링의 육아법은 아주 탁월한 방법으로 자녀를 육아하거나 교육할 수 있는 방법들이 많았으며 유익한 도구였다. 수년간 다른 가정들을 도우면서 성경적 가정교육과 홈스쿨 부모 교사 훈련 등으로 가정과 홈스쿨을 지원하였다. 대구지역과 한국 전역을 다니며 가정 중심의 자녀교육과 홈스쿨링, 가정교육방법에 대해 강의와 상담으로 사명을 향해 달려왔다.

그러던 중에 미국 기독교 홈스쿨의 신학적, 성경적, 역사적 기반의 약함과 철학적 기초의 한계를 보았다. 취약한 부분을 보완하기 위해 연구하던 중, 신명기 6장과 말라기 4장의 말씀을 통해서 유대인 교육을 찾게 되었다. 유대인 교육에 대해 연구하면서 성경적 자녀교육과 홈스쿨링의 성경적, 신학적, 역사적 기초를 세울 수 있었으며 분별이 필요하나 유대인 교육을 바탕으로 하나님이 원하시는 교육을 복원할 수 있었다.

현용수 박사의 쉐마교육은 큰 도움이 되었다. 유대인 교육은 바다와 같이 넓고 깊었다. 구약을 바탕한 유대인 교육의 원리를 찾으며 달려오다 보니 원어적 이해와 히브리적 관점으로 성경을 해석하는 코헨신학을 배우는 영광에 이르렀다. 유대인 그리스도인이며 세계적 석학이신 게리 코헨 박사를 은사로 모신 것은 큰 영광이었다. 강신권 총장과 김형종 부총장께도 감사를 드린다. 교육과 관련하여 미국 기독교 홈스쿨, 뇌과학, 유대인 교육, 코헨신학으로 이끌어주신 하나님의 큰 뜻을 깨닫고, 배우고 토론한 내용을 바탕으로 믿음의 가정과 한국 교회교육, 한국 교육, 세계 교회의 믿음의 가정들에게 하나님이 기뻐하시는 교육이 이루어지기를 기대한다.

이 책을 쓰게 된 목적은 다음과 같다. 교육이 무너져 내린 이 시대 교육상황을 보면서 어떻게 그리스도인 가정들이 자녀를 하나님이 기뻐하시는 바른 교육을 할 수 있을까 고민이 되었다. 그러던 중, 하나님의 인도하심을 통해 4세기 이전 구약으로부터 초대

교회까지 이어지는 교육원리를 이스라엘의 유대인 교육과 미국 기독교 홈스쿨을 통해 발견하게 되었다. 유대인 교육과 미국 기독교 홈스쿨교육은 성경에 입각하여 교육철학과 방법들이 매우 유사했으며 아주 실제적이었다. 유대인 교육은 2500년 이상의 역사와 결과를 갖고 있으며 미국 기독교 홈스쿨교육은 50여년에 가까운 역사를 통해 검증되었다.

한국 교육은 어느 때보다 위기에 처해있다. 학교는 붕괴되어 사회의 큰 고민거리로 자리하며 매일 청소년들의 비행과 범죄 이야기로 뉴스를 장식하고 있다. 매일 4명 이상의 청소년들이 자살하는 것은 충격적 사실이다. 한국 교회도 믿는 가정의 대부분의 아이들이 대학을 전후하여 교회를 떠나고 있다. 쓰나미와 같은 충격을 보고 있지만 대안이 없다는 것이 더 큰 문제다.

이에 11년 동안의 홈스쿨 경험과 2500년 동안의 임상을 거친 유대인 교육에서 하나님의 교육 원리의 실마리를 찾게 되었다. 이것을 바탕으로 실제적인 대안을 제시하고 10여년 넘게 적용하고 실천한 것을 정리해보았다. 이것은 성경을 바탕으로 한 실제적인 대안이 될 것이다. 대부분의 내용은 우리 가정과 다른 수많은 가정에 적용해 온 사례를 바탕하고 있다. 추상적이지 않고 실제적인 신앙교육, 인성교육, 지식(학습)교육을 통해 무너지고 있는 위기의 그리스도인의 가정과 교회, 한국을 바로 세우는데 일조하기 원한다.

제시하는 교육내용의 전개는 가정에서 실제적으로 이루어져야 한다. 교회도 학교도 아니다. 가정을 중심으로 교회와 학교가 조화를 이룰 수 있을 것이다. 이 시대는 교육을 교회나 학교, 국가가 해결해주기를 바란다. 하나님의 창조원리에 입각해 볼 때, 이것은 바른 접근이 아니며 오직 가정에서 부모에 의해 이 문제가 해결됨을 명심해야 한다. 이 책의 가장 큰 강조점은 교육의 주권을 학교도 교회도 아닌 가정의 부모에게 돌려줘야 한다는 점이며, 이것이 교육에 대한 하나님의 창조계획이다.

가정을 중심에 두고 교회와 학교가 교육의 자기 역할을 감당함으로 하나님이 원하시는 교육을 이룰 수 있다. 가정에서 실제적인 교육내용을 실천하지 않는다면 해결책은 없다. 하나님은 오직 가정을 통해 교육이 이뤄지기를 원하시고 가정의 토대 위에 교회와 학교의 기능이 제대로 작동할 수 있음을 기억해야 한다. 그러면 이런 질문이 생긴다. "가정에서 제대로 이 역할을 못한다면 다른 대책이 없느냐?" 이 질문에 답은 "그렇다" 이다.

그래서 먼저 믿음의 가정과 이제 막 가정을 이룬 믿음의 가정을 중심으로 시작해야 한다. 영유아부터 시작하여 근본부터 분리된 이러한 교육이 시작되어야 하고 다른 영역은 현재 상황에서 조금씩 보완책을 마련해야 한다고 본다. 백년지대계라는 교육은 정권이 바뀌어 몇 년 만에 바꿀 수 있는 것이 아니다. 이에 수천 년이 흘렀지만 나라가 없이도 여전히 건재하며 미국과 전 세계에 영향을 미치는 유대인 교육을 그 모델로 삼아 위기의 한국 교육에 대안으로 제시하고자 한다.

무너진 기독교의 가정과 교회교육에 답은 있는가?

기독교 인구 중, 기독교 가정의 자녀들 가운데 대학을 졸업하기 전까지 교회를 떠나는 수가 95%에 이른다는 비공식집계를 접하게 되었다. 또한 미국에서 조사한 최근 보고에 의하면 65%가 떠난다고 한다. 이 충격적인 보도 앞에 더 고통스러운 것은 각 교회들이 그것을 피부로 느끼고 있으면서도 적절한 대안을 전혀 마련하지 못하고 있다는 점이다.

이것은 기독교 교회교육에 심각한 문제일 뿐 아니라 한국교육 전반에 심각한 문제로 급부상하고 있다. 청소년의 잔혹한 살인 등의 범죄와 성적인 타락은 어제 오늘의 일이 아니다. 한국기독교를 둘러싸고 있는 사회의 문제는 더욱 더 심각한 가운데 교회를 위협하고 있다. 사회적으로 더 심각한 타락으로 치닫는 가운데 기독교 교육의 회복과 그 대안의 모색은 사회를 구원하는 출발이 될 것이다. 가정의 교육이 무너지니 어디에서도 희망과 꿈을 찾을 수 없다.

그러나 여기에서 제시하는 유대인 교육과 미국 기독교 홈스쿨 교육을 통해 하나님의 교육원리를 가정에서 적용하고 교회가 지원한다면 자식농사 내 마음대로 된다. 한국교육이 이렇게 추락하는 것은 하나님이 원하시는 방향으로 교육이 흘러가지 않았기 때문이다.

이 확실한 교육의 원리와 실제들을 어떻게 한국 기독교 가정에 이식하여 열매를 맺을 수 있을지는 앞으로의 과제라 볼 수 있다. 11년이라는 짧은 시간의 연구이지만 우리 가정에서 놀라운 결과를 보았고, 수많은 가정들이 위기에서 벗어나 행복한 결실을 맺고 있음에 하나님께 감사를 드린다. 2500년에 비하면 순간의 역사이지만 이 작은 시작이 놀라운 기적의 결실을 맺을 것을 기대한다.

이 책의 내용은 11년 동안 홈스쿨 한 결과이자 경건한 유대인 크리스천의 교육을 바탕으로 실제 진행되었거나 현재 이루어지고 있는 교육 내용이다.

보이지 않지만 보는 것처럼 확신하며 발을 내딛는 것이 믿음이다. 계속되는 연구와 실천의 과정을 통해 잃어버렸던 기독교 가정의 모습과 교육원리를 회복함으로써 교육의 새로운 장이 열리고 있음을 발견한다. 하나님의 방법이면 반드시 성공하며 작금의 모든 문제를 푸는 열쇠가 될 것이다. 4세기 이후 잃어버렸던 하나님의 교육원리로 자식 농사가 앞으로 마음먹는 대로 될 것이다.

부디 이 책이 조국과 조국교회, 믿음의 가정들 뿐 아니라 모든 가정이 든든히 세워지는 계기가 되기를 기도한다.

1」
교육은 교과학습이 아니다

 교육이 무엇이냐는 정의에 대하여 묻는다면, 사람들마다 제 각각 갖는 견해가 다를 것이다. 그래도 공통분모를 찾는다면 교육을 국·영·수 중심의 교과학습으로 보통 생각한다. 교육을 학습이라고 생각하며 교육에 대한 정의를 깊이 생각해보는 사람들도 거의 없다. 교육학 과목의 수업에서는 언급될지 몰라도 말이다. 그래서 먼저 우리는 교육이 무엇인지를 제대로 정의하는 것이 필요하다.

 일반적으로, 자녀를 둔 부모라면 육아의 문제로 고민하는 경우가 많다. 이러한 육아 문제를 해결하기 위해 많은 부모들은 백방의 노력을 기울인다. 육아(育兒)의 사전적 의미는 "어린아이를 잘 기르는 방법"이다. 그렇다면 육아법의 중심에 있는 교육이란 무엇인가? 사전에서 정리하고 있는 교육(敎育)은 "지식과 기술 따위를 가르치며 인격을 길러 줌"으로 명시되어 있다. 즉 '지식과 정보, 기술을 습득하는 것뿐만 아니라 인격을 훈련하여 훌륭한 사람으로 만드는 것'을 의미한다.

 이러한 측면에서 볼 때, 단순히 정보를 암기하고 기술을 습득하는 것만이 교육이 아니라는 것을 알 수 있다. 그것은 교육의 일부이지 전부가 아님을 말해준다. 교육의 정의 속에 인격을 길러주는 것이라고 말하고 있지만, 실제 교육의 현장에서는 지식과 정보, 기술을 습득하는 것에만 치중되어 인격형성이라는 면은 성취되지 못하고 있음이, 사회적 이슈로 대두되고 있는 청소년문제를 통해 여실히 드러나고 있다.

실제, 교육에는 학습이 포함된다. 학습이란 외부세계의 사상에 대한 새로운 지식을 획득하는 과정이다(강영희, 생명과학대사전). 교육은 지식과 기술 그리고 인격까지 훈련하여 성장하도록 하는 것이고, 학습은 사상과 새로운 지식을 획득하는 과정이다. 이러한 측면에서 학습은 교육에 포함되지만 전부는 아니며 교육은 더 많은 의미들을 포괄하고 있고, 좀 더 광범위하다고 볼 수 있다.

여기에서 분명히 이해해야 하는 것은 교육은 교과학습이 아니라는 사실이다. 이 용어에 대한 사전적인 정의를 설명하는 부분에서도 이미 언급되었지만 교육은 지식, 정보, 기술 등을 익힐 뿐 아니라 온전한 한 사람으로 갖추어져 가정, 사회, 인류에 유용한 존재로 준비되는 과정이다. 가장 중요한 것은 바로 인격 즉 사람됨이다. 그 사람의 인격 교육이 교육의 중심이 되어야 한다.

교육에 대한 막연한 생각 때문에 도리어 많은 문제를 낳고 가정도 학교도 국가도 방향을 잡지 못한 채 무너지는 모습을 보는 것은 참으로 안타까운 일이다. 심지어 교육을 담당하는 이들에게 물어도 명확히 답하지 못하고, 또한 답을 가지고 있다 하더라도 교육현장에서는 외면당하고 있는 실정이다. 훌륭한 인격을 갖춘 인재를 양성하고 가정과 나라와 인류에 요긴한 인재로 훈련시키는 교육이 되어야 한다.

  목표를 분명히 하고 그에 맞는 방법이 나온 후, 교육평가가 이루어져야 할 것이다. 그런데 교육에 대한 정의조차 제대로 정의되고 이해되는 것 없이 어찌 교육이 가능하겠는가? 이것이 현대의 교육 실태라 할 수 있다. 오늘, 당신의 교육에 대한 이해를 다시 점검할 필요가 있지 않겠는가?

2」

내 자녀, 누가 책임져야 하나?

　유대인들은 학교에 대한 이상이 매우 높았다. 그럼에도 불구하고 유대인들에게 있어서 진정한 교육의 중심은 가정이었다. 포로기 이전 시대의 유대 역사에는 학교의 흔적이 전혀 없다. 유일한 학교는 가정이었고, 유일한 교사는 부모였다. 가정은 아동교육의 중심이었다. 엡스테인은 "자녀교육에 대한 부모의 의무를 유대교보다 더 크게 강조해 온 종교는 존재하지 않는다."라고 하였다. 학교의 역할이 제 아무리 크더라도 학교는 본래 '보조적인 가정'에 머물렀다.[1] 그렇다면 성경에서 말하는 교육의 주체에 관해 알아보자.

1. 신명기 6:4~9

　⁴ 이스라엘아 들으라 우리 하나님 여호와는 오직 유일한 여호와이시니 ⁵ 너는 마음을 다하고 뜻을 다하고 힘을 다하여 네 하나님 여호와를 사랑하라 ⁶ 오늘

---

1) Fletcher H. Swift, 「고대 이스라엘의 종교교육 발생부터 AD 70년까지」, 유재덕역, 소망, p.180.

내가 네게 명하는 이 말씀을 너는 마음에 새기고 ⁷ **네 자녀에게** 부지런히 가르치며 집에 앉았을 때에든지 길을 갈 때에든지 누워 있을 때에든지 일어날 때에든지 이 말씀을 강론할 것이며 ⁸ 너는 또 그것을 네 손목에 매어 기호를 삼으며 네 미간에 붙여 표로 삼고 ⁹ 또 네 집 문설주와 바깥 문에 기록할지니라.

성경은 자녀교육의 책임이 부모에게 있음을 분명히 명시하고 있다. 신명기 6장 7절에서처럼 '네 자녀에게'라고 말씀하고 계신다. 이렇게 기록된 신명기의 말씀에 대해 사람들은 시대적 변화로 인해 현대에 적용하기 어렵다고 말할지도 모르나, 분명한 것은 성경이 예나 지금이나 여전히 우리 삶의 기준이 되어야 한다는 사실이다.

하나님은 이스라엘의 아버지에게 네 자녀를 교육할 것을 명령하고 계신다. 즉 가정의 중심인 아버지들에게 교육의 책임을 명령하고 있는 것이다. 쉐마라는 단어로 시작하는 유명한 이 성경구절은 교육의 주체가 누구인지, 교육자가 누구인지를 분명히 나타내고 있다.

2. 신명기 31:11~13

¹¹ 온 이스라엘이 네 하나님 여호와 앞 그가 택하신 곳에 모일 때에 이 율법을 낭독하여 온 이스라엘에게 듣게 할지니 ¹² 곧 백성의 남녀와 어린이와 네 성읍 안에 거류하는 타국인을 모으고 그들에게 듣고 배우고 네 하나님 여호와를 경외하며 이 율법의 모든 말씀을 지켜 행하게 하고 ¹³ 또 너희가 요단을 건너가서 차지할 땅에 거주할 동안에 이 말씀을 알지 못하는 **그들의 자녀에게 듣고 네 하나님 여호와 경외하기를 배우게 할지니라.**

이 구절은 자녀들로 하여금 그 부모에게 하나님 경외하기를 듣고 배우도록 하라고 명시하고 있다. 이는 부모가 자녀들을 가르칠 것을 명하고 있음을 의미한다. 여기서 주목해야 할 것은 그들의 교육중심에 '여호와를 경외하는 법을 배우게 해야 한다' 는 것이다. 그래서 유대인들의 교육을 보면 그들의 교육중심엔 하나님의 율법이 자리하고 있음을 볼 수 있다.

시중에 나온 많은 유대인 교육과 관련된 부분이 이러한 유대 종교적 색채 때문에 율법과 토라(모세오경)에 대해 언급하지 않는 경우가 많다. 탈무드만 논할 뿐 저들이 생명처럼 여기는 모세오경은 외면한다. 유대인 교육은 토라를 외면하고는 말할 수 없다. 토라(모세오경)가 빠진 탈무드는 의미가 없다. 안식일과 절기, 성경암송, 탈무드 디베이트식 성경토론, 성경 몇 권의 책을 외워야만 치뤄지는 행사인 '바 미츠바'에 대해서는 말하지 않은 채 유대인 교육에 대해 이야기하곤 한다.

탈무드교육은 유대인 교육의 핵심이 아니다. 종교적인 이유로 이러한 핵심적인 내용들이 외면당하는 것을 보게 된다. 탈무드 토론은 저들의 교육핵심이 아니다. 이렇게 말할 수 있는 것은 그들이 믿는 여호와 하나님을 경외하는 데서 교육의 모든 것이 출발하기 때문이다. 모세로부터 받은 모세오경을 연구하는 것으로 그들의 교육이 시작되었다는 사실을 잊지 말아야 한다.

교육의 핵심은 하나님을 경외하는 것이다. 교육을 한다는 것은 히브리적 사고로 표현한다면 '하나님을 경외하는 사람으로 만드는 것' 이다. 여기에 교과학습이 들어올 틈이 없다. 그것은 결과에 불과할 뿐, 교육의 핵심적인 요소가 될 수 없다. 이로써 교육의 기독교적 정의를 내려본다면, 교육이란 하나님을 경외하는 자로 만들어 세상을 토브하게(하나님이 계획하신 아름다운 세상) 만드는 것이다.

3. 잠언 22:6, 22:15, 29:17, 13:24

> 22:6 마땅히 행할 길을 아이에게 가르치라 그리하면 늙어도 그것을 떠나지 아니하리라.

이 말씀은 마땅히 행할 길을 아이에게 가르치라고 하신다. 즉 자녀들에 대한 가르침을 부모들에게 명령하고 계신 것이다. 이는 자녀들이 어릴 때 부모가 가르쳐 놓은 것은 결코 늙어서도 떠나지 않는다는 것인데, 그 만큼 부모의 책임이 크다는 것을 보여주는 대목이다.

> 22:15 아이의 마음에는 미련한 것이 얽혔으나 징계하는 채찍이 이를 멀리 쫓아내리라.

성경에서는 아이의 마음에 미련함이 있으므로 부모가 이를 채찍을 들어 징계함으로써 가르치라고 명령하고 있다. 즉 아이의 어리석음을 쫓을 수 있는 사랑의 매와 책망으로 가르치라고 명하고 있는 것이다.

> 29:17 네 자식을 징계하라 그리하면 그가 너를 평안하게 하겠고 또 네 마음에

기쁨을 주리라.

이 말씀에서도 부모가 자녀를 징계하라고 명하고 있다. "네 자식을 징계하라"는 말씀은 최근 자녀를 애지중지하고 있는 현 시대의 부모들에게서 가장 외면 받고 있는 말씀이기도 하다.

> 13:24 매를 아끼는 자는 그의 자식을 미워함이라 자식을 사랑하는 자는 근실히 징계하느니라.

이 구절에서는 자녀를 교육함에 있어 매를 아끼는 부모는 자식을 미워하는 자라고 언급하고 있다. 진정으로 자식을 사랑한다면 근실히 징계하는 법이다. 근실히(שׁחר)란 '부지런히 일관되게', '일찍'이라는 의미를 갖고 있다.[2] 부지런한 것 뿐 아니라 아이가 어렸을 때부터라는 의미가 있다. 그러므로 부모는 아이가 어렸을 때부터 일찍이 그리고 부지런히 아이에게 매를 들어 훈육하고 교육하라고 명하고 있다. 하나님께서 이 책임을 누구에게 맡겼는가? 바로 부모이다.

4. 에베소서 6:4

> 6:4 또 아버지이신 여러분, 여러분의 자녀를 노엽게 하지 말고 주님의 훈련과 훈계로 기르십시오.

---

[2] 구본수, 「신약히브리성경」, 원어성서사랑회, p.1323.

신약에서도 명시된 것처럼 하나님은 바울 사도를 통해서 아버지된 자들에게 주님의 훈련과 훈계로 자녀를 가르치라고 명령하셨다. 개역 성경에는 교양과 훈계라고 되어 있는데, 의미가 명확하지 않다. 교양이란 단어의 원어적 의미는 훈련이다. 그러므로 아버지가 자녀에게 훈련하고 훈계하라는 말씀으로 해석하는 것이 더 명확하다. 그런데 이 시대 부모들은 자녀가 잘 할 수 있도록 훈계와 훈련을 시키지 않는다.

5. 디모데전서 3:4, 3:12

> 3:4 자기 가정을 잘 다스려서 자기 자녀로 하여금 아주 공손히 복종하게 하는 사람이라야 합니다.

교회에서 지도자를 세울 때는 기준이 있다. 그 기준에는 지도자가 자녀를 어떻게 잘 길렀느냐를 포함한다. 교회에서 지도자가 될 수 있는 사람은 가정을 잘 다스려 자녀를 성공적으로 키운 자여야 한다.

여기에 등장하는 세 단어에 주목할 필요가 있다.

첫째, 잘 다스린다는 헬라어 'προϊστημι (프로이스테미)' 는 '앞에서' 라는 단어 '프로' 와 '머리' 라는 단어인 '캠팔레' 의 합성어다. '앞에서 머리가 되는 것' 이라는 뜻으로 주도적으로 이끌고, 무엇을 실행하고 지배한다는 사전적 의미를 갖고 있다.

둘째, 'πᾶς σεμνότης (파스 셈노테스)' 는 '아주 공손히' 라는 말로, 보다 정확한 원어의 의미는 '모든 일에 존경과 존엄, 공경의 자세' 라는 뜻이다.

셋째, 복종하게 하는 사람이라는 'ὑποταγῇ (휘포타게)' 는 '복종하다, 굴복하다, 종속시키다' 는 뜻을 갖고 있다.

이 단어들을 중심으로 정리해보면 교회의 지도자가 될 사람은 '자신의 가정을 머리로서 이끄는 자' 이자, '모든 일에 부모에게 존경과 경외심을 갖고 철저히 복종하는 자녀를 교육한 자' 라고 정리할 수 있다. 즉, 아버지에게 공손한 태도와 경외의 태도로 모든 일에 철저히 복종하는 자녀, 이런 자녀로 양육한 아버지가 교회의 지도자가 될 수 있었다.

현 시대는 복종이라는 단어를 싫어한다. 심지어 기독교인뿐 아니라 기독교 서적에서조차도 복종은 야만적이며 무지한 이들이나 하는 굴욕적인 것으로 말하곤 한다. 그런데 성경이 말하는 기준은 다르다. 성경에서는 복종을 하나님이 매우 기뻐하시는 것으로 표현하고 있다. 인본주의적 사상이 기독교 안에 들어오면서 그런 사상에 물든 자들이 하나님의 명령과 말씀에 철저히 복종하기보다 자신들의 생각과 이념을 말씀에 덧붙이게 되었다. 그러나 성경해석에 동일한 우를 범해서는 안 되며, 이를 올바르게 인지하고 이해해야 한다.

돌아가 신약에서도 부모에게 공손한 태도와 경외심으로 철저히 복종하는 자녀를 두는 것은 아버지의 몫이며, 책임 역시 아버지에게 있음을 명확히 말해주고 있음을 기억해야 한다.

이 시대의 교육철학과는 너무 다르지 않는가? 감히 어떻게 구약과는 다르다고 말하겠는가? 구약의 부모공경사상과 맥을 동일하게 하고 있음을 신약에서 분명히 보여주고 있다.

> 3:12 집사들은 한 아내의 남편이며, 자녀와 자기 가정을 잘 다스리는 사람이라야 합니다.

이 구절에서도 '자녀와 자기 가정'이라고 자녀를 따로 언급하며, 집사는 자녀를 잘 다스리는 자여야 함을 강조하고 있다.

6. 디도서 1:6

> 1:6 장로는 흠잡을 데가 없어야 하며, 한 아내의 남편이라야 하며, 그 자녀가 신자라야 하며, 방탕하다는 비난이나 순종하지 않는다는 비난을 받지 않아야 합니다.

장로가 될 사람의 자녀는 신자 즉 믿는 자여야 한다. 그리고 방탕하다는 비난을 받지 않아야 한다. 방탕($ἀσωτία$)이란 '무절제, 방종, 허랑방탕함'이란 뜻을 갖고 있다. 즉 무절제하고 방탕하다는 비난을 받는 자녀를 둔 자는 교회에서 장로로서의 자격이 없다.

순종하지 않는다($ἀνυπότακτος$)는 단어는 '진압되지 않은, (사실이나 기질에) 종속되지 않은, 불순종하는, 예속되지 않은, 다루기 힘든'이라는 뜻을 갖고 있다. 순종하지 않는다는 것은 지나치게 독립적이어서 관계 안으로 들어오지 못하고 자기중심적인 것을 말한다. 즉 아버지의 권위 안에 들어오지 않고 고집을 부리는 것을 말한다. 그들은 다루기 힘든 이들이다. 고집스럽고 권위에 종속되지 못하며, 다루기 힘든 자녀로 자신의 자녀를 양육한 부모는 교회의 지도자 장로가 되어서는 안 된다.

이러한 조건은 교회 지도자의 자격이 얼마나 중요한 지를 보여주는 대목이다. 특히 자녀교육에 있어 어떤 자가 신약교회의 지도자가 될 수 있는지를 보여준다. 자녀를 '복종하는 자', '경건한 자'로 만들지 못하면 교회의 지도자가 되어선 안 된다.

7. 누가복음 23:28

> 23:28 예수님께서는 여자들을 돌아다보시고 말씀하셨다. "예루살렘의 딸들아, 나를 위하여 울지 말고, 너희와 너희 자녀를 위하여 울어라(표준새번역).

이 말씀은 예수님께서 십자가를 지고 가시면서 자신을 따라오는 여자들에게 하신 말씀이다. 주님은 그들에게 자신을 위해 울지 말고 "너희와 너희 자녀를 위하여 울라"고 하신다. 예수님은 십자가를 짊어지고 가시는 그 고통의 상황에서도 무리를 향해 자녀교육에 대해 말씀하셨다.

무엇을 위해 울라고 하셨는가? 바른 부모들은 자녀를 위해 눈물로 나아가야 함을 가르치고 계신 것이다. 어머니들은 울어야 한다. 자녀를 위하여 울어야 한다. 울며 기도해야 한다. 그들의 믿음과 신앙을 위하여, 그리고 하나님 앞에 말씀 맡은 아들과 딸이 되도록 울며 기도해야 한다. 그리하여 신앙의 명문가문을 이루어 대대로 신앙을 전수할 것을 위해 기도해야 한다. 자녀들이 조국의 교회와 인류를 위해 쓰임 받을 인물이 되도록 기도해야 한다.

이상에서 살펴본 것처럼, 성경의 구절들에서 하나님이 자녀교육에 대한 책임을 누구에게 맡기셨는지 분명히 알 수 있다. 하나님은 자녀교육을 누구에게 맡기셨는가? 바로 아버지와 어머니에게 맡기셨다. 하나님께서 부모에게 자녀교육을 맡기셨으므로, 자녀의 모습에 대한 책임은 부모에게 있다.

부모들은 기억해야 한다. 하나님께서 자녀를 낳아 기르기만 하라고 가정을 주신 것이 아니라 그들을 잘 교육하고 훈련하도록 하기 위해 가정을 주셨다는 사실을 말이다.

3 」

성경이 말하는 자녀교육의 성공과 실패

성경에 나타난 주요 인물들의 자녀교육 성공과 실패 사례들을 살펴보고자 한다.

1. 절반의 성공을 거둔 아담

성경에 나온 첫 번째 가정의 부모인 아담과 하와는 자식교육에 절반의 성공을 거둔다. 아담의 첫째 아들인 가인은 인류 최초의 살인자가 되고, 하나님을 반역하여 불신자의 대표가 된다. 그 부모는 아담과 하와였다. 아담의 또 다른 아들인 아벨은 믿음의 사람이었으며 그 믿음은 셋으로 이어진다. 성경은 가인의 계보(창 4:16~24)과 아담의 계보(창 4:25~5:32)를 구분하여 기록하고 있는데, 이는 가인이 아담의 족보에 들지 않음을 보여준다. 아담의 가정은 형제간에 살인사건이 일어난 첫 번째 가정이다.

2. 홍수심판의 원인이 된 불신결혼과
자녀교육 실패

그 다음으로 살펴볼 가정은 노아와 세 아들 가정에 대한 이야기이다. 이들의 가정을 살펴보기 이전에 노아 때에 어떻게 홍수 심판이 임하게 되었는지 먼저 살펴보아야 한다. 문맥의 흐름을 보면 노아 홍수 심판은 그 당시에 가정들에 문제가 생기면서 일어난 일임을 확인할 수 있다. 이에 대한 내용은 창세기 6장 1절부터 14절까지 살펴보면 알 수 있는데, 그 구절은 다음과 같다.

[1] 사람이 땅 위에 번성하기 시작할 때에 그들에게서 딸들이 나니 [2] 하나님의 아들들이 사람의 딸들의 아름다움을 보고 자기들이 좋아하는 모든 여자를 아내로 삼는지라 [3] 여호와께서 이르시되 나의 영이 영원히 사람과 함께 하지 아니하리니 이는 그들이 육신이 됨이라 그러나 그들의 날은 백이십 년이 되리라 하시니라 [4] 당시에 땅에는 네피림이 있었고 그 후에도 하나님의 아들들이 사람의 딸들에게로 들어와 자식을 낳았으니 그들은 용사라 고대에 명성이 있는 사람들이었더라 [5] 여호와께서 사람의 죄악이 세상에 가득함과 그의 마음으로 생각하는 모든 계획이 항상 악할 뿐임을 보시고 [6] 땅 위에 사람 지으셨음을 한탄하사 마음에 근심하시고 [7] 이르시되 내가 창조한 사람을 내가 지면에서 쓸어버리되 사람으로부터 가축과 기는 것과 공중의 새까지 그리하리니 이는 내가 그것들을 지었음을 한탄함이니라 하시니라 [8] 그러나 노아는 여호와께 은혜를 입었더라 [9] 이것이 노아의 족보니라 노아는 의인이요 당대에 완전한 자라 그는 하나님과 동행하였으며 [10] 세 아들을 낳았으니 셈과 함과 야벳이라 [11] 그 때에 온 땅이 하나님 앞에 부패하여 포악함이 땅에 가득한지라 [12] 하나님이 보신즉 땅이 부패하였으니 이는 땅에서 모든 혈육 있는 자의 행위가 부패함이었더라 [13] 하나님이 노아에게 이르시되 모든 혈육 있는 자의 포악함이 땅에 가득하므로 그 끝 날이 내 앞에 이르렀으니 내가 그들을 땅과 함께 멸하리라 [14] 너

는 고페르 나무로 너를 위하여 방주를 만들되 그 안에 칸들을 막고 역청을 그 안팎에 칠하라.

하나님의 아들들 즉, 믿음의 아들들이 사람의 딸인 불신의 딸들의 아름다움을 보고 자기들이 좋아하는 여자로 아내를 삼았다. 이는 잘못된 결혼, 즉 불신결혼으로 인해 하나님께서 그들에게서 영을 거두시는 근거가 되었다. 이로 인해 믿음의 아들들은 육에 속한 타락한 불신자가 되었고, 그 결과 사람의 목숨이 120년으로 제한된다.

불신결혼, 그들 사이에서 용사(당시 유력한 자, 통치자)가 태어나면서 사람의 죄악이 세상에 가득하게 되었고 마음으로 생각하는 모든 계획은 항상 악할 뿐이었다. 이를 보신 하나님은 땅 위에 사람을 창조하신 것을 후회하셨다. 그리고 근심하셨다. 하나님께서는 믿는 자의 타락한 결혼을 통해 결국 죄악 된 자식이 태어나고, 그로 인해 세상이 죄악으로 가득차고 모든 계획하는 것마다 항상 악한 것만 추구하는 것을 보시고 후회하시며 물로 세상을 심판하실 것을 결정하셨다. 이렇게 결정하신 하나님은 노아에게 방주를 만들라고 명령하신다.

왜 가정이 무너지는 것을 통해 세상이 악해지고 악이 범람하여 전 우주적인 심판을 초래하게 되었을까? 이는 그만큼 가정이 중요함을 보여준다. 가정이 바로 서서 하나님의 아들들이 하나님의 딸들을 만나 결혼하여 자녀들에게 신앙을 전수하고 말씀을 맡은 자로 키우지 않으니, 결국 그 자녀들이 세상의 악에 물들고 그 자식들이 또 자녀를 낳아 더 큰 악과 죄악 속에 버려두니 결국 죄악이 세상 가득해지는 결과까지 온 것이다. 이 시대는 지구촌으로 더 쉽게 악에 물들기 쉬운 환경에 처해 있다. 우리나라도 10~20년 만에 많은 가정들이 아주 극도로 타락하는 것을 보고 있다. 이것은 가정의 붕괴, 가정 중심으로 내려오던 가치관의 붕괴로 나타난 결과인 것이다.

3. 최고의 성공사례 노아

노아(할아버지)는 세 아들 셈과 함과 야벳을 잘 양육하여 신앙을 전수하였고, 롯의 가정과는 달리 물로 하나님께서 심판하실 때 노아의 아들과 며느리들까지 모두 구원을 받는다. 노아는 아내와 더불어 성공된 자녀교육을 펼쳤다. 오랜 전통으로 내려오던 하나님의 심판의 메시지가 할아버지 이후 노아에게 주어졌다. 그리고 하나님의 명령을 받들어 홍수를 대비하여 방주를 제작한다. 이때, 세 명의 아들이 있던 노아는 아들들과 함께 방주를 만든다.

세 아들은 며느리와 더불어 아버지의 명령에 복종하여 120년 동안 함께 방주 제작에 착수하고 한 명도 낙오되지 않았다. 이를 통해서 그들이 하나님에 대한 믿음을 지켜냈음을 알 수 있다. 이들의 행위는 죄악이 관영하고 타락한 그 시대의 환경 속에서 더욱 돋보인다. 어떻게 자녀를 양육했기에 이렇게 부모에게 복종하고 성숙한 자녀로 키웠는지 감탄이 절로 난다.

여기서 며느리들까지 모두 구원을 받는다는 사실도 눈여겨 봐야 한다. 만약 며느리들이 못하겠다고 했다면 이 일은 불가능했을 것이다. 며느리의 친정식구들은 모두 물에 휩쓸려 죽었다. 그런데 노아 부부는 자식 교육 뿐 아니라 며느리들도 잘 교육했던 듯하다. 며느리들은 결혼한 이후 시아버지인 노아의 말씀에 절대적으로 복종하여 방주제작에 동참한다. 만약, 아내들이 못하겠다고 했으면 어찌 그의 남편된 아들들이 120년 동안을 직업을 버리고 방주 제작에 참여할 수 있었겠는가?

이런 면에서 노아는 앞에서 본 것처럼 머리로서 가정을 이끌고, 자녀들은 아버지에 대한 존경과 경외심으로 그에게 복종했음을 볼 수 있다. 현재, 모든 인류는 노아와 세 아들의 후손들이다. 내 몸에 노아의 피가 흐른다는 생각이 나에게 특별한 감동과 자부심을 갖게 한다. 노아 부부는 자식과 며느리 모두 믿음의 사람으로 복종하는 자녀로 키웠을 뿐 아니라 인류의 새로운 조상이 된다.

4. 자녀와 열방에 말씀전수 사명을 받은 아브라함

[18] 아브라함은 강대한 나라가 되고 천하 만민은 그로 말미암아 복을 받게 될 것이 아니냐 [19] 내가 그로 그 자식과 권속에게 명하여 여호와의 도를 지켜 의와 공도를 행하게 하려고 그를 택하였나니 이는 나 여호와가 아브라함에게 대하여 말한 일을 이루려 함이니라.

창세기 18장 18절부터 19절 말씀에서 하나님은 아브라함에게 '너는 강대한 나라가 되고 천하 만민이 너로 인해 복을 받게 될 것' 이라고 약속하신다. 그리고 아브라함을 택하신 목적을 말씀하신다. 아브라함을 택하신 목적은 바로 자식과 권속에게 여호와의

도를 지켜 공의와 정의를 행하게 하여 믿음의 강대한 나라를 형성하여 천하 만민에게 하나님을 증거하는 이방의 빛이 되게 하기 위함이었다. 그 일을 이루기 위해 자손에게 여호와의 도를 가르치고 지켜 행하게 하기 위함이었다.

현용수 박사는 신약에 지상명령이 있듯이, 이 말씀을 구약의 지상명령이라고 하여 강조하고 있다.[3] 즉, 구약에서 아브라함을 믿음의 조상으로 택하셔서 이스라엘을 통해 하나님께서 하시려는 일은, 바로 열방이 주께로 돌아오는 복을 누리게 하기 위함인데, 이것은 자식과 권속에게 신앙을 전수함으로 가능해진다고 말씀하고 계신 것이다.

아브라함은 하나님이 자신을 택하신 목적을 충실히 실행하였고, 그 결과 이삭, 야곱, 그리고 열두 아들로 이어지는 이스라엘 민족을 형성하였다. 또한 이 혈통을 따라 예수님이 나셨다. 아브라함 한 사람으로 시작한 것이 민족을 형성하였다. 구약의 지상명령은 아브라함으로 시작해서 예수님을 통해 믿음 안에서 이방인인 우리에게까지 이어져 오고 있으며, 신약의 지상명령과 더불어 주님의 나라를 확장해 가고 있다. 신앙의 전수는 말씀전파와 더불어 매우 중요함을 인식해야 한다.

5. 이삭, 야곱, 요셉으로 이어지는 성공사례

이삭은 아담처럼 절반의 성공을 거둔다. 에서는 주님을 버리고

---
3) 현용수, 「잃어버린 구약의 지상명령 쉐마」, 쉐마, p.118.

떠났지만, 야곱은 하나님을 섬기고 열두 아들을 낳아 이스라엘의 기틀을 마련하는데 큰 공을 세운다. 요셉의 이야기를 살펴보면, 아브라함에게 명령하신 여호와의 도의 전수가 얼마나 잘 이루어졌는지를 살펴볼 수 있다.

> 창 50:25
> 요셉이 또 이스라엘 자손에게 맹세시켜 이르기를 하나님이 반드시 당신들을 돌보시리니 당신들은 여기서 내 해골을 메고 올라가겠다 하라 하였더라.

창세기 50장 25절을 보면, 요셉이 죽으면서 그가 자손들에게 출애굽 할 때 자신의 해골을 메고 올라갈 것을 명령한다. 이 일은 앞으로 있을 4백년 후의 일을 생각하며, 요셉은 약속의 땅에 자신의 해골이 묻히기를 원했다. 그래서 자녀들에게 자신의 해골을 메고 올라가라고 명령한 것이다.

그런데 이 말씀을 직접 들었던 후손은 이후 다 죽었다. 그러나 후손들에게 이 유언은 계속 전달되었고 출애굽하여 가나안에 도착했을 때 그들이 요셉의 뼈를 가지고 세겜에 장사하는 것을 본다. 이것은 요셉은 죽었으나 그의 유언은 후손들에게 여전히 영향을 미쳐 그 오랜 세월과 세대가 흘렀음에도 불구하고, 후손들이 선조의 유

요셉의 무덤

언에 복종하였음을 보여준다. 성경은 그것을 정확히 기록하고 있다.

수 24:32
또 이스라엘 자손이 애굽에서 가져 온 요셉의 뼈를 세겜에 장사하였으니 이곳은 야곱이 백 크시타를 주고 세겜의 아버지 하몰의 자손들에게서 산 밭이라 그것이 요셉 자손의 기업이 되었더라.

이것은 무엇을 보여주는가? 자손들에게 어떻게 교육을 했기에 사백 년의 시간을 넘어 여전히 어제 일처럼 복종하는 것인지 감탄이 절로 난다. 이것이 교육의 힘이며, 현재까지 이스라엘을 지탱해 온 근원이다.

6. 가문을 멸망으로 이끈 엘리제사장의 자녀교육

삼상 3:13
내가 그의 집을 영원토록 심판하겠다고 그에게 말한 것은 그가 아는 죄악 때문이니 이는 그가 자기의 아들들이 저주를 자청하되 금하지 아니하였음이니라.

위의 말씀에서도 알 수 있듯 하나님께서 엘리 제사장의 집안을 영원토록 심판하신다. 그 이유는 아버지 엘리 제사장이 저주를 자청하며 죄를 짓는 자식들을 보고서도 금하지 않았기 때문이다. 이로 인해 하나님의 심판이 그 집에 영원히 자리하게 된다. '금하지 아니하였다'의 히브리어 '카하'는 '책망하여 억제시키지 않았다'는 뜻이다. 이로 인해 자녀들은 하나님 앞에 범죄하였고, 전쟁터에서 두 아들이 한 날에 죽게 되고, 같은 날 엘리 제사장도 목이 부러져 죽는다. 이 소식을 들은 며느리가 아들을 출산하며 '이가봇'을 외치는데, 이는 '하나님의 영광이 떠나버렸다'는 것이다. 이 사건 이후, 엘리 제사장 집안에는 제사장의 직분이 끊어지고 집안은 완전히 망한다.

자녀가 죽고 집안이 무너지게 된 이유를 성경은 아주 정확히 언급하고 있다. "자기의 아들들이 저주를 자청하되 금하지 아니하였음이니라"는 말씀에 귀를 기울여야 한다. 그들은 이미 성인들이었으나 하나님은 그 책임이 그 아버지 엘리 제사장에게 있음을 분명히 언급하시고 계신다. 이를 통해 아버지의 책임이 얼마나 큰지를 알 수 있다.

부모는 자녀의 죄를 끊어주고 그 자리에 서지 않도록 막아서는 영혼의 지킴이 역할을 수행해야 한다. 그런데 이 시대는 자녀를 학교나 학원에 맡기며, 그 책무를 다하지 않고 있을 뿐 아니라 엘리 제사장처럼 자녀들의 죄나 잘못을 묵인하고 있음을 종종 목격한다. 이는 너무나 슬픈 일이며, 이것이 한 대에 끝나지 않고 대를 거쳐 저주가 계속 이어지게 된다는 것에 경각심을 가져야 할 것이다.

7. 아버지에게 칼을 들게 한 다윗의 자녀교육

다윗의 인생을 볼 때, 안타까운 몇 가지 사건이 있다. 그 중 하나는 그 자녀들의 삶의 모습이다. 맏아들 암논이 이복 여동생을 강간하는 사건, 압살롬이 여동생의 복수로 이복 형인 암논을 죽이는 사건, 더 나아가 압살롬이 아버지 다윗을 죽이기 위해 쿠데타를 일으키고, 아버지의 후궁을 백성들 앞에서 강간하는 사건 등 다윗 가정에 끊임없이 이어지는 비운의 사건들을 보다 보면 다윗에 대한 측은한 마음까지 갖게 된다.

성경은 다윗이 자녀교육에 실패한 원인을 분명히 말해주고 있다. 그것은 열왕기상 1장 6절의 말씀에서 잘 드러난다.

> 왕상 1:6
> 그는 압살롬 다음에 태어난 자요 용모가 심히 준수한 자라 그의 아버지가 네가 어찌하여 그리 하였느냐고 하는 말로 한 번도 그를 섭섭하게 한 일이 없었더라.

위 구절의 "그의 아버지가 네가 어찌하여 그리 하였느냐고 하는 말로 한 번도 그를 섭섭하게 한 일이 없었더라"라는 대목에서 다윗 역시 엘리 제사장과 같이 동일한 실패를 반복하고 있음을 보여준다.

여기에서 "한 번도 그를 섭섭하게 한 일이 없었다"고 할 때 '섭섭하게'의 히브리어 '아짜브(עצב)'라는 원어의 뜻은 '성내거나 불쾌하게 하다, 고통스럽게 하다'란 뜻이다. 다윗은 자식에게 좋은 아버지로 비취었을 것이다. 지금으로 말한다면 화를 내지 않고 다 받아주는 친구 같은 아버지다. 그런데 그는 자녀에게 죄로 인한 벌을 주거나, 책망하고 매로 고통을 주지 않았다. 한 번도 섭섭하게 한 일이 없었다.

하나님께서는 자녀에게 매를 들고 책망하고 잘못에 대해 화를 내서 자녀의 마음을 고통스럽게 하고 힘들게 할 것을 요구하고 계신다. 이것이 자녀를 맡은 아버지가 해야 할 중요한 역할이다.

잠 13:24
매를 아끼는 자는 그의 자식을 미워함이라 자식을 사랑하는 자는 근실히 징계하느니라.

이 시대에는 다윗과 같은 아버지의 모습이 넘쳐난다. 그래서 아이들은 버릇이 없어지고 방만하여 죄를 밥 먹듯이 짓고 부모를 공경하거나 두려워함이 없다. 결국 이러한 태도는 하나님을 경외하거나 두려워하지 않음으로 이어져 자녀는 점점 더 죄의 수렁으로 빠져든다. 심지어 이것이 은혜라는 이름으로 합리화되기도 한다.

다윗의 자녀교육 실패의 원인은 무엇인가? 바로 자녀의 잘못에 대해 책망하거나 한 번도 자녀의 마음에 불쾌함과 고통을 주지 않았기 때문이다. 그래서 잠언 말씀은 자식을 사랑하는 자는 근실히 징계한다고 하였다. 다윗은 자녀를 섭섭하게 하지 않으면서 근실히 미워한 것이다.

8. 외조모 로이스와 어머니 유니게의 합작품 디모데

딤후 1:3~5
내가 밤낮 간구하는 가운데 쉬지 않고 너를 생각하여 청결한 양심으로 조상적부터 섬겨 오는 하나님께 감사하고 네 눈물을 생각하여 너 보기를 원함은 내 기쁨이 가득하게 하려 함이니 이는 네 속에 거짓이 없는 믿음이 있음을 생각함이라 이 믿음은 먼저 네 외조모 로이스와 네 어머니 유니게 속에 있더니 네 속에도 있는 줄을 확신하노라.

저자의 어머니는 2003년 예수님을 믿으셨다. 글을 모르셨던 분이 2008년부터 성경을 읽기 시작하셔서 현재 69독을 마치셨다. 처음 사서 드린 성경으로 지금까지 읽으시고 이제는 입에서 나오는 말씀마다 성경으로 이야기하시고 삶도 너무 아름답게 변하셨다. 로이스 같은 분이시다.

미국 홈스쿨 가정의 할머니가 손녀에게 책을 읽어주고 계신다. 평소에 말씀을 손녀에게 가르치시곤 하신다.

 디모데후서 1장 3절에서 5절의 말씀을 살펴보면, 디모데가 외조모인 로이스와 어머니 유니게를 통해 교육을 받았음을 알 수 있다. 두 사람은 유대 여성으로서 디모데에게 모세오경을 중심으로 한 토라교육을 철저히 시켰다. 그래서 조상부터 내려오는 신앙의 기반을 가질 수 있었다.

디모데의 아버지는 이방인이지만, 그는 어머니에 의해 제대로 교육을 받았으며, 이러한 환경에서 준비된 디모데는 주님을 만난 이후에, 즉시 바울 사도의 선교팀에 합류하여 없어서는 안 될 인물로 성장한다. 바울 사도는 자신의 죽음 앞에서 모든 사역을 디모데에게 위임한다. 디모데는 바울에 이어 복음을 지키는 일에 온 힘을 쏟는다.

바울의 후계자로 디모데가 세워진 것은 디모데 가정에서의 외조모와 어머니의 철저한 말씀교육에서 뿌리를 찾을 수 있다.

4 」
성경적 교육의 7가지 기초

성경적 자녀교육의 기초는 무엇일까? 여기에 일곱 가지를 살펴봄으로써 성경적 교육철학의 기반을 마련하려고 한다. 건물을 건축할 때 기초가 얼마나 중요한지 우리는 알고 있다. 기초가 부실하면 결국 오래 지나지 않아 무너진다.

성경적 교육철학의 기초를 튼튼히 하여 신앙, 인성, 지성교육의 토대를 마련하기를 소망한다. 철학적 바탕이 명확하지 않을 때, 작은 바람에 쉽게 요동하여 넘어질 수밖에 없다.

1. 기르기만 하지 말고 훈계와 훈련으로 교육하라!

하루는 우울증에 걸린 어머니 한 분이 찾아왔다. 그 어머니는 아이도 함께 데려왔는데, 그 아이는 7살 남자아이였다. 어머니는 답답한 마음을 토로하면서 울며 말했다. 그 어머니는 7살 아들 때문에 정신과 약을 먹고 가슴이 답답하여 죽을 것 같다는 것이었다. 어머니와 상담하는 동안 아이는 수시로 와서 어머니를 괴롭혔고 어머니는 분노에 찬 얼굴로 아이와 싸웠다. 그녀는 자신의 아이가 미운 3살을 넘어 때려죽이고 싶은 7살이라고 말했다. 그 어머니가 떠난 후에, 곰곰이 생각했다. 어찌 미운 3살이 되고 때려죽이고 싶은 7살이 된 것일까?

에베소서 6장 4절에, "또 아비들아 너희 자녀를 노엽게 하지 말고 오직 주의 교훈과 훈계로 양육하라(개역개정)"는 말씀에서 '양육하라'는 헬라어인 '엑트렙오(ἐκτρέφω)'로서 '훈련시키다, 기르다'라는 두 가지 의미를 내포한다. 우리말로 '기르다' 이다. 원어의 의미가 기르는 것과 훈련시키는 것이 같음을 발견한다. 즉 양육한다는 것은 '훈련으로 기른다'는 의미가 된다. 가벼운 책망과 훈계 그리고 매와 큰 벌로 훈련시켜 올바르고 온전한 사람으로 만든다는 뜻이다.

성경을 통해 볼 때, '기르다'는 의미 속에는 육체적인 필요를 채우는 것 뿐 아니라 '온전한 인격을 갖추도록 세우기 위해 훈련시킨다'는 의미를 포함한다. 귀한 인물로 만들기 위해 아주 어렸을 때부터 영유아, 유년시절 내내 부지런히 훈련해야 한다는 뜻이다. 이 단어를 렙 브래들리(Reb Bradley)는 "비틀어서 훌륭하게 만들다"라는 의미로 보기도 한다.[4] 훌륭한 인물로 만들기 위해 비트는 고통이 따른다는 뜻이다.

앞에서 본 그 아이의 이야기처럼 기르기는 하였으나 제멋대로 하도록 내버려둔 7년이 그 어머니 말처럼 때려 죽이고 싶은 7살로 만든 것이다. 아이의 고집이나 좋지 못한 습관들이 하루아침에 만

---

4) Reb Bradley, 「성공적인 자녀양육 지침서」, 임종원역, 한국기독교홈스쿨협회, p.25.

들어진 것은 아니다. 말을 듣지 않도록 길들여지기를 7년 동안 이루어지니 때려죽이고 싶을 만큼 말을 듣지 않는 아이로 훈련된 것이다. 기르는 것과 훈련시키는 것은 다르다. 기르는 것은 짐승도 한다. 먹여주고 씻겨주고 기저귀 갈아주는 것은 기르는 것이다. 육체적 성장에 필요한 것을 공급하는 것이다.

그러나 훈련하는 것은 전혀 다르다. 구체적이고 실제적으로 훈련시켜야 한다. 이러한 이야기를 그 어머니에게 해 드렸더니 한 번도 훈련시켜야 한다고 생각지 못했다며 맞는 말씀이라고 하였다. 이 어머니처럼 자녀를 훈련시켜야 한다고 생각지 못하는 경우가 대부분이다. 어느 순간 천사 같던 아이가 악마처럼 보이는 것이다.

여기에 교육의 자리가 있다. 갓 태어난 아이는 천사도 아니다. 백지 상태가 아니다. 죄인으로 태어났으며 철저한 교육을 통해 인간답게 사람을 사랑하고 배려할 줄 알고, 하나님을 섬기고 말씀에 순종하도록 교육해야 할 대상이다. 동물처럼 기르기만 하면 안 되고 기를 뿐 아니라 훈련시켜야 한다. 인간으로서의 제 역할을 하도록 구체적으로 훈련시켜야 한다. 무엇을 교육할 것인지는 앞으로 다룰 것이다. 세 살 버릇 여든까지 간다는 말은 진실이다. 그래서 잠언 말씀에서는 마땅히 행할 길을 아이에게 가르치라 그리하면 늙어도 그것을 떠나지 아니하리라고 하셨다.

2. 성경적 인간론을 바탕으로 교육하라!

교육을 이야기할 때, 교육의 대상인 인간을 어떻게 보느냐에 따라 교육의 접근과 교육방법과 목표가 달라진다. 일반 교육은 모두 철학에서 출발한다. 자연주의 교육의 대표학자 루소는 그의 책에서 자발성의 원리를 강조하고, 인간의 가능성을 무한히 인정해주며, 조기교육이 중요하지 않음을 주장했다.

이러한 접근의 토대에는 성선설이 기초하고 있다. 선하게 태어났으므로 무엇이든지 할 수 있다는 전제를 갖고 있다. 그리고 때묻은 어른들이 아이에게 이래라 저래라 해선 안 된다는 것이다. 체벌은 상상할 수도 없다. 결국 이것은 하나님의 권위를 무너뜨리는 주장이다.[5] 이런 철학자들의 말에 의해 자녀를 가진 보통 부모들은 많은 혼돈 속에 있다. 이러한 철학적 바탕 위에 시대마다 다른 교육철학이 탄생하고, 다양한 전문가 그룹들이 이에 기초하여 교육방법들을 내 놓는다. 과연, 어디에 장단을 맞추어야 할까?

1) 성경이 말하는 인간의 이해

성경은 시대와 상황에 따라 변하지 않은 유일한 것이다. 왜냐하면 하나님의 말씀이기 때문이다. 시대와 상황이 변하여도 변하지 않는 성경에 입각하여 살펴야 한다. 어린 아이든, 어른이든 인간은 동일한 존재임을 성경은 말한다.

   a. 인간의 마음은 거짓되고 심히 부패한 것이라고 말한다. 즉 사람은 거짓되고 부패한 마음을 가진 존재이다(렘 17:9). 아이들도 동일하다.

---

5) 이광복, 「횃돌 GBS교육원리」, 횃돌, p.36-42.

만물보다 거짓되고 심히 부패한 것은 마음이라 누가 능히 이를 알리요마는.

b. 하나님은 사람들이 생각하는 것과 모든 계획함이 항상 악하다고 하신다(창 6:5, 창 8:21).

여호와께서 사람의 죄악이 세상에 가득함과 그의 마음으로 생각하는 모든 계획이 항상 악할 뿐임을 보시고.

여호와께서 그 향기를 받으시고 그 중심에 이르시되 내가 다시는 사람으로 말미암아 땅을 저주하지 아니하리니 이는 사람의 마음이 계획하는 바가 어려서부터 악함이라 내가 전에 행한 것 같이 모든 생물을 다시 멸하지 아니하리니.

c. 죄를 범하지 않고 선을 행하는 의인은 세상에 한 명도 없음을 말씀하신다(전 7:20).

선을 행하고 전혀 죄를 범하지 아니하는 의인은 세상에 없기 때문이로다.

d. 하나님은 정직하게 만드셨지만 인간이 많은 꾀를 내어 죄를 지었다(전 7:29).

내가 깨달은 것은 오직 이것이라 곧 하나님은 사람을 정직하게 지으셨으나 사람이 많은 꾀들을 낸 것이니라.

e. 인간은 더럽고, 선을 행하는 자가 하나도 없다고 하신다(시 14:2~3).

여호와께서 하늘에서 인생을 굽어살피사 지각이 있어 하나님을 찾는 자가 있는가 보려 하신즉 다 치우쳐 함께 더러운 자가 되고 선을 행하는 자가 없으니 하나도 없도다.

f. 악한 생각과 행악하기에 빠른 발, 무죄한 피를 흘리는데 신속히 행하는 자가 인간이다(사 59:7).

그 발은 행악하기에 빠르고 무죄한 피를 흘리기에 신속하며 그 생각은 악한 생각이라 황폐와 파멸이 그 길에 있으며.

g. 사람이 행하는 의는 더러운 옷과 같다(사 64:6).

무릇 우리는 다 부정한 자 같아서 우리의 의는 다 더러운 옷 같으며 우리는 다 잎사귀 같이 시들므로 우리의 죄악이 바람 같이 우리를 몰아가나이다.

h. 에디오피아인의 피부색깔을 바꿀 수 없고 표범의 반점을 다르게 할 수 없듯 죄악에 익숙한 죄인은 선을 행할 수 없다(렘 13:23).

구스인이 그의 피부를, 표범이 그의 반점을 변하게 할 수 있느냐 할 수 있을진대 악에 익숙한 너희도 선을 행할 수 있으리라 (표준새번역에서는 더 선명히 말하고 있다. "에티오피아사람이 자기의 피부 색깔을 바꿀 수 있느냐? 표범이 자기의 반점들을 다르게 할 수 있느냐? 만약 그렇게 할 수만 있다면, 죄악에 익숙해진 너희도 선을 행할 수가 있을 것이다.").

i. 예수님은 사람의 마음속에 있는 것이 악하고 더럽다고 하셨다(막 7:20~23).

또 이르시되 사람에게서 나오는 그것이 사람을 더럽게 하느니라 속에서 곧 사람의 마음에서 나오는 것은 악한 생각 곧 음란과 도둑질과 살인과 간음과 탐욕과 악독과 속임과 음탕과 질투와 비방과 교만과 우매함이니 이 모든 악한 것이 다 속에서 나와 사람을 더럽게 하느니라.

j. 예수님은 사도들의 죄성을 알기에 그들에게 의탁지 않으셨다(요 2:24~25).

예수님은 그의 몸을 그들에게 의탁하지 아니하셨으니 이는 친히 모든 사람을 아심이요 또 사람에 대하여 누구의 증언도 받으실 필요가 없었으니 이는 그가 친히 사람의 속에 있는 것을 아셨음이니라.

k. 바울 사도께서는 의인은 하나도 없고 선을 행하는 자도 하

나도 없다고 하셨다(롬 3:10~18).

기록된 바 의인은 없나니 하나도 없으며 깨닫는 자도 없고 하나님을 찾는 자도 없고 다 치우쳐 함께 무익하게 되고 선을 행하는 자는 없나니 하나도 없도다 그들의 목구멍은 열린 무덤이요 그 혀로는 속임을 일삼으며 그 입술에는 독사의 독이 있고 그 입에는 저주와 악독이 가득하고 그 발은 피 흘리는 데 빠른지라 파멸과 고생이 그 길에 있어 평강의 길을 알지 못하였고 그들의 눈 앞에 하나님을 두려워함이 없느니라 함과 같으니라.

1. 사람의 육신에 선한 것이 거할 수 없고 선을 행할 수 없다 (롬 7:18).

   내 속 곧 내 육신에 선한 것이 거하지 아니하는 줄을 아노니 원함은 내게 있으나 선을 행하는 것은 없노라.

2) 죄인이라고 말할 때, 죄는 구체적으로 무엇인가?

성경이 말하는 인간 이해가 일반 교육학에서 말하는 것과는 사뭇 다름을 발견한다. 인간이 선을 행할 수 없는 죄인임을 말해준다. 그렇다면 죄가 도대체 무엇인가?

죄는 자기중심성을 말한다. 아담과 하와가 하나님 앞에 죄를 범했을 때 그때는 윤리와 도덕적인 범죄로 인해 죄가 세상에 들어온 것이 아니었다. 하나님이 먹지 말라하신 선악과를 따 먹는 문제와 관련된다. 모든 것을 다 주셨고 동산 중앙에 있는 선악과만 따먹지 말라 하였지만 아담과 하와는 그 말씀에 불순종하여 자기가 원하는 대로 한다. 이것을 죄라고 한다. 하나님의 말씀을 우습게 여기고 그분 뜻대로 하지 않고 자기 뜻대로 해버리는 것이 죄이다.[6]

---

6) 김현철, 「신앙생활입문」, 요단, p.8.

어떤 이들은 죄에 대해 추상적이거나 종교적 용어로 이해하는 경우가 있는데, 죄는 관계에서 이해되어야 한다. 하나님과의 관계 안에서 하나님을 인정하지 않고 자신이 주인이 되어 그분의 말씀과 뜻에 어긋나게 말하고 행동하고 결정하는 것을 죄라고 한다. 자기중심적인 삶이 곧 '죄'인 것이다.[7]

복음을 소개할 때, 동그라미를 그리고 그 마음의 보좌에 누가 있는지에 대해 말하곤 한다. 그 마음 중심에 누가 있느냐가 중요하다. 나인가 아니면 예수님이신가? 나인가 하나님이신가? 누가 삶의 중심이 되어 결정을 하는가?

그래서 죄는 권위 질서를 파괴한다. 하나님의 자리에 자신이 서게 되고 자신이 하나님을 대신하는 것이다. 또 질서를 파괴한다. 성경에서 대표적인 예가 다윗이다. 다윗은 하나님의 마음에 합한 사람이었다. 그런데 다윗이 하나님 앞에 범죄하여 간음과 살인을 행한다. 그때, 하나님은 다윗에게 네가 나를 업신여겼다고 말씀하시며 책망하신다. 다윗이 자신의 욕구와 욕망에 따라 행동하는 순간 하나님이 명하신 간음과 살인하지 말라 하신 그분의 말씀을 어기고 자기가 주인이 된다. 자기 정욕이 주인이 되어 행동하였다. 단순히 법을 어긴 것이 아니라 하나님을 업신여기고 그분을 무시한 것이다. 하나님을 주인의 자리에서 끌어내린 것이다. 하나님의 자리에 다윗이 주인이 되었다. 결국 그 대가는 무서운 형벌로 나타난다.

또한 다윗이 하나님의 성전을 지으려고 할 때, 나단 선지자가 하나님이 말씀하셨다고 하며 성전을 짓지 말 것을 명한다. 다윗은 자신의 뜻과 계획을 포기하고, 선지자 나단이 말씀하시는 하나님

---

7) 박영철, 「셀 교회론」, 요단, p.49.

의 명령에 복종한다. 하나님의 성전을 짓는 것은 일반적으로 선한 것이고 누가 보아도 좋은 것이다. 그러나 중요한 것은 선과 악을 넘어서서 하나님이 그것을 원하시느냐가 더 중요한 문제다. 그분의 뜻이 선이다. 그 앞에 순종하는 것이 인간이 취해야 할 태도다.

3) 죄와 교육과의 관계성

'자기중심성'이 죄이며, '자기 마음대로 하려는 것'이 죄라고 정의했다. 인간이 이러한 죄인이기에 즉 자기 마음대로 하려는 죄된 욕구를 갖고 태어나기에 교육이 필요하다. 여기에서 교육이란 참 인간으로서의 기본도리를 지키고 사회에 기여할 수 있는 자로 세우는 것과 신앙적으로는 하나님을 경외하고 그분의 뜻에 순종할 수 있는 인물로 만드는 것이다.

그런데 죄인 된 인간에게는 예수님의 말씀처럼 하나님을 사랑하고 네 이웃을 네 몸과 같이 사랑하는 것이 불가능하다. 이러한 죄인 된 인간을 훈계와 훈련을 통해, 즉 교육을 통해서 하나님과 인간을 사랑할 수 있는 이로 만드는 것이다. 인간이 죄인이라는 성경적 인간론의 토대에서 그것을 회복시키는 일환으로 교육이 자리한다는 교육 신학적 이해가 절실히 필요하다.

여기에서 교육의 사명이 나올 수 있다. 하나님의 성품을 닮고 예수님을 닮은 인생을 만드는 것이 목표이며, 그 목표를 토대로 주님이 명령하신 사명을 다하는 것이 또한 최종 목표다. 이것이 기독교 교육의 최종 목적이 되어야 한다. 아이의 기량을 높이고 자아실현을 하는 것이 목표가 되면 그것은 악한 목표가 되어 결국 하나님을 경외하지 않는 자기중심적인 죄를 강화시키는 꼴이 된다.

이러한 관점에서 죄는 고집이라는 말로 표현해 볼 수 있다. 교육과 관련하여 고집이 죄와 연결되어지는 중요한 것임을 이해해야 자녀를 올바로 교육할 수 있다. 잠언 19장 15절을 보면, "임의로 하게 버려두면 그 자식은 어미를 욕되게 하느니라"고 한다. '임의로'란 자기가 원하는 대로 내버려두는 것이다. 교육은 임의로 하도록 버려두지 않는 것을 말한다. 바른 기준과 목표, 규칙을 지켜 행할 수 있도록 하는 것이 교육이다.

잘못된 교육철학과 사상이 교육 당국과 교육자들을 지배하고 있다. 그리고 이제는 교회마저도 이러한 세속적 교육철학과 이론에 물들어 성경이 말씀하시는 올바른 교육을 외면하고 있는 것이 현실이다. 임의로 하게 버려두지 말라고 하신다. 그렇게 하면 그 자식은 어머니를 욕되게 할 것이다. 여기에서도 교육은 부모의 몫임을 다시 말씀하신다. 임의로 하도록 내버려두지 않는 것이 교육의 출발이 되어야 한다. 그러려면 인간이 죄인임을 명확히 이해하고, 지금 다루고 있는 것처럼 그러한 죄인을 변화시키는 것이 교육임을 인식해야 한다.

이러한 죄인을 임의로 하도록 내버려두면 어떻게 되겠는가? 미네소타주의 범죄위원회에서 다음과 같은 보고 자료를 발표했다. 환경과 범죄 사이의 밀접한 관계에 대해 여러 해 동안 연구한 보고서이다(미네소타 범죄위원회).

"모든 아기는 인생을 야생 동물처럼 시작한다. 그는 완전히 이기적이고 자기중심적이다. 그들은 원하는 때에 원하는 것을 갖기를 원한다. 우유병, 어머니의 관심, 친구의 장난감, 삼촌의 시계, 그 무엇이든지 말이다. 이러한 것을 거부하면 그들은 분노가 끓어오르고, 약한 존재만 아니었다면 살인적이 될 수 있을 만큼 공격적이 된다. 그들은 더럽고, 도덕성이 없으며, 지식도 없고 계발된 기술도 없다. 이것은 곧 모든 아이들, 어떤 아이들이 아니라, 모든 아이들이 비행적인 아이로 태어났다는 것을 의미한다. 어린 시절의 자기중심적인 세계에서 계속 자라도록 허락받고, 모든 충동적인 행위의 지배를 받고, 원하는 것들이 충족된 채로 자란다면, 모든 아이들은 범죄자나 강도, 살인범, 강간범으로 자라게 될 것이다."[8]

이 보고서는 죄인인 인간이 태어나 갓난아이였을 때부터 자기중심적으로 자라도록 즉, 죄를 강화하는 형태로 지속되도록 허용하면 죄성이 강하여져서 충동적인 욕망에 지배를 받고, 자기가 원하는 대로 하면서 자란 아이들은 강도, 살인범, 강간범으로 자랄 수밖에 없다고 말한다. 즉 태어난 지 3년 동안 자기가 원하는 대로 하도록 내버려두면 미운 세 살이 되고 4년을 더 자기가 원하는 대로 하여 일곱 살이 되면 때려죽이고 싶을 만큼 말을 듣지 않는 아이가 되며 몇 년 만 더 지나면 반항하는 10대로 자라게 되는 것이다.

이제, 성경을 통해서 미운 세 살, 때려죽이고 싶은 일곱 살, 반항하는 십 대, 더 나아가 세상을 더럽히고 악을 행하는 성인으로 자라는 것이 아니라, 순종하는 세 살, 복종하는 일곱 살, 효도하는 십 대로 자라 하나님을 사랑하고 이웃을 사랑하며, 세상을 아름답게 만들 성인으로 자라게 할 수 있을지를 계속 살펴보도록 하겠다.

---

8) Reb Bradley, 「성공적인 자녀양육 지침서」, 임종원역, 한국기독교홈스쿨협회, p.29.

4) 죄인을 어떻게 교육할 것인가?

그러면 교육은 어떻게 이루어져야 하는가? 사랑의 관계 안에서 자기중심성을 깨뜨리고, 마음을 다스릴 수 있는 힘을 길러주어야 한다. 올바른 가치관을 심어주어 선을 행하도록 만들어야 한다. 이것이 교육이 자리해야 할 부분이다. 앞에서 언급했듯이 임의로 하도록 내버려두지 않으며, 아이가 섭섭해 할까 봐 아이의 비위를 맞추지 않으며 기준을 갖고 아이들을 부드러운 사랑(칭찬 · 격려), 딱딱한 사랑(책망, 매, 벌)을 주어 교육해야 한다. 부모와 교사가 그 기준이 명확하지 않으면 결국 임의대로 내버려두는 꼴이 되니 살인자와 강간범이 넘쳐나게 될 것이다.

3. 하나님께서는 자녀교육의 책임을 부모에게 맡기셨다

이미 전술하였듯이, 교육의 책임은 부모에게 있다.[9] 학교도 학원도 심지어 교회도 교육의 주체가 아니다. 현대의 가정들을 상담하다보면 부모가 교육의 주체임을 모르고 지내다가 자녀에게 문제가 생기면 학교와 교사, 국가에 그 책임을 묻거나 떠넘긴다. 그러나 그들은 결코 내 자녀의 교육을 전적으로 책임질 수 없다. 교육의 책임자는 부모이다. 베른 하르트 부엡은 교육의 8할은 부모의 몫이라고 말한다.[10]

---

9) Ray Ballmann, 「홈스쿨링」, 배용준역, 규장, p.34.
10) Bernhard Bueb, 「엄한교육 우리 아이를 살린다」, 성경홍역, 예담, p.92.

보통 부모들은 첫 아이를 가지면서 부모로서의 큰 부담감을 느낀다. 책임감이 뒤따르는 것이다. 그런데 구체적으로 어떻게 아이를 훈련하고 돌보아야 할지에 대해서는 무지한 상태다. 부모들은 제대로 부모 노릇하고 있기를 바라지만 자녀들은 그들이 바라는 대로 자라주지 않는 것을 발견한다.

왜 그런가? 부모들 역시 제대로 부모훈련을 받은 경험이 없기 때문이다. 부모 역할에 대한 안내서도 없고, 계획서도 없고, 객관적인 기준도 없이 일을 맡은 고용인과 같은 상황에 놓이게 된 것이다. 따라서 성공적으로 자녀를 훈련시키기 위해서는 하나님께서 그들의 자녀에게서 원하시는 모습이 무엇인지를 알고, 그것을 개발하는 방법을 이해할 필요가 있다.[11]

하나님은 자녀교육의 책임을 부모에게 주셨다. 교육주권을 부모에게로 돌리는 운동이 홈스쿨운동이다. 뉴스위크에 홈스쿨링에 대한 기사가 났다. 우리가정을 취재한 기사와 사진

---

11) 권창규외 17인, 「한국에서 홈스쿨하기」, 꿈을 이루는 사람들, p.159.

초대교회에서는 홈스쿨보다 더 철저한 신앙, 인성, 학습의 홈스쿨링이 이루어졌다. 또한 교회가 운영하는 기독교학교가 가정을 지원하는 처치스쿨의 형태를 취하고 있었다. 현재의 기독교학교나 교회내 운영하는 학교와는 커리큘럼과 내용이 많은 부분 다르다. 가정과 교회 그리고 학교가 삼위일체 형태로 운영되었다. 그러나 여전히 교육의 중심은 가정이었다.

4. 세상적인 교육전문가보다 하나님의 말씀을 더 신뢰해야 한다

성경은 하나님의 자녀인 우리에게 주어진 절대적인 진리의 원천이다. 말씀은 하나님에 대한 우리의 지식을 요약하고, 하나님께서 우리에게 주신 "생명과 경건에 속한 모든 것(벧후 1:3)"을 얻는 원천이다. 그러므로 기본적인 자녀 양육의 원칙을 알기 위해서 우리는 하나님의 말씀을 우선하여 보아야 한다. 다른 부분을 우선시하는 것은 많은 문제와 충돌을 야기한다. 세상이 말하는 교육의 방향과 성경이 말하는 방향이 다르기 때문이다. 사도 바울은 그리스도가 없이는 진정한 지혜가 없으며, 세상에서 가치 있다고 하는 것을 하나님은 쓸모없다고 하신다고 강조했다(고전 1:19~25).

교육학과 교육기자재들, 학벌 높은 교육전문가들은 많아졌지만 왜 갈수록 학생들의 문제는 심각해져가고 학교는 붕괴되는가. 하나님의 말씀의 원리와 교육방법을 버리고 세상의 전문가들을 따랐기 때문이다. 또한 기독교 지도자들조차도 분별력 없이 세상 전문가들의 지혜를 기독교화하고, 교회 안에 가져옴으로 말미암아 교회 내에 가정들도 자녀교육에 심각한 문제를 낳게 되었다.

하나님의 말씀은 절대적인 진리와 경건한 지혜에 대한 풍부한 원천이다. 그러므로 자녀양육의 기본원칙들을 성경에서만 찾아야 한다. 그리고 현재 부모들이 갖고 있는 자녀교육에 대한 가치가 세속적인 경우가 많은데 먼저 하나님의 말씀인 성경에 비추어 재점검해야 할 필요가 있다.[12]

예를 들면, 세상의 전문가들은 세 살 때 아이들에게 반항기를 발견하고는 모든 아이들이 자연스럽게 겪는 단계라고 여기며 미운 세 살이라고 말한다. 그리고 부모들에게는 이것을 너무 걱정하지 말고 그 단계를 자연스럽게 지나도록 인내하며 받아주라고 말한다. 네 살이 되어서도 아이가 계속 그러면 전문가들은 부모들에게 걱정하지 말라고 말하면서 적응하는 네 살일 뿐이라고 말한다. 아이가 그래도 여전히 의지가 강하거나 강압적이면 전문가들은 부모들에게 그가 일시적인 사춘기 전 단계를 지나고 있으며 곧 그 단계를 벗어날 것이라고 말한다. 아이가 십 대가 될 때 쯤 되면 부모들은 이미 십 대는 당연히 반항적이고 가족으로부터 독립적이

---

12) 앞의 책, p.143.

라는 현대의 일반적인 견해를 받아들인다. 마침 교과서에서는 여러 철학자들의 말을 빌려 청소년기를 반항기, 질풍노도의 시기, 사춘기 등으로 정의하고 있어, 부모나 아이들 모두 십 대의 반항을 당연시 하게 된다.

그들은 자녀들의 무례한 태도를 견디면서, 자신들의 마음이 깨어지기 전에 아이들이 이러한 변화의 단계를 속히 벗어나기를 바란다. 슬프게도 부모들은 이러한 단계는 자연적이고 피할 수 없는 것이라고 생각하고 '전문가'의 말이기 때문에 모두 받아들인다. 그래서 부모들은 자녀들의 이러한 단계를 예상하고, 견디면서도, 사랑으로 너그럽게 봐줘야 하는 반항의 시기로 생각한다. 그리고 부모가 자녀의 반항을 예방하도록 가르쳐야 한다는 성경의 사실을 받아들이지 않는다.

그러나 전문가의 말이 아니라 성경의 원칙을 적용하고 가르친 자녀들은 이러한 단계를 거치지 않는 것을 발견할 수 있다. 반항기 없이 부모와 행복한 10대를 보내며 다윗, 요셉처럼 순종하고 복종하며 하나님의 말씀을 따르는 모습으로 자라는 자녀들을 많이 보았다. 성경 속 인물들에게서 사춘기의 방황은 찾아볼 수 없다.

수많은 다른 가정을 돕고 섬기면서 얻은 결론은 하나님의 말씀의 원리를 따라 훈련하고 훈계할 때, 이러한 반항의 많은 부분을 조기에 해결하고 순종하는 자녀들로 만들 수 있었다는 것이다. 방황하는 십 대들을 찾아보기 어려웠다. 문제는 시대적인 상황과 문화를 넘어서서 부모들의 의식 속에 성경을 존중히 여기고 그 말씀에 근거하여 양육하기로 결단하고 실천하느냐의 문제임을 기억해야 한다. 만약, 성경이 아닌 다른 기초에 교육, 자녀교육을 올려놓는다면 그것은 항상 실패할 것이다. 그러므로 오직 하나님의 말씀에 근거하여 교육의 기반을 삼아야 한다.

5. 기는 살리고 고집은 꺾어라

부모는 자녀에게서 고집과 기를 잘 구분해야 한다. 아이의 기를 살린다고 받아준 것이 아이의 고집을 키우는 경우가 다반사이기 때문이다. 분명히 해야 할 것은 기는 살리되 고집은 반드시 꺾어야 한다.

기는 어떻게 살리는가?

기는 칭찬과 격려로 살릴 수 있다. 대표적인 성경의 말씀이 바로 "이는 내 사랑하는 아들이요 내가 너를 기뻐한다."는 아들 예수님을 향한 아버지 하나님의 격려와 칭찬이다. 공생애를 시작하는 시점에서 이 하늘의 음성은 큰 힘을 불어넣었을 것이다.

성경에는 칭찬의 이야기가 많이 등장한다.

하나님은 에녹에게 하나님과 동행한 것을 칭찬하셨고, 그로 인해 죽음을 맞지 않고 천국으로 올려갔다. 노아는 당대의 의인으로 인정받으면서 큰 칭찬으로 새로운 인류의 시작하는 인물이 된다. 욥은 하나님이 사탄에게 자랑하실 만큼 크게 칭찬 받았다. 또 하나님은 아브라함의 믿음과 이삭의 백배의 축복받았던 부분에 대해 칭찬하신다. 유다와 요셉, 아셀을 향해 칭찬하는 아버지 야곱을 본다. 야곱은 하나님의 관점에서 자녀들을 축복하며 칭찬한다.

다윗은 하나님께 하나님의 마음에 합한 인물로 칭찬을 들었고 그리하여 다윗에게 큰 혜택을 주신다. 그 혜택은 자손들에게까지 미친다. 어린 솔로몬을 하나님께서 크게 기뻐 받으시며 칭찬하시고 그에게 복을 주신다. 그 외에 유다의 칭찬받는 왕들과 믿음으로 산 다니엘과 느헤미야, 에스라 등이 있다. 예수님은 바디매오와 수로보니게 여인, 백부장 등 수많은 이들을 향해 이만한 믿음을 본 적이 없다고 하시며 칭찬을 아끼지 않으신다. 이러한 칭찬은 그 사람이 그러한 행동을 하도록 하는데 큰 동기를 부여하며 계속 그 행동을 하도록 이끌어준다.

　빌가스더 목사는 품성칭찬이라는 방법으로 칭찬할 것을 권한다. 먼저 칭찬의 주제를 말하고, 구체적인 사실을 언급한 후 그러한 행동과 태도로 인해 주변에 어떤 아름다운 영향을 끼쳤는지를 말하는 방법이다. 이것이 칭찬의 3가지 요소라고 말한다. 이때, 그 아이의 행동과 결과를 중심으로 칭찬하기보다 그 아이의 좋은 품성과 태도를 중심으로 다루며 과정을 중요하게 다루는 칭찬을 하라고 한다. 칭찬과 관련된 매우 중요한 지혜다.[13]

　또한 그것을 가정에서 가족끼리 함께 하도록 권한다. 품성을 가정에서 가르치는 것은 매우 중요하며 다른 곳이 아닌 가정에서 가르쳐야 한다.[14] 미국에서 들어온 '품성'이 한국에 상륙하면서 교육기관들에서 먼저 활용되고 있는데, 이것은 사실 가정에서 먼저 출발해야 하는 것이다. 가정에서 하지 않고 교육기관에서 하는 것은 한계가 있고 한때의 캠페인으로 그치게 되기 쉽기 때문이다. 아이

---

13) IBLP에서 제작된 품성카드 참조함.
14) International Association of character Cities, 「진정한 성공의 길」, 안주영역, 한국품성계발원, 안주영역, 이 책은 49가지의 품성관련 정의, 나의 결심, 보상 등 자세히 설명하고 있다.

의 기는 가정에서 먼저 칭찬과 격려로 살려야 한다.

그렇다면 고집은 무엇인가?

고집은 신학적으로 볼 때, 죄(Sin)이다. 그 의미에 대해서는 이미 언급했기에 고집을 다스리는 방법에 초점을 두겠다. 고집을 꺾고 죄를 다스리기 위해 크게 세 가지 방법을 사용할 수 있다.

첫째, 책망이다. 디모데후서 4장 2절의 '경책하며' 원문의 'ἐλέγχω, 엘렝코'(딤후 4:2)는 가벼운 책망이다. 꾸짖고 책망하여 죄를 깨닫게 하는 것이다. 잘못을 교정해주고 그릇된 것을 바로 잡아줄 목적을 갖는다.

또 '경계하며', 원문의 'ἐπιτιμάω, 에피티마니'(딤후 4:2)는 강한 책망에 속한다. '금하다, 엄격하게 따지다, 책망하다' 란 뜻으로 강하게 제제를 가하는 것을 말한다. 잘못을 교정해주고 바로 잡아주는데 가벼운 책망과 강한 책망이 있음을 성경은 말해준다.

엡 6:4
> 또 아비들아 너희 자녀를 노엽게 하지 말고 오직 주의 교훈과 훈계로 양육하라.

에베소서 6장 4절의 말씀에서 교훈과 훈계인 'νουθεσία, 누데시아'는 부드러운 책망이다. 이는 훈계로 번역하는 것이 더 적합하다. 'παιδεία, 파이데이아'는 '강한 책망과 징벌, 훈련시켜 바르게 만들다' 란 뜻이다. 경책과 경계와 맥을 같이 한다. 또한 뒤에 나오는 파이데이아는 벌과 매에 가까운 책망이다. 정리해보면 책망의 의미는 경책, 경계, 훈계로 정도에 따라 다르게 적용할 수 있다.

둘째는 벌이다. 하나님은 그릇된 행동이나 죄를 범했을 때, 대가를 지불하게 하신다. 징계의 한 부분으로서 벌을 주신다. 다윗이 간음과 살인의 죄를 범하였을 때, 눈물로 침상을 적시는 회개를 하였으나 벌을 내리신다. 임신된 아이가 죽게 되며 그 집에 고통이 찾아온다. 성경 곳곳에서 회개하지만 그에 상응하는 벌을 받는 것을 볼 수 있다. 이러한 처벌에 대해 자세히 기록함으로 죄에 대한 두려움을 갖게 만들어 다윗의 전철을 밟지 않게 하시려는 것이다. 벌은 하나님의 또 다른 사랑의 표현이다. 올바르고 적절한 처벌은 약이 된다.[15]

셋째는 매이다. 매는 체벌에 속하는데 회초리로 징계함으로써 깨끗하게 만드는 것이다. 주로 체벌은 반항하는 아이를 징계하는 방법으로 사용할 수 있다. 현 세대에는 매를 아주 부정적으로 보는 경향이 있다. 폭행하여서는 안 되나 성경은 반드시 매를 사용하여 아이의 잘못과 죄를 끊어줄 것을 명하셨다. 매와 관련하여서는 오해가 많은데 성경에 매와 관련된 구절들을 살펴볼 때 더 명확한 이해를 할 수 있다.

- 매를 아끼는 것은 자식을 사랑하지 않는 것이다. 자식을 사랑하는 사람은 훈계를 게을리하지 않는다(잠 13:24, 표준새번역).
- 상하게 때리는 것이 악을 없이 하나니 매는 사람의 속에 깊이 들어가느니라 (잠 20:30, 개정).

여기에서, 한 가지 기억할 것은 성경은 우리에게 구체적인 지침을 준다는 것이다. 결코 추상적이지 않다. 예를 들면 다음과 같다. 다윗이 하나님의 성전을 지으려고 했을 때 하나님께서 나단 선지자를 통해 성전을 짓지 말라는 분명한 음성을 주셨다. 구체적이지

---

15) Bernhard Bueb, 「엄한교육 우리 아이를 살린다」, 성경홍역, 예담, p.151.

않는가? 예수님은 살인하지 말라 하셨고 다른 사람을 미워하지 말라고 하셨다. '사람이 어찌 살면서 다른 사람을 미워하지 않을 수 있는가'라고 얼버무리려 하지 말라! 예수님의 말씀은 분명하다. 악을 악으로 갚지 말고 선으로 악을 이기라고 하신다. 구체적인가 아니면 추상적인가? 네 부모를 공경하라고 하셨다. 어떻게 부모를 공경하고 있는가? 성경을 연구하면 할수록 너무나 구체적이고 선명하게 직접 음성으로 얘기하시고, 아니면 지도자를 통해 말씀하시고, 성경에 기록된 말씀으로 말씀하고 계신다.

매와 관련하여 하나님의 말씀의 법도를 따라야 한다. 매는 자녀교육에 필수적이다. 어떤 크리스천 지도자는 매를 사용하지 않도록 권하고, 매를 사용하는 것이 아주 나쁜 것으로 주장하는 경우가 있다. 이것은 앞에서 살핀 성경 말씀과 위배 된다. 그렇다고 무턱대고 매를 사용해서는 안 된다. 매를 사용할 때의 여러 가지 노하우와 지혜가 필요하다.

많은 가정을 상담하고 매를 지혜롭게 사용할 것에 대해 도움을 주었을 때, 짧은 시간에 자녀의 많은 문제가 해결되는 것을 보았다. 개인적으로 부모를 교육하는 부모대학에서는 세 번의 강의를 매 사용법에 대해 가르친다. 이 강의에서는 매의 성경적 근거와 이유 및 매 사용의 동기부여 후 구체적인 매 사용방법과, 매 사용 전과 후의 조치법 등을 알려준다. 매를 들지 말아야 할 때가 언제인지도 가르친다.

특히 어머니들은 이런 과정에서 매와 관련해 많은 질문을 한다.
"매를 몇 대 때리면 되나요?"
"무엇을 지시했을 때 몇 번까지 참은 후 매를 들어야 하나요?"

"매를 맞아도 효과가 별로 없는 것 같아요? 이럴 때 어떻게 해야 하나요?"

"그렇게 매를 대다보니 하루 종일 매를 들고 있어야 하는데 이렇게 해도 되나요?" 등 질문은 끝이 없다.

자녀가 태어나면 저절로 자란다는 말을 누가했는가? 자녀를 교육하는 어머니에게는 탁월한 기술이 요구된다. 성경적으로 수백 년 동안 쌓여있는 노하우들이 있다. 놀라운 것은 매를 사용한 순간 아이들과 어머니와의 어려움이 70~80%정도 해소되는 것을 볼 수 있었다. 놀라운 일이 아닌가?

현재 우리 가정에서는 매를 드는 일이 없다. 영유아 때 매를 맞으면 유치원 때부터 매를 들 일이 없다. 순종하는 세 살이 되었기 때문이다. 매는 어릴 때 효과가 있다. 그러나 하나님은 성인이 된 이들, 또 늙은이에게도 매를 대시곤 한다. 분명히 기억해야 한다. 매 자체가 목적이 아니라 죄인인 우리의 자녀들이 하나님을 경외하며 말씀에 순종할 수 있도록 만들어 다른 사람을 섬기게 하기 위해 매가 필요한 것이다. 자녀교육은 사랑만으로 되지 않고 적절한 기술과 노하우가 필요한 법이다.

열아홉 명의 자녀를 키운 요한과 찰스 형제의 어머니 수잔나 웨슬레는 그의 일기에서 이렇게 기록하고 있다. "아이 안에 있는 [자기 의지]를 복종시키는 법을 연구하는 부모는 한 영혼을 새롭게 하여 구원에 이르도록 하기 위하여 하나님과 함께 동역한다. 항상 그 아이의 고집대로 하도록 내버려두는 부모는 마귀의 일에 동참하는 것이며, 신앙이 불가능하게 만들며, 구원을 얻을 수 없게 만들

---

16) Reb Bradley, 「성공적인 자녀양육 지침서」, 임종원역, 한국기독교홈스쿨협회, p.41.

요즘 부모들은 아이들의 기가 꺾인다고 지나친 허용을 한다. 성경은 아이들의 고집을 꺾고 훈련시키라고 말씀하신다.

며, 아이의 영과 육을 영원히 저주 아래 놓이게 만드는 것이다."16)

어떤 한 영역에서라도 아이에게 너무 많이 무엇을 허락하거나 무절제를 북돋우는 것은 아이를 절제력 없는 사람이 되도록 길들이는 것이다. 무절제력은 곧 무덤이고 죽음으로 끌고 가는 죄이다. 현대 교육의 가장 큰 문제는 칭찬과 격려로 기를 살려주지 못하고 책망과 벌과 매로 고집을 꺾어주지 않아 생기는 것이다. 도리어 기는 꺾어버리고 고집을 키우는 정반대의 교육 방법으로 인해 심각한 폐해가 일어나고 있다.

또한 우리 주위에서 아이들에게 '안 돼'라고 말하지 말라는 교육학박사나 전문가들의 제안이 심각한 문제를 야기시키고 있다. 인본주의 교육관에서 나온 잘못된 이해다. 성경은 하지 말라는 명령이 훨씬 더 많다. 되는 것과 안 되는 것을 분명히 말해주고 고집을 꺾어주는 것이 지옥에서 자녀를 천국으로 이끄는 비결이다.

6. 부모가 리더십을 가지라

가정의 리더는 아버지와 어머니가 되어야 한다. 그런데 인본주의적 세상 교육은 아이가 리더 되게 만든다. 누가 가정에서 결정권을 갖고 있는지를 보면 알 수 있다. 부모는 자녀들에게 끌려 다니지 말고 올바로 이끌어주어야 한다. 부모가 리더로서 권위를 갖고 결정해야 한다.

우리 가정에서 있었던 한 사례를 소개하면 다음과 같다.
어느 날 가족이 외식을 하기로 했는데 어떤 음식을 먹을지 아내와 큰 딸, 둘째 딸의 의견이 모두 달랐다. 의견이 달라 한참을 대화했지만 쉽게 결정이 나지 않았다. 그때 깨달은 것은 누군가가 결정을 해야 한다는 점이었다.
그때 세운 원칙은, 이런 상황에서 누구나 요청할 수 있고, 서로 함께 의논은 하지만 최종 결정은 부모가 하며 자녀들은 그것에 순종해야 한다는 것이다. 부모는 아이들에게 건강에 좋은 음식을 결정하지만 아이들은 몸에 해롭더라도 혀에 단 것을 먹길 좋아하기 마련이므로 부모의 결정에 따르도록 하는 것이다.
이러한 결정권은 부모에게 하나님이 주신 것이다. 부모는 음식부터 시작하여 모든 영역에서 결정해야 할 것이 많다. 부모가 결정한다고 해서 자녀들의 의사를 아예 무시하거나 외면하라는 것을 의미하는 것은 아니다. 부모는 아이들의 필요를 알고 그들을 배려함이 필요하다. 그러나 기준과 원칙을 분명히 갖고 결정은 부모가 하며, 자녀들을 이끌어주어야 한다는 것이다. 아이들이 떼를

쓴다고 하여 떠밀려 올바른 결정을 못할 때 결국 리드하는 부모가 아니라 끌려 다니는 부모가 되며 올바른 것을 아이들에게 교육할 수 없게 될 것이다.

7. 분리하여 교육하라!

창세기 6장은 잘못된 결혼의 문제점을 보여준다. 결국 잘못된 결혼으로 하나님께서 물로 이 땅을 심판하는 사건이 등장한다. 역대하 19장에서는 여호사밧이 아들 여호람을 아합과 이세벨의 딸인 아달랴와 결혼시킨다. 바알의 사상으로 철저히 훈련을 시킨 아달랴가 남쪽으로 오면서 남쪽 유다에서는 큰 위기가 찾아온다. 결혼과 관련하여 철저히 믿는 자와의 결혼을 하나님께서 요구하시는데 이는 거룩함을 위한 철저한 분리를 보여준다. 크리스천 결혼 상담가들 중에서 어떤 이는 불신결혼이 아무런 문제가 없는 듯 말

거룩함을 위해 분리교육은 매우 중요하다. 유대회당을 방문했을 때 조금이라도 거룩치 못한 장면의 그림이나 사진이 잡지에 있다면 잘라 버리고 들여온다. 건전한 잡지이지만 광고면에 문제가 있어 제거하였다고 한다.

한다. 성경을 제대로 알면 이렇게 말할 수 없을 것이다. 우리는 매우 위험한 시대에 살고 있다.

또한, 하나님은 이스라엘을 선택하셔서 그들에게 다른 이방민족과 다른 삶을 요구하시면서 모세에게 하나님의 법을 주신다. 그리고 이스라엘이 애굽에 머무를 때도 하나님은 고센 땅에 두심으로써 애굽인들과 분리하였다. 다니엘은 하루 3번 기도하는 것과 레위기의 코셔음식으로 자신을 더럽히지 않으려는 분리적 삶을 살았다. 물론 이 분리적 삶이 세상과 완전한 결별을 의미하지 않는다. 하나님의 법과 율례를 지키기 위한 철저한 분리이다.

현대 정통파 유대인들은 지금도 이러한 정신을 이어받아 그들만의 타운을 만들어 그들의 고유한 신앙 전통과 문화를 만들어간다. 하나님께서 주신 법도를 잘 지키기 위한 환경을 만든다. 유대인들의 가정에 TV가 없는 이유도 이러한 이유 때문이다. 그들의 거실은 다른 민족의 거실과는 사뭇 다르다. 토라와 탈무드 책장이 있고 예루살렘 전경의 사진이나 그림이 걸려있다. 그들의 절기와 매주 드리는 안식일은 다른 민족과는 분리된 하나님이 주신 그들만의 문화를 보여준다. 성경적 문화다. 자녀들이 성인이 될 때까지 유대인들은 그들을 세상과 분리시킨다.

히브리어에서 거룩은 '카도쉬'를 말하는데 이것은 '분리하다, 구별하다'는 의미를 갖는다. 앞에서 보았듯이 음식에서부터 삶의 모든 영역에서 카도쉬 개념이 숨어 있다. 하나님께서는 광야를 지나는 저들의 진영을 만들 때도 대소변을 보는 것을 완전히 분리하여 진영 밖에 두도록 하셨다. 정결한 것과 부정한 것을 분리하고 있다. 빛과 어둠이 다르듯이 철저한 분리는 신앙을 유지하고 보존하는데 있어 매우 중요하다.

개신교 역사를 보면 세상에 복음을 전한다는 명목으로 교회를 세상의 가치와 문화 등과 분리하지 않아 도리어 교회가 세속화 되는 결과를 맞고 말았다. 이 철저한 분리 교육을 잃어버리고, 세상과 섞임으로 결국 변질되고 타락한 것이다. 그 결과 기독교는 자녀 세대의 95%를 잃어버렸다. 철저한 분리가 세상을 변화시키는 무기요 능력이다. 그렇다 하여 세상을 도외시해야 한다는 것은 아니다. 하지만 철저히 분리되어야 세상을 제대로 바꿀 수 있다.

유대인들은 대학에서도 유대인 학생회관에서 철저히 코셔음식을 먹고 분리된 삶을 산다. 그렇다고 하여 미국사회에서 그들이 사회적으로 도외시되거나 부적응상태에 있지 않다. 무시당하거나 하지 않고, 오히려 사회는 그들을 부러워하며 그들의 삶의 여러 면을 배우려고 한다. 실제로 그들은 미국에 가장 영향력을 미치는 그룹으로 성장해 있다.

이민 역사가 우리나라와 비슷하지만 유대인들은 우리와 비교되지 않을 만큼 미국사회에 탁월하게 자리매김했다. 그리고, 이스라엘을 향한 지원에 있어 미국 내 유대인의 영향력은 대단하다. 결코 분리가 고립을 의미하지 않음을 알 수 있다. 유대인들은 수천년 동안 그들만의 신앙을 전수하고 건강한 가정을 유지하고 발전시키며 올바른 교육을 통해 탁월한 인재를 길러내는 분리교육을 통해 오히려 세상 가운데 탁월한 영향력을 미치고 있다. 미국에 있는 유대인 중고등학교를 방문하여 아이들과 대화를 나누었는데 그들의 건강한 생각과 바른 가치관, 가정을 소중히 여기는 마음, 매우 예의 바른 자세와 겸손한 태도를 보고 감동을 받았다. 현대

한국의 학생들과는 사뭇 달랐다. 출애굽기 9장 4절은 다음과 같이 말한다.

> "여호와가 이스라엘의 가축과 애굽의 가축을 구별하리니 이스라엘 자손에게 속한 것은 하나도 죽지 아니하리라 하셨다 하라 하시고."

애굽에서 하나님은 이스라엘 백성과 함께 가축까지 애굽 사람으로부터 분리하여 고센에 두셨는데, 여기에 등장하는 구별이란 단어 원어 '파라'는 '분리하다, 구분하다'라는 뜻을 갖고 있다. 오랜 역사 속에도 이방인들과 분리되고 구분되어 있었기에 유대인들은 하나님이 명하신 율례와 법도를 잘 지킬 수 있었다. 물론 이 말은 세상과 동떨어진 산으로 가라는 것이 아니다. 그러나 한국의 그리스도인과 교회는 세상을 바꾸기 위해 세상 속으로 들어갔고, 교회는 문턱을 낮추어 세상을 받아들였는데 시간이 지나고 나서 보니 교회가 세상에 물들어 타락해버린 꼴이 되었다.

유대인의 분리 문화는 그리스도인이 세상 속에서 어떻게 살아야 하는지를 보여주는 귀한 모델이라고 여겨진다. 신앙의 본질을 잃어버리지 않으면서 즉, 그리스도인의 정체성을 상실하지 않으면서 세상에도 영향력을 미칠 수 있는 모델이 필요한데 그것은 유대인 공동체를 보면 답이 보인다.

이에 대하여 강영우 박사는 이렇게 표현한다. "유태인은 어느 국가나 사회에 살든지 자신이 속한 곳의 공통된 가치에 흡수되어 동화되지 않고 주류사회 가치를 빨리 배워 통합된다. 그러면서 유태 민족의 고유한 신앙과 전통과 가치를 보존 계승해 나가는 것이다. 그것은 세계화 시대를 살아가는 우리에게도 적용되는 말이다. 세계화 시대의 보편 가치는 빨리 배워야 하고 우리의 고유 가치는 보존하고 계승해야 된다."[17]

오랫동안 미국에서 유대인들과 함께 생활하며 그들의 삶을 지켜 본 강영우 박사의 제안은 귀담아 들을만 하다. 고유가치를 보존하고 계승하면서 주류사회의 중요한 가치관과 통합 발전시켜 나가는 것은 우리가 배워야 할 매우 중요한 요소다.

---

17) 강영우, 「우리가 오르지 못할 산은 없다」, 생명의 말씀사, p.148.

5」
성경적 신앙교육

사람들은 흔히 학교에서 배우는 교과학습을 교육으로 이해하기 때문에, 공부한다고 하면 국어, 영어, 수학 등을 중심으로 학교교과를 배우는 것이라고 생각한다. 그러나 유대인들에게 교육은 그들의 경전인 토라와 탈무드를 배우는 것이다. 그들에게는 전문적으로 토라와 탈무드를 공부하는 학교 예시바가 있다.

그들은 교과학습을 1차적 교육이라 생각하지 않으며, 또 그들에게 있어 종교 교육의 정통적 이해 없이 교육을 논한다는 것은 의미가 없다. 즉, 교육의 뿌리를 토라와 탈무드에 두는 그들의 역사와 세계관의 이해 없이 유대인에 대한 교육을 논하는 것은 뿌리 없는 나무와 같다. 유대인 교육이나 미국 기독교 홈스쿨링의 공통점은 교육에 있어 신앙교육을 최우선시한다는 점이다.

대부분의 사람들이 교육이라고 하면 교과학습만을 생각하는데 그것이 아니라 교육이라고 하면 하나님을 경외하고 섬기는 신앙교육을 말한다. 유대인들은 교육을 교과학습으로 보지 않는다. 교육은 하나님을 경외하며 훌륭한 인격으로 세상을 아름답게 만들기 위한 공부로 여긴다. 왜 신앙교육이 최우선되어야 할까? 그 이유에 대해 살펴보자. 또한 크리스천 부모나 교사들은 신앙교육을 하기 원하지만 구체적인 내용에 대해 잘 모르는 경우가 많다. 예배드리고 성경 읽는 정도의 커리큘럼을 생각한다. 제대로 된 커리큘럼이 있어야 한다. 유대인 교육과 미국 기독교 홈스쿨링에서 실시하는 구체적인 신앙교육의 내용을 살펴보자.

전제 : 신앙 우선 교육

첫째, 하나님을 경외하는 신앙인을 만들 수 있다.

미국 홈스쿨 지도자인 테드 트립(Tedd Tripp)은 "하나님께 아이들의 마음을 완전히 빼앗기게 만들어라!"고 말한다.[18] 또한 하나님을 신뢰하는 것이 우선되어야 함을 말하고 있다.[19] 브래들리 볼러는 그의 저서에서 다음 세대를 준비시키기 위한 7가지 중요한 요소들 중 첫 번째로 "하나님을 위해 신뢰와 믿음을 갖도록 훈련해야 한다"고 언급했다.[20]

우리 가정의 홈스쿨을 적극적으로 후원하며 지원한 브래들리 볼러 가정에서도 하나님을 경외하는 신앙교육을 가장 우선시하였다. 그들은 매일 성경을 묵상하고 연구하고 암송하는 일에 힘을

---

18) Reb Bradley, 「성공적인 자녀양육 지침서」, 임종원역, 한국기독교홈스쿨협회, p.239.
19) Tedd Tripp, 「마음을 다루면 자녀의 미래가 달라진다(부모를 위한 가이드북)」, 김창동역, 디모데, p.134.
20) Bradley Voeller, 「하나님이 디자인하신 비전의 아이로 키우기」, 편집부, NCD, p.21. 브래들리 볼러는 우리 가정의 홈스쿨을 도와준 미국 홈스쿨 지도자 중 한 명이다. 그는 9살때부터 홈스쿨로 자랐다.

썼다. 그 가정의 한 자녀는 중고등학교 시절에 스스로 잠언 전체를 통으로 암송하겠다는 목표를 세워 그 목표를 이루기도 했다. 그들의 자녀들은 신앙교육을 통해 자연스럽게 학습과 지식적 탁월함을 갖출 수 있었다.

유대인 교육은 신앙교육에 우선을 두고 있다. 그들은 이미 태아 때부터 아버지가 토라를 암송하여 들려줄 뿐 아니라 백발의 노인들도 미드라쉬의 집이나 예시바[21]에 앉아 암송과 연구, 토론을 한다. 정통파 유대인 중고등학교에서는 커리큘럼의 50% 정도가 토라와 탈무드로 구성되어 있다.

김형종 박사에 의하면 캘리포니아 남부에 있는 정통파 유대인 학교인 예시바 중고등학교의 하루 수업 스케줄은 다음과 같다.

'오전 7시 30분부터 45분간 아침 기도를 드리는 시간을 갖는다. 9시부터 오후 12시 30분까지 성경과 탈무드로 말씀교육을 한다. 점심식사 후 15분 정도의 낮 기도회를 드린 후에, 다음 5시 30분까지 4시간 동안 세상의 학문을 배운다.'[22]

시간적인 비율로 따져보면 60% 정도가 신앙교육이 되고, 나머지 40%가 일반교육으로 구성되어 있다. 그들은 대학 진학 이전까지 이렇게 신앙교육 중심으로 교육을 받는다.

유대인 부모는 자녀들의 그러한 교육을 당연하다고 여긴다. 학생들도 마찬가지이다. 도리어 그들은 오전 내내 성경을 공부해야 마음이 더 집중될 뿐만 아니라, 하나님이 지혜를 부어 주신다고 알기 때문에 세상 사람들이 열시간 공부할 것을 자신들은 단지 한

---

21) 종교교육을 하는 유대인학교.
22) 김형종, 「유대인의 천재교육 프로젝트」, 플레이온콘텐츠, p.91.

시간만 공부하면 따라갈 수 있다고 말한다.

미국 LA의 유대 남중학교를 방문했을 때, 남중학교의 학생들이 오전 수업시간에 탈무드로 디베이트 하는 광경을 목격할 수 있었다. 학생들이 두 명씩 짝을 지어 토론을 하고, 토론 이후 선생님과 함께 질문을 주고 받고 정리한 후 수업이 마무리되었다. 수업시간 내내 행복한 얼굴로 어린 학생들이 진지하게 토론하는 모습은 한국사회에서 찾아보기 드문 광경이었다. 정통파 유대인들은 유대인 유치원, 초, 중, 고, 대학교를 설립하여 철저하게 유대인으로서의 정체성을 심어주는 교육을 한다. 그들은 비록 자녀들을 세상과 분리해 신앙을 중심으로 교육하지만 미국 사회에서 부적응하는 모습은 찾아 볼 수 없다.

미국 기독교 홈스쿨과 유대인 교육에 있어 모양은 다르게 나타나지만 신앙교육을 우선시하고 하나님을 경외하며 떠나지 않도록 가르치는 것은 동일하다. 대부분의 믿는 집의 자녀가 신앙을 버리는 한국 교회의 상황에서 눈여겨봐야 할 부분이다.

둘째, 하나님을 경외하는 신앙교육은 인성교육에 지대한 영향을 미친다.

미국 기독교 홈스쿨 가정에서는 신앙을 바탕으로 자녀들에게 인성훈련을 시키고 있으며, 인격적 훈련을 매우 중요한 교육과정으로 여긴다. 성경적 남성상, 여성상, 아버지 역할과 어머니 역할을 다룬다. 규칙적 생활과 다른 사람을 섬기는 삶이 커리큘럼에 중요한 위치를 차지한다.

유대인의 지혜교육은 그들의 인격과 바른 삶을 만드는데 크게 일조한다. 또한 그리스도인의 신앙은 그들이 믿고 따르는 성경에 절대성을 둘지를 결정하는 것이다. 절대적으로 지켜 행할 기준이 성경이라는 관점이 확고해지면 성경이 윤리와 도덕의 기준이 된다.

그러나 그렇지 않은 입장을 갖고 있다면 성경은 한낱 참고할 책 정도로 취급되어질 것이다. 철저한 신앙을 가진 그리스도인들에게 성경은 절대적 가치가 되고 목숨을 걸고 지켜야 할 기준이 된다. 예수님의 산상수훈과 하나님의 법인 십계명은 그리스도인들에게 윤리와 도덕의 기준이다. 신앙과 인성은 분리되지 않으며 신앙이 인성을 형성시켜 주기 때문이다.

셋째, 신앙교육은 학습적 능력을 탁월하게 만들어준다.

미국 홈스쿨 가정에서 이루어지고 있는 성경 암송과 성경 연구의 과정들은 학습에도 큰 유익을 준다. 텍스트가 성경이 되기에 신앙교육에 속하나 그 방법은 독서하는 힘과 작문실력을 키운다. 암기력을 높여 학습에도 유용하다. 유대인들의 모세오경 암송과 디베이트는 세계적으로 따라야 할 교육의 모델로 이미 자리하고 있다. 그들의 이러한 교육방법은 유대인들이 미국 10개의 명문대에 25~30% 정도 매년 입학하는 결과를 만든다. 유대인들에게 유독 이러한 결과가 나타나는 것은 그들의 신앙교육이 주는 영향임을 부정할 수 없으며 유대인 스스로도 그것을 인정한다. 모세오경 책 다섯 권을 13세 전에 암송한다면 그들의 암기력은 향후 일반교과학습에 당연히 긍정적인 영향을 주지 않겠는가?

홈스쿨 리서치 전문가인 레이 박사가 제시한 홈스쿨 아이들의 학습과 관련된 학습진도와 진학 관련 통계자료[23]를 살펴보면, 홈

---

23) 브라이언 레이, 2012 한국기독교홈스쿨협회 가족컨퍼런스 강의 중에서(브라이언 레이 박사는 미국홈스쿨 리서치 분야의 최고 권위자이며 자녀를 홈스쿨로 키웠다.)

스쿨 아이들이 일반 학교의 학생들보다 훨씬 빠른 학습성취와 결과가 나타나고 있음을 알 수 있다. 신앙교육은 인성뿐 아니라 학습에도 긍정적인 영향을 미치는 것으로 나타나고 있다.

1. 온전한 복음교육 - 값싼 복음을 물리치라!

기독교의 핵심은 복음이다. 자녀에게 가장 우선적으로 가르쳐야 할 것이 있다면 복음교육일 것이다.

그렇다면 복음이란 무엇인가? C. S 루이스는 현대 복음을 순전치 못한 복음이라고 언급한다.[24] 『회심의 변질』이라는 책에서 알렌 클라이더는 4세기에 걸쳐 회심이 어떤 식으로 변질해 가는지를 추적하고 있다. 특히 콘스탄틴 대제의 회심을 말할 때, 일반 역사학자들은 통치기간 초기 312년경이라고 본다. 그러나 알렌 클라이더(Alan Kreider)는 콘스탄틴 대제가 인생 말년이 되어서야 교회의 전통에 의한 변화의 여정을 거친 것으로 본다. 초대교회의 회심이 여러 관점에서 4세기 이전에 어떻게 변질되었는지를 설명한다.[25] 알렌 클라이더의 회심이 변질되었다는 주장에 대하여 동의한다.

리차드 백스터(Richard Baxter)는 '나는 회심했다'는 자기 속임수를 경계하라고 말한다. 또한 마태복음 21장 31절의 "세리와 창기들이 너희보다 먼저 하나님의 나라에 들어가리라"는 말씀으

---

[24] C. S. Lewis, 『순전한 기독교』, 엄성옥역, 은성, p.4.
[25] Alan Kreider, 『회심의 변질(초대교회의 회심을 돌아보다)』, 대장간, p.83.

로 큰 죄인들보다 지도자들이 자신이 회심하지 않았음에도 불구하고 자신이 이미 회심한 것으로 스스로를 속일 수 있다고 경고한다. 회심은 사람들이 막연하게 생각하는 것과 많이 다르다고 말하며 진정한 회심은 마음과 생활에서 결정적인 방향의 변화를 가져오는 것이라고 한다. 진정한 회심은 영혼과 삶에 총체적 변화를 가져다준다.

리차드 백스터는 진정한 회심은 진로 수정이 아니라 완전한 방향 전환이라고 경고하면서 자신이 진정으로 회심했는지 점검해 볼 것을 요청하고 있다.[26] 온전하지 못하고 값싼 복음이 기독교 신앙 전반에 지대한 영향을 미치고 있다는 것은 매우 우려스러운 일이다. 이와 같이 온전하지 못한 복음에 대한 이해로 인해 부모들이 가정에서, 교사들이 학교에서 학생들을 가르치는 일에도 문제를 발생시킨다. 변질된 복음으로 아이들을 교육할 때, 심각한 문제가 초래된다. 복음의 변질로 인해 십자가와 부활이 사실이 아닌 신화로 자리하고 삶의 열매 없는 기독교가 난무해져 가고 있다.

교사와 부모가 부족한 복음에 젖어있거나 변질된 복음을 갖고 있다면 학생이나 자녀들도 동일하게 온전하지 못한 복음을 경험하게 된다. 이러한 복음은 회심 없는 그리스도인을 양산하고, 나아가 도덕과 윤리, 헌신이 없는 기독교로 전락시킨다. 결국 기독교의 타락을 가져오게 된다.

온전한 복음이란 무엇인가? 복음을 설명할 때 6개의 단어로 설명할 수 있다. '창조, 죄, 십자가, 부활, 회심, 믿음'이다.

---

26) Richard Baxter, 「회심」, 백금산역, 지평서원, p.102-115.

1) 바라 בָּרָא (창조)

성경의 1절 앞부분에 등장하는 단어 창조는 히브리어로 '바라' 이다. 이 단어는 창조의 의미보다 '질서' 라는 의미에 가까운 단어다. 하나님께서 이 땅에 '바라' 즉, 질서를 세우셨다. 이 창조에 대한 단어의 정확한 이해가 되어야 두 번째 단어인 죄를 제대로 이해할 수 있다. 바라(질서)를 깨뜨리는 것이 죄이다. 바라(창조)는 하나님이 이 땅의 주인이심을 말하는 것이다. 6일 동안 천지만물을 다 창조하시며 질서를 세우셨다는 말은 인간을 창조한 하나님이 곧 인간의 주인이라는 것이다. 여기에 '바라' 의 깊은 의미가 있다. 그분이 주인이시기에 인간은 종이며 그분이 없이 인간은 아무런 의미가 없다. 하나님이 주인이시며 천지 만물의 주인이심을 분명히 해야 한다. 하나님께서 질서와 천지만물 뿐 아니라 인간 존재의 주인이라는 뜻도 갖고 있다. 기독교의 가장 중요한 단어가 십자가와 부활이지만, 이것은 창조 즉 '바라' 로부터 시작된다.

2) 죄

'바라' 의 주인이신 하나님을 버리고 자신이 주인임을 주장하는 것이 바로 죄다. 하와가 선악과를 따먹을 때도 하나님처럼 되려는 마음 때문이었다. 즉, 자신이 하나님처럼 되어 자기 원하는 대로 하려는 것이다. 윤리와 도덕의 죄가 아니라 근본적인 죄, 자신이 하나님이 되려는 교만이 죄이다. 또한 질서를 깨뜨리는 것 역시 죄이다. 질서를 깨뜨린다는 것은 하나님이 창조주이시며 인간은 피조물인데 피조물이 질서를 깨고 자신이 창조주처럼 행세하려는 것을 말한다. 인간이 자기 마음대로 하려는 태도와 행동으로부터 죄가 시작된다. 그래서 이것을 근본적인 죄, 뿌리에 해당하는 죄라고 할 수 있다.

아담과 하와는 하나님의 말씀을 듣고 순종하지 않고, 자신이 하나님이 되고자 하는 마음으로 창조주의 말씀을 무시함으로써 결국 죄 아래 거하게 된다. 아담과 하와 뿐 아니라 지금의 모든 인생도 자기가 원하는 대로 살려한다. 인생을 자신의 것으로 여기고 자기를 창조하신 주님의 뜻을 버리며 자기 뜻대로 살고자 한다. 이들에게 하나님은 사망과 지옥의 심판과 저주를 약속하셨다. 성경에서 "반드시 죽으리라"[27], "죄의 삯은 사망"[28]임을 명시하고 있다. 모든 사람이 죄로 말미암아 죽음에 이르고 하나님의 영광과 천국에 이를 수 없게 되었으며, 둘째 사망 지옥의 형벌에 놓이게 된 것이다.[29]

3) 십자가와 부활

죄 아래 있는 이들에게 희망의 빛이 비추었는데, 그것이 바로 하나님의 구원의 방법인 십자가와 부활이다. 십자가는 우리의 죄의 종결을 의미한다. 또한 부활은 사망을 이기심을 보여주는 기쁜 소식 즉 복음이다. 십자가는 하나님께서 약속하신 것의 성취이다. 성경대로 예수님은 이 땅에 태어나셨고, 또 죽음을 맞이하시고 다

---

27) 창세기 2:17(개역개정)
28) 로마서 6:23, 7:5, 13, 8:2; 야고보서 1:15
29) 로마서 3:23; 요한계시록 20:14

시 살아나셨다.[30]

하나님께서 보내신 예수님을 믿는 것이 복음이다. 성경대로 죽고 부활하신 역사적인 예수님을 믿는 것이다. 오직 구원의 길은 십자가와 부활의 예수님을 믿고 의지하며, 그 말씀에 순종하는 자에게만 주어지는 은혜이다. 죄에서 건져져서 천국으로 갈 수 있는 유일한 길은 예수님밖에 없다.[31] 이 예수님을 입술로만이 아니라 인격적 관계 안에서 마음으로 믿고 삶의 열매로 믿음의 증거가 나타나야 한다.

4) 회심

현 시대에는 값싼 복음이 난무하면서 또한 거짓된 회심도 넘쳐난다. 미국의 한 리서치 기관에서 설문조사를 실시하였는데, 많은 미국인이 자신이 당장 죽어도 천국 간다고 고백했다고 한다. 그런데 그들은 교회를 정기적으로 가거나 예수님을 고백하고 체험하는 경험을 했거나, 성경을 읽거나 기도하는 일이 없음에도 불구하고 자신은 크리스천이며 천국에 간다고 굳게 믿는다는 것이다. 왜 이런 일이 일어날까? 왜 이런 거짓된 결과들이 나올까? 구원 얻지 못하는 구원의 확신이 넘쳐나는 이유는 무엇일까? 이것은 신앙이 실제가 아닌 관념과 추상적 개념으로 자리하기 때문이다.

---

[30] 고린도전서 15:3-4 내가 받은 것을 먼저 너희에게 전하였노니 이는 성경대로 그리스도께서 우리 죄를 위하여 죽으시고 장사 지낸 바 되었다가 성경대로 사흘 만에 다시 살아나사.
[31] 요한복음 14:6 예수님께서 가라사대 내가 곧 길이요 진리요 생명이니 나로 말미암지 않고는 아버지께로 올 자가 없느니라. 사도행전 4:12 다른 이로서는 구원을 얻을 수 없나니 천하 인간에 구원을 얻을 만한 다른 이름을 우리에게 주신 일이 없음이니라 하였더라.

회심이란 무엇인가? 회심은 앞에서 언급한 바라, 죄, 십자가, 부활이 삶의 실제로 다가와야 한다. 머리가 아닌 가슴으로 느껴지고 깨달아져서 자신의 삶의 방향을 완전히 바꾸어, 가던 길에서 돌아서는 것을 말한다. 그리고 자신의 삶의 방향을 바꾸는 분명한 결단과 체험이 자리한다. 자신이 죄인이라는 사실에 대한 깊은 자각 없이 회심은 불가능하며, 이러한 회심 없는 구원은 성경이 지지하지 않는다. 그리고 구원 얻는 진정한 회심은 바울의 고백처럼 '전에는'에서 '이제는'으로 전혀 다른 사람이 되는 것이다.[32]

진정한 회심은 야고보서의 말씀처럼 행함을 동반해야 한다. 마귀와 사탄도 갖고 있는 믿음으로는 부족하다.[33] 삶의 방향과 세계관을 바꾸고 삶을 온전히 주님 앞에 굴복시켜 깨뜨려진 질서를 바로잡아야 하는 것이다. 자신의 마음대로 하는 죄로부터, 질서를 파괴하는 불순종으로부터 건지시는 것이 구원이다. 회심은 단순한 감정적 영역을 넘어 서서 인격과 세계관, 삶의 실제가 변하는 것이다. 감정과 더불어 삶의 실천적 행위와 변화를 뜻한다.

---

32) 디모데전서 1:13 내가 전에는 비방자요 박해자요 폭행자였으나 도리어 긍휼을 입은 것은 내가 믿지 아니할 때에 알지 못하고 행하였음이라.
    에베소서 2:3 전에는 우리도 다 그 가운데서 우리 육체의 욕심을 따라 지내며 육체와 마음이 원하는 것을 하여 다른 이들과 같이 본질상 진노의 자녀이었더니.
    에베소서 2:13 이제는 전에 멀리 있던 너희가 그리스도 예수 안에서 그리스도의 피로 가까워졌느니라.
    에베소서 5:8 너희가 전에는 어두움이더니 이제는 주 안에서 빛이라 빛의 자녀들처럼 행하라
    골로새서 3:8 이제는 너희가 이 모든 것을 벗어 버리고 곧 분과 악의와 훼방과 너희 입의 부끄러운 말이라.
    데살로니가후서 2:3 누가 어떻게 하여도 너희가 미혹되지 말라 먼저 배교하는 일이 있고 저 불법의 사람 곧 멸망의 아들이 나타나기 전에는 그 날이 이르지 아니하리니.
    디도서 3:3 우리도 전에는 어리석은 자요 순종하지 아니한 자요 속은 자요 여러 가지 정욕과 행락에 종노릇 한 자요 악독과 투기를 일삼은 자요 가증스러운 자요 피차 미워한 자였으나.
33) 야고보서 2:19 네가 하나님은 한 분이신 줄을 믿느냐 잘하는 도다 귀신들도 믿고 떠느니라.

박영철 교수는 『셀교회론』에서 목회자들에게 호소한다. 값싼 회심을 구원으로 인정하고 허용해 줄지 아니면 온전한 복음을 전하여 결단을 촉구할지 고민하라고 말이다.[34]

5) 믿음

현대교회에서 믿음이란 단어는 종교적 용어로 굳어져 있다. 그러나 성경에서 믿음이란 종교적, 신학적 용어라기보다 관계적 용어다. 구약의 믿음은 '에무나, אמונה 인데 그 뜻은 '믿을만한, 진실된, 신실한' 이란 뜻이다. 아멘과 같은 어원에서 나온 단어이기도 하다. 신약의 믿음은 헬라어로 '피스티스, πίστις' 인데, '신뢰하다, 의존하다' 라는 뜻으로 관계에 속하는 단어다. 신앙은 하나님과의 관계에서의 의존과 신뢰, 굳건한 관계 안에서의 신뢰와 의존이다. 소위 부흥회 때 크게 외치는 '믿습니다' 의 의미와는 다르다.

진정한 믿음은 '바라, ברא' 하신 하나님을 외면하고 질서를 깨뜨려 죄인 된 인생이 하나님이 보내신 예수님을 의지하여 십자가와 부활로 나아와 삶의 방향을 돌이켜, 하나님 아래 내 의지를 죽이고 그분의 뜻대로 사는 것이다. 오직 나를 의지하지 않고 하나님만을 의지하며 그분의 말씀에만 순종하며 사는 것이다. 믿음이란 단어가 나오면 그분을 '신뢰하고 의지하며 의존하는 것' 으로 이해해야 한다. 그래서 아멘으로 순종하는 것이다.

또한 믿음이라는 단어는 믿음의 행위를 포함하고 있다. 믿고 신뢰하려면 그 사람이 믿고 신뢰할 수 있는 행위가 따라야 한다. 그

---

34) 박영철, 「셀교회론」, 박영철, p.103.

래서 예수님이 이만한 믿음을 본적이 없다고 하신 경우는 모두 하나님을 온전한 마음으로 전적으로 신뢰한 자들을 인정하실 때였다.[35] 이와 대조적으로 행함이 없는 이스라엘 백성들과 제자를 향해 경고하고 계신 말씀도 기록되고 있다. 이를 통해 볼 때 믿음은 고백을 넘어 삶속에 믿음의 태도와 행위의 열매가 있어야 함을 보여준다.

예수님의 동생이자 예루살렘 교회의 수장이었던 야고보는 행함이 없는 믿음은 죽은 것이라고 말했다.[36] 예수님도 주여 주여 라고 외치는 자가 아니라 하나님의 뜻대로 행하는 자가 천국에 들어감을 강조하셨다.[37] 사도 바울도 로마서에서 믿음을 강조할 뿐 아니라 믿음과 삶에 대해 균형 있는 가르침을 주고 있다. 로마서 8장, 12~16장에서 삶의 실제적 실천과 행함을 강조하고 있다. 이러한 믿음과 행함에 대한 통합된 이해가 없으면 교육에 있어 서로 실천

---

[35] 예수님은 여기서 이방인 백부장의 믿음을 칭찬하신다. 최고의 칭찬을 하신다. 마 8:10 예수께서 들으시고 놀랍게 여겨 따르는 자들에게 이르시되 내가 진실로 너희에게 이르노니 이스라엘 중 아무에게서도 이만한 믿음을 보지 못하였노라.

[36] 야고보는 아주 명확히 이 문제를 다룬다. 믿음과 행함은 하나이며 분리될 수 없다. 히브리적 이해를 올바로 해야 성경의 믿음을 제대로 알 수 있다. 약 2:14 내 형제들아 만일 사람이 믿음이 있노라하고 행함이 없으면 무슨 이익이 있으리요 그 믿음이 능히 자기를 구원하겠느냐? 17 이와같이 행함이 없는 믿음은 그 자체가 죽은 것이라. 20 아아 허탄한 사람아 행함이 없는 믿음이 헛것인 줄 알고자 하느냐 22 네가 보거니와 믿음이 그 행함과 함께 일하고 행함으로 믿음이 온전케 되었느니라 24 이로 보건대 사람이 행함으로 의롭다 하심을 받고 믿음으로만 아니니라 26. 영혼 없는 몸이 죽은 것같이 행함이 없는 믿음은 죽은 것이니라.

[37] 예수님도 야고보와 동일하게 말씀하신다. 마 7:19 아름다운 열매를 맺지 아니하는 나무마다 찍혀 불에 던져지느니라 20 이러므로 그들의 열매로 그들을 알리라 21 나더러 주여 주여 하는 자마다 다 천국에 들어갈 것이 아니요 다만 하늘에 계신 내 아버지의 뜻대로 행하는 자라야 들어가리라 22 그 날에 많은 사람이 나더러 이르되 주여 주여 우리가 주의 이름으로 선지자 노릇하며 주의 이름으로 귀신을 쫓아 내며 주의 이름으로 많은 권능을 행하지 아니하였나이까 하리니 23 그 때에 내가 저희에게 밝히 말하되 내가 너희를 도무지 알지 못하니 불법을 행하는 자들아 내게서 떠나가라 하리라 24 그러므로 누구든지 나의 이 말을 듣고 행하는 자는 그 집을 반석 위에 지은 지혜로운 사람 같으리니.

적 노력을 무시하게 된다. 도리어 성령님이 행하시고 하나님이 하시니 자신은 아무것도 하지 않는 잘못된 오류를 범한다.

칼빈의 예정론에 대한 오해로 말미암아 한국 기독교는 심각한 오류를 범하고 있다. 원어적 이해와 히브리적 관점에서 이해하면 믿음과 구원의 문제는 너무나 단순함에도 불구하고 잘못된 접근으로 인해 구원에 대해 오랫동안 갈등을 유발하고 심각한 오류를 조장해 왔다. 특히 교육과 관련해서는 치명적 오류를 기독교에 안기면서 한국기독교는 대부분의 다음 세대가 주님을 떠나고 있다. 윤리와 도덕이 무너짐으로 믿음도 파선하고 있다. 이것은 사도 바울께서도 이미 양심이 더렵혀짐으로 믿음이 파선할 것을 말씀하셨다.[38]

십자가와 부활의 강조와 더불어 믿음 이후의 삶에 대한 강조를 하지 않음은 믿음에 대한 잘못된 이해로부터 시작되었다. 교회에서 조차 양심을 살리는 윤리와 도덕적 설교를 외면하면서 결국, 온전한 믿음을 무너뜨리는 역할을 해 왔다. 심지어 종교개혁의 배경 속에서 루터는 야고보서를 지푸라기 서신으로 천시하기도 했다. 종교개혁 후기에 이르자 루터는 말년에 이러한 자신의 태도를 수정하였으나 개신교회에는 이미 큰 파장을 일으킨 후였다. 예수님의 산상수훈은 지키라고 주신 가르침이 아니라고 주석하는 주석가들도 있다.

믿음에 대한 히브리적인 이해가 아닌 헬라적 이해로 말미암아 기독교 역사 2천 년 동안 얼마나 많은 오해와 분쟁이 있었는지 모

---

[38] 사도 바울은 착한 양심을 가질 것을 강조한다. 딤전 1:19 믿음과 착한 양심을 가지라 어떤 이들이 이 양심을 버렸고 그 믿음에 관하여는 파선하였느니라.

른다. 4세기 이후 히브리적 세계관을 상실한 새로운 기독교의 출현은 예수님을 믿는 신앙 자체에 크나큰 타격을 주었다. 기독교가 성경의 말씀대로가 아닌 교리와 교파적 성경 이해로 변질되었고, 서로 분열되었다.

김형종 박사는 그의 책에서 구약의 율법은 하나님의 사람으로 만들기 위한 목적으로 인간의 자유의지를 강조하고 신약은 저자들의 의도에 따라 구원에 초점을 맞추기 위해서 하나님의 예정을 강조하고 있다고 말한다. 신약의 초점이 구원에 있지만 구원 뿐 아니라 성화에 관해서도 50% 비율로 나타나고 있다고 말한다. 성경을 편파적으로 해석하여 마치 신약이 구원만을 위한 책인 것처럼 만들어 버렸다고 주장하며 한국 교회가 성화의 문제를 외면하고 구원의 문제만을 붙잡음으로써 심각한 문제가 발생했다고 말한다. 성도의 성화와 축복의 부분을 외면해서 안 된다고 말한다.

그의 책에서는 또한 자유의지와 예정론에 대해 균형 있는 제안을 한다. 예정론은 신약에 근거하여 제시한 신학이다.[39] 구속사적으로만 접근하게 될 때 생기는 오류다. 성경은 구속의 중요성을 강조하고 있으며, 더 넓은 관점에서 목적사를 가르치고 있다. 구속사가 목적사 안에 포함되고 있음을 올바로 이해하는 것이 필요하다.

출애굽기 6장은 여호와의 목적 선언장이라고 불린다. 여기서 아주 중요한 네 단어가 등장하는 데 그것은 '속량하여'(6절), '삼고'(7절), '알지라'(7절), '기업을 삼게 하리라'(8절)이다. 여기서 하나님이 이스라엘을 출애굽 시키시는 그 목적이 나타난다. 히브리어로 '고엘'이란 단어인데 피가 흐르는 동사다. 구속은 '속량하

---

39) 강신권, 김형종, 정관창, 「유대인의 천재프로젝트」, 플레이온 콘텐츠, p.214-217.

여'에 속한다. 백성으로 삼고는 히브리어 '라카흐'는 '내 백성이 되고 나는 네 하나님이 된다'는 말씀을 뜻한다. 공동체로 너희를 삼겠다는 것이다. 그 다음은 '하나님을 알고 교제한다'는 뜻이다. 히브리어 '야다' 이다. 마지막으로 '모라샤' 라는 히브리어 단어는 '기업이 되게 한다'는 뜻을 갖고 있다. 이들, 네 단어를 구속(고엘), 공동체(라카흐), 교제(야다), 기업(모라샤)로 정리한다.[40]

정리하면 구속은 출발에 불과하며 목적사에 입각하여 신앙의 중심을 가져야 함을 알 수 있다. 그런데 그동안 구속사에만 집중하다 보니 많은 문제를 양산하게 된 것이다. 따라서 부모들은 신구약성경을 통해 구속으로 시작하여 기업으로 마무리 되는 총체적인 목적사의 이해를 배우고 익혀 자녀에게 가르칠 필요가 있다.

복음의 핵심되는 이 요소들이 단지 지식을 넘어서서 삶의 실제적인 부분으로 전달되어야 한다. 자녀의 신앙교육의 첫 번째 부분이 바로 온전한 복음을 제대로 알게 하고 가르쳐 천국 백성이 되게 하는 것이다. 복음의 핵심 요소를 온전히 내면화하여 가르치고 더불어 하나님의 말씀을 가르쳐야 한다. '복음'과 '말씀'을 제대로 이해하는 것이 필요하다.

복음은 앞에서 언급한 여섯가지 주제로, 예수님의 십자가와 부활이 중심이 되는 신구약 성경의 핵심이자 중심이라고 볼 수 있다. 그리고 말씀은 하나님이 하신 모든 말씀으로 특히 모세오경은 하나님이 직접 모세에게 주신 말씀이라는 점에서, 신약의 복음서는 예수님이 직접 말씀하시고 가르치신 부분이 많다는 점에서 중요하다고 본다.

---

40) 김형종 박사의 2012년 6월 코헨박사원 출애굽기 강의내용과 강의안 참조.

복음을 통해서 그리스도인들은 하나님의 친 백성으로서 그분의 말씀에 순종하는 예수님의 제자가 되고, 하나님의 자녀가 된다. 복음은 십자가와 부활이 중심이 되며 말씀은 하나님의 모든 말씀과 율례와 법도, 율법을 포함한다. 복음을 믿고 말씀을 따라 순종하며 살아야 한다. 내가 죽고 내 안에 그리스도가 들어오시는 온전한 회심을 통해서 순종의 자녀로 말씀 따라 사는 것이다.

이를 가르치기 위해 부모가 먼저 복음을 깊이 묵상하고 공부해야 한다. 회심하지 않은 이가 어떻게 회심을 가르치고 복음을 전할 수 있겠는가? 반복하여 열심히 배워 자신이 그 자리에 서며 부모의 마음에서 자녀에게 흘러가게 해야 한다. 또한 이스라엘의 백성들이 가난하고 겸손한 마음으로 회개하여 예수님을 믿도록 준비시켰던 요단강의 요한처럼, 우리 부모는 자녀들이 겸손히 예수님을 마음에 모시고, 하나님의 말씀에 순종할 수 있도록 마음을 준비시키고 말씀을 가르치고 훈련시켜야 한다.

성령님께서 자녀의 구원을 베푸시고 인도해주시지만 부모는 그 자녀가 주님 앞에 온전히 굴복하여 순종하도록 요한처럼 회개하라 천국이 가까이 왔다고 선포하며 가르치는 사역을 해야 하는 것이다. 특히 모세오경과 복음서를 중심으로 복음을 가르치고 전할 필요가 있다. 이는 온전한 복음을 전할 수 있는 중요한 기반이 된다. 매일 삶 속에서 복음을 전하고 가르치는 것은 매우 중요하다.

필자의 경우에는 큰 딸이 유치원에 갈 나이가 되어 홈스쿨을 시작하며 복음을 가르쳤다. 십자가에서 자기가 죽는 것이 무엇인지, 삶에서 자기를 죽이는 것이 무엇인지, 내 인생의 주인이 자신이 아니라 하나님이심을 가르쳤다. 자기가 원하는 것이 아니라 하나님이 기뻐하시고 말씀하신 것을 행하는 것이 거듭난 자의 특징임을 가르쳤고, 15살이 되었을 때 자녀가 진정한 회심을 경험하는 것을 지켜보는 것은 참으로 행복한 일이었다.

온전한 복음으로 자녀의 회심을 준비시키고 가르치는 일은 그리스도인 부모에게 가장 중요한 일이다. 아무리 자녀가 훌륭하게 사회에 영향력을 미치고 좋은 직업을 가진다 하더라도 거듭나지 않아 천국이 아닌 지옥에 간다면 그것보다 더 슬픈 일은 없을 것이다.

2. 가정식탁예배 - 온 가족을 말씀으로 하나 되게 하는 가정예배[41]

모든 그리스도인들이 가정을 이루면 가정예배를 정기적으로 드리기를 바란다. 그런데 실제로 가정예배를 드리는 기독교 가정은 그리 많지 않다. 마음은 원이지만 구체적으로 어떻게 드려야 할지 모르기 때문이다. 가르쳐주거나 배운 것이 없다. 미국에서의 기독교 홈스쿨 가정들도 매일 아침이나 저녁에 가정예배를 드린다. 그 내용은 주로 말씀을 묵상하고 나누는 전통적인 예배의 방식이다. 여기서는 이스라엘의 가정예배 전통을 바탕으로, 기독교 가정예배의 모범 순서를 제안하려고 한다.

---

[41] 쉐마목회자 클리닉을 통해 유대인 가정식탁예배를 처음 접하였고 박금주 목사 가정을 통해 배움을 얻었다. 그 후 정통 유대인 가정을 방문하여 함께 가정예배를 드리면서 배웠다. 「신앙명가 이렇게 세워라2(현용수)」 6장 IV-V를 참조하였다. 참여하여 연구자의 가정에서 실천한 내용을 첨가하여 정리하였다.

가정식탁예배 안식일가정예배

1) 사전 준비 : 예비일

유대인들은 가정식탁예배의 사전 준비 작업으로 집안을 청소하고 몸을 정결하게 씻는 것을 하루 전인 안식일 예비일에 시행한다. 해가 지는 저녁 시간에 온 가족들이 가정으로 모이면서 시작된다. 온전히 주의 날을 준비하는데, 청소는 자신이 거하는 장소를 깨끗하게 하나님 앞에 준비하는 것이고, 또 목욕은 몸을 깨끗이함으로써 자신을 정결하게 한다는 의미를 갖는다. 이것은 신약에서도 동일하게 적용될 수 있는 부분이다.

2) 초기 유대인 그리스도인들의 가정예배 순서

초기 유대인 그리스도인들의 가정예배 순서는 다음과 같았을 것으로 본다. 그 순서를 살펴보고 순서에 담긴 구약과 신약의 의미도 같이 살펴본다.

안식일이 시작되면 어머니가 초를 켜고 딸들과 함께 창문에서 기도를 한다

(1) 아내이자 어머니의 촛불 점화

당일이 되면 먼저 어머니의 촛불 점화와 기도로 예배가 시작된다. 아내가 촛불을 켜서 가정을 환하게 밝히는 것은 그녀가 어머니(아내)라는 것을 보여준다. 어머니(아내) 표정이 얼마나 밝으냐가 그 가정의 분위기를 반영한다. 또한 신약적으로는 빛은 요한복음에서처럼 예수님을 상징한다.[42] 온 가족 가득히 예수님으로 가득하게 되는 것을 의미한다.

딸들과 함께 해가 지면서 촛불을 켜고 그 촛불 앞에서 눈을 감고 딸들과 함께 기도를 한다. 이러한 의식은 아내의 역할에 대한 성경적 뿌리와 모습을 찾는 매우 중요한 부분이다. 참고로 아내는 남편과 가족을 사단으로부터 보호하고 지키는 역할도 한다. 그것은 결혼식 순서 중에 아내가 남편 주위를 일곱 바퀴를 도는 것에서도 잘 나타난다.

(2) 아버지의 축복기도

아버지의 축복기도가 이어진다. 아내와 첫째, 둘째, 셋째로

---

[42] 요 1:9 참 빛 곧 세상에 와서 각 사람에게 비추는 빛이 있었나니.

이어서 아버지가 안수하여 축복기도를 한다. 이것은 이삭과 야곱의 축복기도에서 유래한 것이다. 하나님은 헤드십으로 아버지를 가정에 세우셔서 축복의 통로로 사용하신다. 아버지의 정체성을 잃어버린 이때, 아버지들은 너무나 막중한 사명을 가지고 있음을 기억해야 한다.

앞에서 촛불을 켜는 어머니의 모습을 보았다면 아버지의 축복기도는 아버지의 축복권을 보여주는 중요한 대목이며, 어릴 때부터 촛불을 켜는 어머니와 축복기도하는 아버지의 모습에서 자녀들은 하나님으로부터 부여받은 부모의 권위와 역할을 자연스럽게 배우게 된다. 계속 되는 순서의 과정도 그러한 것을 자세히 보여준다. 유대인들의 가정예배는 모든 절차와 과정들이 자녀와 다음 세대에 대한 교육에 초점이 맞추어져 있다.

아버지의 축복기도

아버지의 자녀를 위한 축복기도

(3) 함께 찬양

　찬양을 함께 부른다. 온 가족이 찬양하며 하나님 앞에 나아간다.

(4) 어머니(아내)를 위한 축복송

　아내이자 어머니를 위한 축복의 노래를 부른다. 남편 뿐 아니라 아들, 딸들이 함께 잠언 31장에 근거한 현숙한 여인의 모습을 노래해주며 감사를 표현한다. 허그와 입맞춤으로 감사와 사랑을 표현한다. 이때, 아내이자 어머니는 가장 행복하다고 한다. 온 가족이 다 모여 있고, 자신이 만든 음식을 함께 먹으며 자신을 향한 존경과 사랑이 담긴 축복의 노래를 듣는 것은 최고로 행복한 순간일 것이다. 이 시간을 통해 자녀들은 감사, 존경, 섬김을 배우는 시간이 된다.

(5) 애찬1 : 포도주

　포도주를 마시는 이 시간은 몸을 성결케 하는 예식이기도 하다. 포도주는 피를 상징하고, 모든 죄에서 정결함을 받는다는 의미를 갖고 있다. 이것은 예수님의 보혈을 상징적으로 보여준다. 이해를 돕기 위해 유월절을 기억하는 것이 중요하다. 유월절 어린양으로 오신 분이 예수님이시다. 유월절 어린양의 피는 모두 예수님의 십자가의 죽으심을 예표하는 것이었다. 예수님의 유월절 마지막 만찬도 같은 흐름에서 진행되었다. 포도주는 예수님의 피를 상징한다. 예수님도 그렇게 말씀하셨다.

(6) 정결예식

　세수식을 한다. 일주일 동안의 죄를 회개하며 손을 씻는다.

세수식을 하는 아이들

단순히 손을 씻는 것 뿐 아니라 죄로 말미암아 더러워진 마음과 영혼을 씻는 시간이다. 이때 회개의 영이 부어진다. 그리스도인은 매주 회개함으로써 정결하게 나아가야 한다. 가장 가까운 가족끼리 죄를 범할 수 있는데, 이때 서로 용서를 구하고 회개하고 용서하는 시간을 갖는다.

(7) 애찬2 : 빵

아버지는 빵을 잘라서 가족들에게 나눠준다. 예수님은 저녁 식사시간에 빵을 떼시며 이것은 내 살이라고 하시면서 십자가에서 자신이 채찍에 맞으시고 고초를 당하시며 죽으실 것을 말씀하셨다.

(8) 저녁만찬

일주일 동안 준비된 어머니의 음식을 함께 먹고 마시는 저녁 만찬을 통해 가족이 하나가 된다. 가정예배를 연구하기 전에는 예수님이 제자들과 함께 한 저녁시간은 단지 저녁식사 시간이라고 생각했다. 그런데 그것이 유대인 가정예배와 유월절 가정예배 순서임을 발견하게 되었다. 성경의 사건들은 단순한 사실의 기록 정도가 아니라 그 시대의 문화와 철학과 세계관 위에 기록되었기에, 그 시대 당시의 원 뜻을 아는 것은 매우 중요하다. 이 시간은 가족이 함께 맛있는 음식을 먹으며 다양한 대화도 한다. 이를 위해 어머니는 일주일 동안 음식을 준비하는 것이 매우 중요한 일과 중의 하나이다.

(9) 말씀공부 및 디베이트

말씀공부 및 토론(디베이트)은 가정예배의 꽃이다. 이때도 인도자는 아버지다. 말씀을 가르쳐야 할 일차적 책임이 아버지에게 있음을 보여준다. 유대인은 매일 읽고 묵상할 성경 본문을 세계적으로 동일하게 정하고 있다. 아버지가 성경의 말씀을 갖고 아이들과 토론한다. 정통파 유대인 가정을 방문했을 때 보았던 그들의 말씀공부와 토론 시간이 잊혀지지 않는다. 아버지가 질문하자 3~4명의 아이들이 앞 다투어 손을 들고 아버지의 질문에 대답하기 위해 열정적으로 반응하는 것을 보았다.

(10) 후식 및 대화

후식 및 대화의 시간을 갖는다. 맛있는 후식을 먹으면서 대

가정예배에서 함께
읽고 토론할 말씀을
보고 있다

화를 한다. 오늘날 후식 문화의 발달은 유대인 때문이라고 한다.[43] 그 이유는 이들이 안식일 가정예배 때 성경공부와 토론과 더불어 후식을 먹으며 대화를 하다보니 맛있고 다양한 후식 문화가 생겨나게 된 것이다. 때로는 이런 대화가 길어지면 아주 늦은 시간까지 이어진다. 이러한 깊고 긴 대화는 그들에게 자연스럽고 당연한 문화로 자리하고 있다.

(11) 찬송 부르기

찬송을 가족이 함께 부른다.

(12) 제데까

제데까는 '구제' 라는 뜻인데 헌금하는 시간을 갖는다. 이 시간을 통해서 하나님께 헌금을 드리는 것 뿐 아니라 이웃을 향한 구제의 마음을 갖게 된다.

(13) 기도와 마무리

마지막으로 기도하며 마무리한다.

3) 가정식탁예배를 통해서 얻는 유익

우리 가정에서는 이러한 순서에 따라 가정예배를 드리고 있다. 이런 순서를 따라 예배를 드리면서 예전 가정예배와는 다른 유익한 것들이 많았다.

초기 교회 성도들의 모델로 한 가정식탁예배는 예수님을 기념하고 기억하도록 해주는 역할을 했다. 또한 가족 간에 깊은 유대와 하나 됨을 가지게 했다. 주일을 준비하는데도 큰 도움을 주었

---

43) 던킨 등 다양한 후식 문화를 발달시키는 역할을 했다.

다. 청소와 목욕, 헌금 등으로 마음과 몸을 준비하여 하나님 앞에 나아가게 했다. 아버지의 권위를 세우고 축복권을 명확히 했다. 어머니의 따뜻한 음식을 통해 가족을 먹이는 하나님을 경험하게 만들었다. 포도주와 빵으로 예수님의 피와 살을 기억하게 했다. 성경공부시간에, 자녀들의 마음을 알고 토론하는 시간을 통해 말씀과 더불어 서로에 대해 깊이 알게 되었다. 토론은 주로 질문으로 이루어지는데 질문하는 것을 통해 아이들의 마음속이 어떤지를 알게 되었고 죄가 틈탔는지, 잘못된 삶의 태도는 어떤 것인지 확인할 수도 있었다. 자녀들의 상황에 따라 하나님의 말씀과 가르침으로 적절히 조언하고 교정해 줄 수 있었다.

성경적인 이러한 가정예배는 가족과의 관계를 묶고 발전시키는 데 큰 역할을 했다. 가정예배 자체가 아이들에게 신앙을 전수하기 위해 모든 초점이 맞추어져 있다. 매일 자녀들과 일일수련회를 하는 것이다. 그런데 놀라운 것은 아이들이 이 시간을 좋아하며 일주일 내내 가정예배를 기다린다는 점이다.

유대인들은 금요일 저녁에 안식일 시작을 알리며 가정에서 가정예배를 드린다. 금요일 저녁 1부 예배로 가정에서 가정예배로 드리고 토요일 오전에 회당에서 공동체 예배를 드렸다. 이것은 깊은 깨달음을 주었다. 이 사실을 깨닫게 된 후, 주일이 시작되는 토요일 저녁 해가 진 그때 우리 가정에서는 가정예배를 드린다. '가정식탁예배'라고 하는 것이 더 정확한 표현이다. 그들은 식탁을 제단으로 여긴다. 초기 교회 성도들의 가정예배를 참조하여 우리 가정에 맞게 수정해 가정예배를 드린다.

현재 믿지 않는 유대인들은 가정예배의 요소가 갖는 기독론적

이해를 모른 채 드린다. 참으로 안타까운 일이다. 유대인 그리스도인인 메시야닉 쥬는 이러한 가정예배의 전통을 이어갈 뿐 아니라 기독교적인 관점에서 가정예배를 가정과 교회에서 잘 적용하는 모습을 보았다. 잃어버린 귀한 기독교의 유산 중 하나는 가정에서 드리는 가정예배다.

이 가정예배를 통해 유대인들은 나라 없이도 2500년간 가정을 중심으로 신앙을 유지해왔다. 이것은 120년 만에 기독교 가정이 무너지고 교회가 다음 세대를 잃어버리는 오늘날 한국 교회 상황에서 너무나 중요한 부분이라 생각한다.

우리 교회 식구들은 대부분의 가정이 토요일이 되면 각 가정에서 가정예배를 드린다. 교회에서는 토요일 오후나 저녁에 공식적인 모임이 없다. 성도들이 가정에서 아버지가 인도하는 가정예배와 가족의 밤으로 즐거운 시간을 보내야 하기 때문이다. 교회는 각 가정들이 가정예배를 드릴 수 있도록 돕는 역할을 해야 한다. 교회로만 모으기보다 가정에서 그 역할을 하도록 말이다. 일주일 중 우리 가족에게 가장 즐겁고 행복한 시간은 토요일 저녁 가정예배 시간이다.

저자의 가정에서 초대 교회의 가정예배를 적용하고 있다.

저자의 가정에서 초대 교회의 가정예배를 적용하고 있다.(제데카)

토요일 가정식탁예배 후 함께 찍은 사진

좋은가족교회(저자의 목회지)는 1년 3차례 연합가정예배를 드리고 있다.

좋은가족교회(저자의 목회지)는 1년 3차례 연합가정예배를 드리고 있다.

좋은가족교회(저자의 목회지)는 1년 3차례 연합가정예배를 드리고 있다.

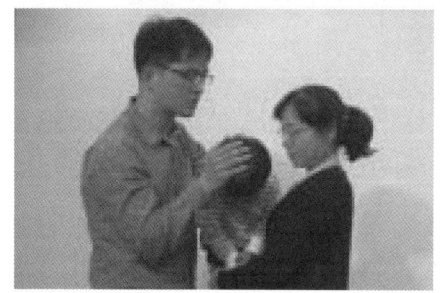
자녀를 위한 축복기도

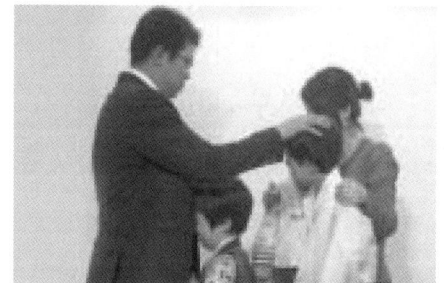
자녀를 위한 축복기도

3. 온전한 주일성수 – 우리가 안식일을 지킨 것이 아니라 안식일이 우리를 지켰다

미국 기독교 홈스쿨에서는 주일이 되면 온 가족이 함께 가정예배와 더불어 주일성수를 한다. 유대인들도 주일은 아니지만 안식일을 철저히 지킨다. 한편 예수님을 믿는 유대인들은 주일을 지킨다(안식일과 주일을 같이 지키기도 한다). 심지어 유대인들은 나라 없이 2500년을 지냈지만 우리를 지켜준 것은 안식일이라고 말한다. 우리가 안식일을 지킨 것이 아니라 안식일이 자신들을 지켜주었다라는 그들의 말속에서 안식일 준수의 또 다른 의미를 발견할 수 있다.

20년 전만 해도 주일을 거룩히 지켜야 한다는 가르침이 한국교회 안에는 아주 강했고 모두 다 그렇게 실천했다. 그런데 지금은 주일성수에 대한 개념이 약해지면서 주일이 제대로 지켜지지 않는다. 주일성수에 대한 뿌리를 안식일에서 찾아야 할 필요가 있다. 안식일과 주일은 다르다. 그러나 하나님의 특별한 날에 대한 히브리어 모헤드가 갖는 중요성을 기억해야 한다.

안식일을 포함한 8가지 레위기의 절기는 '모헤드'(정한 날, 정한 시간, 정한 절기)로서 축제의 날, 기쁨의 날로 반드시 지켜 하나님 앞에 나아가야 할 절기로 자리하고 있다. 모세를 통해 주신 십계명 중 4계명에 속하는 안식일 계명은 주일의 뿌리라고 할 수 있다. 성경적, 신학적, 역사적 뿌리가 약하면 결국 그 위에 놓여있는 신앙적 형태는 무너지게 된다. 신약에서 주의 날로 표기되며 주일은 지켜졌고, 다양한 의견이 있으나 토요일 안식일과 일요일 주일을 초대 유대인 그리스도인들은 같이 지켰던 것으로 보인다.[44]

모든 날이 다 주님의 날이라는 신학적 접근을 하면서 특별한 날

---

44) Robert D. Heidler, 메시아닉교회, 진현우, WLIkorea, p.54.

로서 주일 자체를 거룩하게 지킬 것을 소홀히 했다. 모든 날이 주님의 날로 거룩한 삶을 살아야 한다는 것은 맞으나 그것을 틈타 주일 한 날의 중요성을 상실했다. 이로 인해, 한국교회는 주일성수가 무너지고 주일 예배를 한 번 드리는 것으로 온전한 주일성수를 한 것인양 치부해버렸다. 주 5일제가 되면서 어떤 교회에서는 금요일 밤에 주일 예배를 대신하는 예배를 개설하기도 한다. 그러나 주일성수의 뿌리가 되는 안식일에 비추어 볼 때, 24시간을 온전히 지키는 것이 제대로 된 주일성수임을 기억해야 한다.

안식일에 대한 깊은 연구를 바탕으로 신약의 주일로 연속된 것과 비연속적인 면을 찾아야 한다. 기독교적 재해석이 필요하다(출 20, 31장). 유대인은 안식일을 생명처럼 지킨다. 그것이 어릴 때부터 습관이 되며 삶으로 자리 잡고 있다. 그들에게 그것은 하나의 문화다. 유대인들은 안식일에 삼대가 함께 예배를 드린다. 예절교육, 인성교육, 역사교육 등이 함께 이루어지는 날이기도 하다. 아버지는 하나님의 말씀을 가르치고 자녀와 말씀으로 토론한다. 온전한 주일성수 교육은 온전한 신앙을 만들고 자녀들이 부모를 떠나 독립하더라도 그들의 신앙을 지키는데 매우 중요한 역할을 하게 될 것이다.

1) 안식일의 특징

안식일 정신의 몇 가지 특징을 살펴볼 수 있다.

첫째, 그날은 노동을 금함으로 인해 온전히 하나님께 집중하도록 한다. 그분을 경외하기 위해서다. 무엇을 지킬 것이냐 안 지킬 것이냐를 넘어서서 그 목적이 하나님께만 집중하고 경외하기 위함이다. 성경에 추가한 지나친 율법주의의 규정들은 바르지 않다. 예수님의 제자들이 밀을 까서 먹자 그들을 비난하는 바리새인들을 향해 예수님은 그들의 외식을 책망하셨다. 그러나 이것은 외식주의를 정죄하고 책망하신 것이지 안식일을 버리신 것이 아니다. 중요한 것은 모든 하던 일을 멈추고, 가정과 공동체가 함께 하나님께 예배하며 '하나님을 경외하는 시간'을 갖는 것이다.

둘째, 24시간을 온전히 드리는 것이 중요하다. 그래서 이스라엘에서는 계절마다 안식일이 시작되는 저녁 시간을 정해두고 있다.

셋째, 먼저 가정에서 가족이 함께 앞에서 소개한 안식일 식탁 가정예배를 드리고 밤늦은 시간까지 3대가 신앙적인 나눔과 삶의 이야기로 교제를 한다. 이스라엘이 나라 없이도 수천 년 동안 자신들의 민족을 지켜낸 귀중한 자산이라고 볼 수 있다.

넷째, 마음을 하나님께 드릴 뿐 아니라 자신의 몸과 집과 주변을 깨끗이 청소한다. 안식일을 통해 부가적으로 얻어지는 유익들이 참으로 많다.

다섯째, 매주 자신의 죄를 살피고, 하나님 앞과 율례와 법도에 어긋나지 않는지 자신의 마음을 살피는 것은 신앙에 큰 유익을 준다.

여섯째, 아버지가 이 모든 것을 주도한다는 것이다. 신앙과 가정을 이끄는 주도자는 아버지임을 다시 확인해 볼 수 있다. 어머니가 음식과 간식을 준비한다면 아버지는 말씀을 준비한다. 자녀들을 가르치고 이끌어 갈 말씀을 준비하는 것이다.

마지막으로 조부모와 부모는 안식일을 중심으로 가정예배와 공동체 예배를 통해 아이들이 오감을 사용하여 하나님의 율례와 법도의 말씀을 경험하도록 한다. 그것의 초점은 자녀와 손자, 손녀에게 신앙을 전수하여 말씀을 맡은 아들과 딸이 되게 하는 것이다. 그들의 모든 신앙의 형태 속에 담겨있는 것은 신앙과 믿음을 전수하기 위한 것이다. 예를 들어 안식일에 가장 좋은 옷, 전통적인 옷을 준비한다. 이러한 모습은 단순히 옷을 잘 차려입었다기보다 그 하나님이 살아계시며 두려워하고 경외해야 할 대상임을 보여주는 것이다.

안식일에 가족들이 함께 교회로 가는 모습

안식일에 가족들이 함께 공동체예배 후 삼대가 같이 집으로 돌아가는 모습

2) 성수주일을 위한 실제적 제안

안식일을 바탕으로 성수주일을 위한 원리를 찾아본다면 다음과 같다. 유대인이 드리는 안식일을 동일하게 신약의 성도인 우리가 드리지는 않지만 그 원리를 참조하는 것은 유익한 부분이다. 각 가정과 교회가 형편에 따라 참조할 수 있다.

(1) 토요일 6시 ~ 주일 6시까지는(계절따라 조정할 수 있다) 가족들이 함께 오직 하나님께 집중하는 하루를 만든다. 이때 어른이든 아이든 일과 공부를 멈추고, 가정예배와 교회에서 드리는 예배 그리고 성도의 교제와 말씀묵상 등으로 시간을 보낸다.
(2) 가정예배를 정해진 절차에 따라 드린다. 앞에서 제시한 가정예배의 순서를 따르거나 아니면 가정이나 교회가 참조하여 매뉴얼을 만든다면 믿음의 가정들이 가정예배를 더 잘 드릴 수 있을 것이다.
(3) 온 가족이 토요일 저녁만큼은 가족의 밤, 가족의 날로 사수하라. 혹 토요일이 어려운 가정들에서는 일주일 중 가족이 함께 집중할 수 있는 요일을 정하여 정기적으로 하는 것이 중요하다.
(4) 주일 오전의 공동체 예배를 토요일에 준비한다. 욥이 가족을 준비시키듯이 헌금과 마음, 옷 등을 준비하도록 한다.
(5) 교회는 가족들이 함께 할 수 있는 프로그램을 만들고 아버지와 어머니가 가정의 주일성수를 지킬 수 있도록 교육한다.

처음부터 완전히 바꾸기는 어렵지만 교회의 사정에 따라 하나씩 바꾼다면 유익하리라고 본다. 현재 우리 교회는 토요일 저녁시간을 공식적인 가정예배시간으로 정하고 교회 공동체 프로그램을 없앴다. 대부분의 가정들이 가정에서 예배를 드리며 가족의 날로 보낸다.

(6) 주일 공동체 예배를 준비하며 토요일 저녁 가정예배 때 옷과 헌금, 회개와 겸손의 마음을 미리 갖게 한다. 일주일 동안 말씀과 기도 생활을 점검하여 아이들이 어릴 때부터 훈련이 되게 한다.

(7) 주의 할 것은 주일에 집을 떠나 오락을 즐기지 않는다. 가정에서 가볍게 즐거운 시간을 갖는 것은 유익할 것이다. 가족이 특별한 이벤트를 가질 수는 있다. 영적 회복과 안식의 시간이 되게 하면 좋다.

앞에서 제시한 가정예배의 순서에 따라 실제로 진행해 본 결과, 모든 가정의 자녀들이 가족이 함께 드리는 가정예배를 기다리며 아이들까지도 적극적으로 참여하는 것을 볼 수 있다. 우리 가정의 자녀들은 토요일 가정예배 시간을 간절히 기다릴 만큼 예배에 대한 태도의 변화를 갖게 되었다. 더욱이 함께 디베이트하는 시간은 아버지로서 자녀들에게 말씀을 가르치고 자녀들과 깊은 대화를 할 수 있어서 좋다. 이해와 가르침을 줄 수 있는 귀한 시간으로 자리잡아 가고 있음을 느낀다.(매달마다 가정예배에서 디베이트할 자료를 보급하여 아버지들이 토론을 하고 있다.) 이처럼 가족들이 함께 기도하고 말씀을 읽고 교제하는 시간이 가장 행복한 순간이 아닐까 생각한다.

4. 여호와 절기 교육 – 1년을 생명력 있게 만들라!

이스라엘에는 매달 절기가 있다. 대표적인 절기는 3대 절기인데 일주일 또는 10일 동안 절기를 지킨다. 삼대가 함께 이 절기를 지킨다. 예를 들면 초막절에는 삼대가 함께 지낼 천막을 짓고 그 안에서 일주일 넘게 생활한다. 그러면서 그들에게 출애굽 이후 광야에서 이끌어주신 하나님을 아이들에게 가르친다. 그리고 수천 년이 지났지만 하나님이 어떻게 우리를 이끌어주셨는지 할아버지와 아버지가 초막을 짓고 재현하여 가르친다. 이 얼마나 교육적인가?

1) 절기에 관련된 원어의 뜻

'모헤드(מוֹעֵד)' 라는 이 단어는 '정한 날', '정한 시간', '정한 절기' 라는 뜻이다. 하나님이 정하신 특별한 시간이란 뜻이다. 하나님께서는 모헤드라는 단어를 통해서 정한 날에 하나님 앞에 나아오라고 하신다. 모헤드는 하나님과 만나는 신성한 약속이란 뜻이다. 절기는 하나님과 만나는 신성한 약속이다. 이 의미 속에는 하나님이 하나님의 백성과 자녀를 만나며 보고 싶으신 마음이 담긴 단어이다. 정한 시기에 매번 너를 보고 싶다는 하나님의 사랑의 표현이다. 절기와 안식일은 우리를 족쇄로 묶어두시려는 것이 아니라 창조주의 피조물을 향한 사랑과 애정의 표현이다. 모헤드라는 단어 안에 그 의미가 있다. 매년 세 번은 꼭 긴 기간 동안 깊이 보고자 하시는 하나님의 마음이 담겨 있다. 이것이 여호와의 절기, 즉 3대 절기다.

절기로 쓰이는 또 다른 단어는 '학(חג)'이라는 용어인데, '춤추다' 라는 말로 절기가 기쁨과 즐거움의 때임을 말해준다.

절기를 뜻하는 또 다른 단어는 '하각(חגג)'이다. 하각은 다섯 가지 뜻을 가지고 있다. 첫째는 특별한 날을 기념하다, 둘째는 기뻐하다, 셋째는 명절 기분을 내는 태도와 절기를 기념하는 행동들, 넷째는 마치 술 취한 사람처럼 거칠 것이 없고 거리낌 없는 행동(오순절 날 사도들은 성령으로 충만해져서 마치 취한 것처럼 보였다), 다섯째는 전쟁에서 적군에게 승리했을 때처럼 즐거운 춤과 축제라는 뜻이다.

이러한 절기와 관련된 단어들을 통해 유월절, 오순절, 초막절 같은 축제를 주님께 드리는 모습이 어떠해야 하는지를 발견하게 된다. 전투에서 승리했을 때와 비슷한 즐거움과 잔치 그리고 억제할 수 없는 기쁨의 날이다. 하나님의 마음을 이해할 수 있는 진정한 통찰력을 제공해준다. 하나님은 이 시간이 슬픔의 날이 아닌 기쁨의 축제가 되기를 원하신다. 하나님께서는 그분의 자녀들이 그분을 기뻐하고 그 선하심을 누리기 원하신다는 것을 우리가 알기를 원하신다.

2) 절기의 중요성

이스라엘에는 매 년 3번 하나님 앞에 나아와야 하는 절기 외에 몇 가지 절기가 추가되어 지켜지고 있다. 3대 절기인 유월절과 오순절, 초막절과 그 외에 다양한 절기를 통해 그들의 역사적 사건을 기억하도록 돕고 있다. 부림절이 그런 날이다. 하나님이 하만의 손에서 이스라엘을 건지신 날이며 에스더와 모르드개의 믿음을 기억하고 본받는 날이기도 하다.

저들에게 명절은 곧 하나님의 역사와 기적을 경험하는 날이요, 그래서 하나님과 명절은 깊은 연관성을 갖고 있다. 때로는 2~3일씩 8일씩 삼대가 함께 절기를 지키고 가정에서 지켜야 할 것과, 공동체가 함께 모여 지키는 것이 있다. 특히 절기는 자녀들에게 역사와 신앙을 물려주는 자리가 되고 있다.

3) 절기와 기독교와의 연속성

절기를 지킨다는 것은 오늘날 교회에 비추어 본다면 수련회가 매달 있는 것이다. 그것도 일주일 수련회가 1년에 3번 정도 있는 셈이다. 이 기간동안 그들은 하나님을 깊이 묵상하며 경험하는 시간으로 나아간다. 유월절에 인도하신 그 하나님이 지금도 우리를 인도하신다는 가르침이다.

봄 절기 : 유월절 - 무교절 - 초실절,

여름 절기 : 오순절,

가을 절기 : 나팔절 - 대속죄일 - 초막절,

봄에 있는 유월절을 중심으로 세 절기는 대속과 정결의 의미를 갖고 있다. 신약적으로는 예수님의 십자가와 부활을 예표해 주고 있다. 예수님은 유월절 어린양으로 오셨다. 예수님께서 십자가에 달리신 날이 유월절이다.

여름에 지키게 되는 오순절 절기는 구약에서는 율법, 신약에서는 성령을 받는 날로 이 절기는 말씀의 풍요로움을 갖는다.

가을 절기는 풍요와 하나님의 임재를 상징한다. 신약적으로 나팔절은 재림을 고대하게 한다. 하나님이 주신 여호와의 절기가 구약의 그림자였다면, 신약에서는 예수님으로 인해 성취됨으로 말미암아 놀라운 하나님의 메시지를 전해주고 있다.

신약교회에서도 이러한 여호와의 절기의 의미를 깊이 연구하고 교회 상황에 맞게 재구성 할 필요가 있음을 본다.

대표적인 절기 중 하나인 유월절을 출애굽기 성경을 통해서 살펴보도록 하자.

³ 너희는 이스라엘 온 회중에게 말하여 이르라 이 달 열흘에 너희 각자가 어린 양을 잡을지니 각 가족대로 그 식구를 위하여 어린 양을 취하되 ⁴ 그 어린 양에 대하여 식구가 너무 적으면 그 집의 이웃과 함께 사람 수를 따라서 하나를 잡고 각 사람이 먹을 수 있는 분량에 따라서 너희 어린 양을 계산할 것이며 ⁵ 너희 어린 양은 흠 없고 일 년 된 수컷으로 하되 양이나 염소 중에서 취하고 ⁶ 이 달 열나흗날까지 간직하였다가 해 질 때에 이스라엘 회중이 그 양을 잡고 ⁷ 그 피를 양을 먹을 집 좌우 문설주와 인방에 바르고 ⁸ 그 밤에 그 고기를 불에 구워 무교병과 쓴 나물과 아울러 먹되 ⁹ 날것으로나 물에 삶아서 먹지 말고 머리와 다리와 내장을 다 불에 구워 먹고 ¹⁰ 아침까지 남겨두지 말며 아침까지 남은 것은 곧 불사르라 ¹¹ 너희는 그것을 이렇게 먹을지니 허리에 띠를 띠고 발에 신을 신고 손에 지팡이를 잡고 급히 먹으라 이것이 여호와의 유월절이니라 ¹² 내가 그 밤에 애굽 땅에 두루 다니며 사람이나 짐승을 막론하고 애굽 땅에 있는 모든 처음 난 것을 다 치고 애굽의 모든 신을 내가 심판하리라 나는 여호와라 ¹³ 내가 애굽 땅을 칠 때에 그 피가 너희가 사는 집에 있어서 너희를 위하여 표적이 될지라 내가 피를 볼 때에 너희를 넘어가리니 재앙이 너희에게 내려 멸하지 아니하리라 ¹⁴ 너희는 이 날을 기념하여 여호와의 절기를 삼아 영

원한 규례로 대대로 지킬지니라.(출 12:3~14)

현대 그리스도인들은 유월절에 대해 잘 모른다. 단지 이스라엘에서 행해지는 행사 정도로 이해한다. 그런데 그리스도인들에게 유월절은 아주 특별하다. 초대교회 성도들은 유월절도 함께 지켰다.[45] 유월절은 적들의 손에서 자신의 백성을 구해내신 하나님의 사랑과 능력을 기리는 날이다. 역사적으로는 이스라엘이 출애굽한 날이고 예수님은 유월절에 맞추어 유월절 어린양으로 십자가에 달리신다. 그 오래 전 유월절 첫 사건은 훗날 예수님이 이 땅에 오셔서 십자가에 달려 돌아가실 것을 예표 해준 것이다. 더 나아가 과거의 그 사건이 현재 동일하게 구속과 자유와 해방을 가져다 주며 나아가 미래에 이루어질 완전한 회복을 의미한다.

이것은 종교 의식이 아니다. 과거에 하신 일을 찬양하고 현재에 이루어지도록 기도하며 미래에 하실 일을 믿고 나아가는 것이다. 유월절 어린양 예수님을 생각하며 그들은 지금까지 유월절을 지키며 각 가정에서 어린양을 죽이고 피를 흘려 바르는 작업을 했다.[46]

4) 유월절의 중요성

이방인 그리스도인들은 영적인 아브라함의 자손으로 유월절과 무관할 수 없다. 우리가 예수님께 나아가면 이스라엘에게 접붙여

---

45) Robert D. Heidler, 「메시야닉주 교회」, 진현우역, WLIkorea, p.152-153.
46) 현재는 양 대신에 닭을 잡곤 한다.

져서 하나님이 내리신 축복을 함께 나누게 된다. 한때 우리는 이스라엘 밖에 있었지만 이제는 하나님 나라의 동일한 시민으로 자리를 얻었고, 유대인 이상의 진정한 유대인으로 자리하게 되었다.[47]

유월절은 하나님의 구원계획의 일부이며, 또한 하나님이 유월절을 예수님을 기념하는 때로 만들었다.(고전 5:7)[48] 하나님은 1년 중 어느 때라도 예수님을 죽게 할 수 있었다. 그러나 특별히 유월절로 정하셨고 그날 사람들은 예수님이 인류의 죄를 짊어지시고 십자가에 달리시게 되는 것을 보게 된다. 유월절은 온통 예수님에게 초점이 맞추어져 있다. 예수님을 통해 우리가 속박과 압제에서 벗어나 자유를 얻었다. 유월절의 모든 것이 예수님을 상징한다.

어찌 유월절이 예수님과 기독교와 무관하다 할 수 있겠는가? 유월절의 뿌리를 살펴보면 십자가와 부활절이 더욱 깊고 넓게 그리스도인에게 다가온다. 하나님의 백성이 되는 것은 유월절의 어린 양 예수님을 통해서다. 대적의 손에서 건짐 받은 것은 어린 양의 피, 예수님의 보혈 덕분이다.

(1) 유월절 준비와 순서

유월절 준비는 청소, 누룩 제거(불경한 물건치우기, 용서구하기, 방 깨끗이 하기)로 이루어진다. 전통적인 유월절은 초를 밝히는 것으로 시작하여 무교병을 먹는다. 그리고 아버지는 이렇게 아이들에게 질문한다. "왜 오늘 저녁이 다른 날 저녁이랑 다른가요?", "이 의식은 무슨 뜻이 있나요?"라고 질

---

47) 롬 11:17 또한 가지 얼마가 꺾이었는데 돌감람나무인 네가 그들 중에 접붙임이 되어 참감람나무 뿌리의 진액을 함께 받는 자가 되었은즉. 엡 2장 참조.
48) 너희는 누룩 없는 자인데 새 덩어리가 되기 위하여 묵은 누룩을 내버리라.

여호와절기 달력. 생명력을 유지하는 사이클인 절기를 목숨처럼 지켜 신앙을 전수하고 있다. 매년 절기를 성실히 지키고 있다. 1년 3번 하나님 앞에 나아오라시는 말씀에 근거한다.

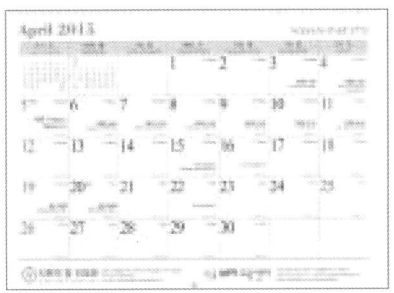

유월절이 있는 4월 달력

유월절 가정예배 세데르

문하며 유월절로 초대한다. 쓴나물을 먹고 희생제사로 양고기를 먹으며 유월절 만찬을 갖는다. 구원의 잔을 마신다.

이런 시간을 통해서 부모들은 자녀들에게 유월절의 옛날 그 때, 그 시절을 설명하고 재현한다. 그리고 그것이 현재 어떤 의미를 갖는지 가르친다. 절기를 연구하면서 깨닫는 것은 그들이 단지 의식을 행하는 것이 아니라 모든 것을 교육에 초점을 두고 철저히 가르친다는 것이다. 유월절에 대해 더 자세한 연구는 관련 자료를 참조할 수 있으며 이곳에서는 이러한 절기 즉 생명의 사이클을 지속시켜주는 중요한 역할을 하고 있음을 살펴 볼 수 있다.[49]

매번 반복하여 절기를 지키는 것은 최고의 교육 효과를 만든

---

49) 「The Passover Haggadah」 유대인들이 사용하는 유월절예식서 참조

Passover(유월절과 부활절). 유월절 어린양으로 오신 예수님. 유월절의 완성은 부활절이다. 유월절과 부활절의 연속성을 이해하고 예수님의 십자가와 부활을 절기교육으로 매년 가르쳐야 한다. 사진은 여호와의 절기 4월 달력이다.

유월절에 먹는 6가지 음식이다. 음식 하나 하나에 출애굽 당시 민족의 고통과 아픔을 담고 있다. 쓴나물 등을 먹으며 역사를 돌아보고 자녀들에게 신앙과 민족의 역사를 가르친다.

다. 1~2살 때부터 진행되는 이 절기들은 어릴 때부터 그들의 마음속에 각인될 것이다. 계속 반복하여 절기를 지키면서 후손들에게 신앙과 전통, 역사를 가르친다. 안식일도 그러하지만 절기를 지키는 일에도 가정에서 해야 할 것, 공동체인 회당에서 해야 할 것이 정해져있다.

가정과 교회가 하나되어 절기를 일관되게 지키는 것이다. 무슨 일이 있어도 이것을 지켜 행하며, 가장 우선순위에 둔다. 가정과 교회 그리고 학교에서 동일한 행사가 동일한 정신으로 하나되어 진행된다. "부모는 축제 이전이나 그 기간에 절기의 기원과 의미를 자녀에게 가르치도록 지시를 받았다. 이런 사적 교육은 제사장과 서기관의 공적 교육으로 보완 될 때가 많았다."[50] 가정, 교회, 학교가 함께 자녀를 교육하는 시스템을 갖고 있다.

(2) 유월절의 식사

---

50) Fletcher H. Swift, 「고대 이스라엘의 종교교육 발생부터 AD 70년까지」, 유재덕역, 소망, p.137.

유월절 식사를 이해하면 예수님이 제자들과 함께 한 유월절 마지막 만찬을 이해할 수 있다. 그 각각은 최초의 유월절 밤의 풍경과 소리, 감정, 심지어 맛까지도 재현할 목적으로 고안되었다. 전통적인 유월절 식단은 대개 다음의 음식들로 짜여졌다.

a. 차즈렛(Chazeret) : 쓴나물로 노예생활의 쓰라림을 상기시켜준다. 둘째 달 열넷째 날 해 질 때에 그것을 지켜서 어린 양에 무교병과 쓴 나물을 아울러 먹을 것이요.(민 9:11)

b. 어린양의 정강이 뼈 : 희생된 어린양을 나타낸다.

c. 카리파스(Karpas) : 파슬리는 보통 소금물에 찍어서 먹었다. 그것은 이스라엘 노예들이 흘린 눈물의 짠맛을 상기시킨다.

d. 하로셋(Haroset) : 사과와 계피의 반죽인데 노예생활 동안 이스라엘 백성들이 노역했던 회반죽과 진흙을 상징한다.

e. 마로(Maror) 또는 쓴 약초들(대개는 양 고추냉이) : 쓴 맛 때문에 눈물이 고이는데, 이것 역시 노예생활의 쓰라림을 상기시켜준다.

f. 구운 달걀 : 탄식을 상징한다.

전형적인 유월절 기념식의 이러한 구성요소들은 하나님이 기적을 베푸신 그때로 돌아가 재현함으로써 자녀들에게 현재와 미래에도 하나님이 동일하게 일하심을 가르치기 위함이다. 이 요소들을 보고 맛볼 때 그들은 이집트 노예 시절의 고통과 잔혹함을 기억한다. 억압의 쓴 맛을 보았지만 그 다음에는 하나님께서 주신 해방을 기억하게 된다. 하나님께서 어린양의 피로써 백성들을 자유롭게 하신 것이다. 그분의 크신 능력으로 이스라엘은 하나님의 백성이 되었음을 가르친다.

이것은 단순히 유대인들을 위한 것이 아니라 진정한 유대인인 그리스도인을 위한 것이기도 하다. 구약과 신약이 함께 이해된 절기를 통해 자녀들에게 탁월한 신앙교육을 정기적으로 할 수 있다.[51] 유대인의 절기교육을 통해 기독교의 절기교육을 이해할 필요가 있다.

5. 성경암송 - 말씀을 영혼에 흘러넘치게 하라!

예수님을 믿는 경건한 유대인은 성경을 절대적 진리로 여기며 삶의 실천원리로 삼고 있다. 그들은 성경을 영성과 인성 및 학습의 텍스트로 삼고 있으며, 그 중에서도 특별히 모세오경을 중요시한다. 그들은 자녀들이 만 12~13세가 되기 전까지 성경을 암송하도록 한다. 특징적인 것은 모세오경 전체를 암송하게 한다는 것이다.

초막절에 다 같이 통곡의 벽에 모여 기도하고 있다.

51) 최창모, 「유월절 기도문」, 보이스사, p.6.

더욱이 그들이 회당에 모일 때는 출애굽기 등 한권의 책을 암송하기도 한다. 또 암송과 더불어 매일 새벽기도회에 참석하여 성경을 공부한다. 이때, 대부분 아버지들이 자녀들을 데리고 나와 1시간 동안 성경을 공부하도록 한다. 이러한 습관은 영유아 때부터 시작되기 때문에 자연스럽게 그들의 몸에 배이게 된다.

암송은 1주일에 한 절로 시작하여 그 구절을 늘려간다. 이 과정에서 쉐마와 관련된 구절은 부모가 매일 아침, 저녁으로 확인해줌으로써 자녀들이 잘 암송할 수 있도록 돕는다.[52]

이에 대해 김형종 박사는 유대인들이 '암송을 한다' 라고 표현하기보다 '암송되어진다' 라고 표현하는 것이 더 적절하다고 언급하였다.[53] 그 이유는 유대인들의 부모가 자녀들에게 의도적으로 암송을 하도록 시키기보다 삶에서 암송이 되어지도록 만들어주기 때문이다. 이는 성경을 암송하는 것이 그들의 삶에서 얼마나 중요하게 자리 잡고 있는 지를 보여주고 있다.

강신권 박사는 성경이 '키아즘구조' 로 이루어져 있다고 말한다. 성경에 나타나고 있는 히브리인들의 사고구조인 '키아즘(Chiastic parallelism 대칭병행 순환)구조' 는 신구약 성경을 통해 빈번히 사용된 문학적 표현 형태이며 대칭되는 병행구를 말한다. 성경본문의 구조를 바르게 이해하고 본문을 정확히 알기 위해 히브리 사고구조 체계인 '키아즘' 의 이해는 하나님의 뜻을 파악함에 중요한 역할을 한다. 이러한 키아즘구조로 이루어져 있는 말씀을 하야(암송)함이 놀라운 결과를 가져온다는 사실이 연구결과로 발표되

---

[52] 김형종, 「유대인천재교육프로젝트」, p.75.
[53] 김형종 교수의 2012년 가을 테필린세미나(좋은가족교회) 강의중에서 발췌.

었다.[54] 이를 통해서 유대인들이 천재적 머리를 가질 수 있는 이유가 성경암송에 있음을 발견하였다. 결국, 성경암송은 신앙교육과 인성교육에도 탁월할 뿐 아니라 집중력 및 암기력, 기억력, 어휘력 등 학습적 능력[55]을 갖추는데도 최고의 방법임이 확인되었다.[56]

우리 교회에서는 1년 총 4주간 하루종일 성경만 암송한다. 여름(8월)과 겨울(1월) 각 2주간씩 토브 영어 하야(암송)캠프라 하여 하루 10시간 가까이 말씀을 암송하는 수련회다. 7살~고3까지의 남녀 학생들이 모여 하루 10시간 가까이 암송하는 모습은 너무 감동적이다. 1년에 한 달을 암송하는 격이다.

어릴수록 집중력은 훨씬 뛰어나다. 암송을 할 때, 아이들이 처음 2~3일간은 힘들어 하지만 그 이후부터 암송하는 즐거움에 빠져 암송한다. 2주 만에 잠언 전체를 통으로 암송하기도 한다. 현재 잠언, 요한계시록, 로마서를 통째로 암송한 아이들이 많다. 멕시코에서 온 한 8살 학생은 우리말을 잘 하지 못하고 힘들어 했는데 2주간의 암송캠프를 통해 한국어가 급속도로 빨라지는 성과를 보였다. 하루에도 여러 절을 단번에 암송하는 모습을 보였다.

암송하는 습관이 만들어지고 나니 암송하는 즐거움에 빠지게 되고 암송하는 것을 어려워하지 않는 아이들로 바뀌게 되었다. 암송캠프 이후 매일 집에서 한 시간씩 암송하는 가정도 많아졌다. 그리고 홈스쿨가정이나 교회 기독교학교에도 1교시는 암송으로 시작한다. 주일에는 부모와 함께 일주일간 암송한 것을 점검하고,

---

54) 강신권, 2012년 3월 코헨박사원 강의 중 정리.
55) 이영희,「말씀우선 자녀교육」, 규장, p.57-69.
56) 강신권, 2012년 3월 코헨박사원 강의 중 정리.

온 교회식구들이 암송을 한다. 하나님의 말씀을 읊조리는 소리가 교회에서 울려퍼지는 것은 언제나 들어도 행복하다. 그리고 새벽 기도 후에 집에 와 첫 시간을 1시간 가량 암송하는 딸들을 보는 것은 얼마나 큰 기쁨인지 모른다.

성경암송은 태중에 아이에게 말씀을 들려준다. 태어나면 아이를 싸는 강보에 수를 놓는다.

그들에게 암송은 습관이 되었다. 암송하는 것이 아니라 태어나기 전부터 암송이 되어지게 만들어진 민족이다.

통곡의 벽앞에서 암송과 기도하는 아이들

2~3살때부터 일찍 히브리어 알파벳을 가르친다. 즐겁게 성경을 읽고 암송하기 위함이다

CTS 테필린 강연에 좋은가족교회 암송하는 아이들이 출연하였다.

CTS 방송에 출연한 5세 장세녹 군의 암송발표. 잠언을 한글과 영어로 암송하고 시편 100편을 히브리어로 암송하고 있다.

CTS방송에 출연하여 암송의 모범을 보여준 자랑스러운 아이들. 3년 5천절 암송을 이룬 은산, 은평, 은강 삼형제.

저자의 장녀 권지우양이 잠언 31장을 영어로 암송하고 있다. 현재 잠언을 한글과 영어로 통째로 외웠으며 요한계시록과 로마서도 암송하였다.

3년 넘게 교회아이들에게 암송을 적용하여 5천절 암송을 이루며 교회 전체가 암송하는 분위기를 갖게 되었다. 암송의 원리와 실제 경험담을 책으로 엮었다. 전 성도가 암송의 즐거움을 누렸던 시간이다. 암송 참 즐겁다.

아이들 암송을 위해 제작한 잠언하야 교재. 잠언, 요한계시록, 로마서 성경전권이 한글과 영어로 만들어지고 있다.

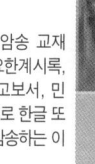

잠언 영어 암송 교재다. 잠언, 요한계시록, 로마서, 야고보서, 민수기를 통째로 한글 또는 영어로 암송하는 이들이 많다.

연 2회 잠언을 한글과 영어로 통째 외우는 2주간의 캠프가 진행된다. 7회를 맞고 있다. 캠프 참여 후 암송의 폭발적 변화가 일어나고 뇌의 기적적인 변화가 나타나고 있다.

통곡의 벽 오기 전부터 악기를 사용하여 축하 퍼레이드를 벌인다. 나팔을 불고 춤을 추며 바 미츠바가 거행될 곳으로 향해 온 집안식구가 함께 간다.

'바 미츠바' 말씀의 아들 선포식 모습이다. 손자가 하나님의 말씀의 사람이 되는 그때가 되면 조부모는 죽어도 여한이 없다고 한다. 말씀이 3대에 이어졌기 때문이다.

바 미츠바 하는 아이가 토라를 읽는 모습

바 미츠바 말씀의 아들선포식 행사

바 미츠바 이후 3대가 함께 토라를 들고 사진을 찍는 모습. 할아버지에서 아버지 그리고 손자에게로 토라는 전수되고 있다. 말씀의 전수가 이루어지는 감동적인 장면이다. 아버지가 흥분하여 아들이 말씀의 사람이 되었음을 말하던 소리가 아직도 귓가에 맴돈다.

5. 성경적 신앙교육 137

6. 원어와 히브리 사고로 성경을 연구하고
   말씀을 체질화시키라

성경암송에서 중요한 것은 성경 원어의 뜻을 정확히 하는 것이다. 즉 원어를 바탕으로 제대로 이해하는 것이 중요하다. 그렇다면 왜 원어적 이해와 히브리적 세계관으로 성경을 보아야 하는가?

많은 이단들은 요한계시록의 많은 부분을 암송한다. 그들은 이를 암송하되 잘못된 해석과 이해를 바탕으로 성경을 이해함으로써 심각한 문제를 초래하고 있다. 암송을 한다 하더라도 성경의 원어의 정확한 이해가 없으면 큰 문제를 야기할 수 있다. 많이 암송하는 것만이 중요한 것이 아니라는 말이다. 성경을 자신들의 소견에 따라 해석함으로써 심각한 문제를 초래해왔고, 또 여러 문제를 초래할 가능성이 다분히 내재되어 있으므로 원어적 의미를 바탕으로 한 올바른 해석이 이루어질 때, 그러한 우를 범하지 않을 수 있다.

먼저 부모들은 자녀들에게 성경을 암송시킬 뿐 아니라 원어를 히브리적 세계관으로 가르친 후, 말씀을 외우게 해야 한다.

이 시대의 배경과 문화를 바탕으로 성경을 이해하고 가르쳐서는 안 된다. 신약은 1세기 당시, 구약은 그 시대의 상황과 배경으로, 1차적으로는 대부분 유대인에 의해 유대인을 위하여 기록된 것이다. 그러므로 이에 대해 정확하게 알지 못하면 잘못된 해석이 될 수 있다.

현 시대에서는 성경을 교단과 교리, 개인적으로 해석함으로써 위기에 봉착해 있다고 볼 수 있다. 성경에 대한 해석에서 문제가 생기면서 교회 전체가 하나 되지 못하는 더 큰 문제로 이어지고 있다. 즉 하나의 이슈가 나올 때, 교회가 한 목소리를 내지 못하는 이유도 이러한 이유에 기인하고 있다고 볼 수 있다. 하나님의 뜻은 결단코 교단이나 개인마다 다를 수 없다. 그러한 해석도 존재해서는 안 된다. 그러므로 모든 교단과 성도들은 성경의 원어적 의미를 이해하고 히브리적 세계관을 바탕으로 성경을 이해함으로써 하나가 될 수 있을 것이다.

우리의 부모들은 자녀들이 어릴 때부터 성경암송과 더불어 원어적 이해와 히브리적 세계관으로 철저히 성경을 이해할 수 있도록 도와주어야 한다. 유대인들은 자신이 사는 언어로 모세오경을 암송할 뿐 아니라 히브리어, 즉 원전으로 모세오경을 암송한다. 그들의 암송은 13세까지 이루어지며, 이를 통해 18세가 되면 성경에 능통한 인물이 된다. 뿐만 아니라 그들은 대학에 들어가서도 교수들과 말씀에 대해 토론함으로써 그 역량을 키워나간다. 그렇기 때문에 정통 유대인 교육을 받은 자는 대학 이후에 배교하는 일이 거의 없다.

사도행전을 보면 초대교회의 성도들이 사도들은 아니었지만 성령을 체험한 이후 강력한 전도자이자 설교자, 교회 설립자가 된다. 그 이유는 성령의 강력한 역사로 인해 이루어진 것도 있지만 그들은 이미 정통 유대인 교육으로 말씀에 능통하였기 때문이다. 그들은 모세오경을 외웠고 연구, 토론(디베이트)을 통해 성경에 능통한 이들이었기 때문이다. 진리의 말씀 위에 성령이 임하시니 강력한 역사가 일어나는 것이다.

구약에서 오순절은 모세를 통해 율법을 받은 날이며, 신약에서 오순절은 성령을 받은 날이다. 말씀과 성령이 함께 할 때 역사가 일어난다. 초대교회의 역사는 이렇게 시작되었으며, 전 세계 복음을 전하는 선교사명을 그대로 실행하는 선교사의 선봉 역할을 하게 된 것이다.

일반적으로 말씀묵상을 큐티라고 말하는데, 큐티를 돕는 월간지의 설명에서 왜곡된 성경해석을 자주 발견한다. 히브리적 세계관으로 보면 큐티보다 더 성경적인 것이 묵상이다. 묵상에 해당하는 히브리어는 두 가지인데 '씨하흐' 와 '학가' 이다. 이 두 단어 가운데 더 많이 사용된 단어가 '씨하흐' 이며, 이를 한글로 번역해서 묵상이라 한 것이다. 이 단어는 '반복하여 읊조리다' 라는 뜻이다. 이스라엘에서 묵상을 한다고 하면, 서서 몸을 흔들며 암송구절을 반복하여 읊조리는 것을 말한다.

암송과 묵상은 분리될 수 없다. 큐티와 묵상의 가장 큰 차이를 살펴보면 큐티는 헬라적 접근으로 읽는 자가 생각하도록 유도한다. 그러나 히브리적 묵상, 즉 '씨하흐' 는 반복하여 말씀 자체를 읊조림으로 자신의 생각을 내려놓고 위로부터 주시는 깨달음을 받도록 유도한다.

많은 그리스도인들이 큐티를 열심히 하고 성경 암송, 통독을 많이 함에도 불구하고, 그 사상이 인본주의적이고 세속적인 경우가 있다. 이를 극복하기 위해서는 그리스도인들이 성경 원어의 의미를 제대로 이해하고, 암송하고 묵상하여 실천하도록 만들어야 할 것이다. 자녀를 교육함에 있어 암송과 더불어 성경에 대한 원어적 이해를 갖도록 도울 때 온전한 말씀의 자녀로 만들 수 있다.

우리 교회에서는 매달 원어를 쉽게 잘 풀어 만든 『토다의 삶』이란 월간지로 부모와 아이들이 함께 묵상(씨하흐)을 한다. 한글로 번역되어 왜곡되거나 놓친 것들을 복원하고 재미와 놀이 위주가 아닌 말씀 그대로를 접하게 하면서 부모와 디베이트를 할 수 있도록 했다. 아이들이 얼마나 즐거워하고 열렬히 '씨하흐'를 하는지 모른다. 어른용 『토다의 삶』과 어린이용 『키즈토다』는 동일한 내용으로 구성되었다. 이 내용은 새벽기도회 때 말씀으로 나누기도 한다.

교회의 온 식구가 같은 원어를 배우고 성경에 대해 더 명확히 이해하는 시간을 통해 성경을 암송하는 것을 넘어 원어로 정확히 묵상하게 만든다. 원어적 이해는 성경연구와 디베이트의 출발점이 된다고 할 수 있다. 말씀(원어) 자체에 능력이 있다. 아이들이 요한계시록을 대부분 통으로 암송하였는데, 요한계시록의 원어로 된 묵상지도 함께 암송할 것을 생각하면 흥분된다. 이단들이 단골로 사용하는 요한계시록에 대해 암송과 더불어 원어를 외우고 있다면 잘못된 이단의 유혹을 이길 뿐 아니라 도리어 잘못된 부분은 공격하고 그들의 잘못을 바로 잡아 가르칠 수도 있을 것이다. 어린 나이일 때부터 이 일이 가능하다.

원어 히브리사고로 성경연구. 통곡의 벽에서 성경연구하는 유대인

저들은 노년에도 주야로 말씀을 묵상하고 연구한다. 백발의 노인께서 말씀을 연구하고 있다.

평생을 토라를 연구하며 묵상하고 암송하는 유대인들

설날, 추석을 맞아 매년 하루 또는 반나절을 성경을 연구한다. 연구를 위한 관련 책들. 저자의 가정에서는 초4년 때부터 함께 연구하였다. 원어를 찾아 이해하는 방법을 가르친다.

성경을 연구하고 있는 권지우 양

성경을 열심히 연구하고 있는 권세은 양

성경을 열심히 연구하며 필기하고 있다.

원어와 히브리사고에 입각한 묵상지 〈토다의삶〉으로 매월 묵상과 연구를 하고 있다. 〈키즈토다〉와 더불어 함께 부모와 자녀가 말씀을 묵상한다.

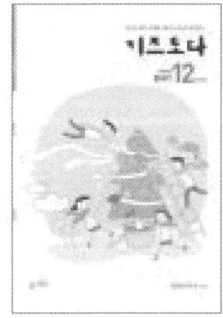

전국에서 원어와 히브리사고에 입각한 〈키즈토다〉로 묵상한 아이들의 그림과 글들이 쏟아지고 있다.

초등 고학년 이상의 〈토다의삶〉과 어린 아이를 위한 〈키즈토다〉가 있다.
내용은 동일하며 부모와 함께 묵상하고 활동하도록 제작되어 있다.

원어와 히브리 사고를 가르쳐 주신 아론의 147대손이신 게리코헨 박사. 유대적 배경과 히브리적 사고를 가르쳐주신 게리코헨 박사와의 만남은 성경을 보는 눈을 바꾸고 목회의 방향을 바꾸었다.

히브리적 사고에 눈을 뜨게 해주신 강신권 총장

원어와 히브리적 사고를 실제적으로 가르쳐주신 김형종 박사. 저자의 졸업사진.

저자가 게리코헨 박사와 함께 찍은 졸업사진. 코헨대학교에서 공부한 시간들은 생애 최고의 순간이었다.

7. 탈무드식 성경 디베이트 – 말씀의 사람을 만들라!

유대인들은 성경을 읽게 하기 위해 히브리어를 조기에 배운다. 또한 디베이트를 위해 조기에 글자를 익히는데 이것은 매우 유용하다. 이스라엘 마알레 아도밈의 교육청장인 데이비드는 "최근, 히브리 대학에서 조기에 글을 가르친 아이와 늦게 글을 배운 아이의 학업 성취도에 대한 논문이 나왔는데 조기에 글을 깨우친 아이들

이 학업성취도가 훨씬 높았다"고 전하고 있다.[57]

유대인들은 탈무드 디베이트를 하는데, 이는 매우 중요한 교육방법이다. 탈무드 디베이트 관련하여 3가지를 살펴볼 수 있다.

첫째, 가정에서 이루어지는 탈무드 논쟁이다. 탈무드 논쟁은 가정에서 시작된다. 유대인들의 질문법은 유명하다. 그들의 교육방법 중에서 중요한 것이 탈무드 논쟁법이다. 이것이 유대인을 천재로 만드는 비결이라고 말한다. 그들은 질문하는 것이 습관이 되었다. 왜냐하면 영유아 때부터 아버지가 아이들에게 질문을 하기 때문이다. 그들의 교육은 주입식이 아니라 질문과 토론으로 가르친다. 다른 민족은 가르치는 것을 학교에 일임하지만 유대인은 가정에서 아버지가 직접 가르친다. 질문은 여섯 단계로 이루어지는데 지식, 이해, 적용, 분석, 통합, 평가형태의 질문으로 이루어진다.[58]

이러한 질문은 일대일 교육으로 아버지와 아들 사이에 이루어진다. 아무리 바쁜 아버지도 일주일에 틈틈이 토론을 할 뿐 아니라 가정예배 때는 오랜 시간동안 토론한다. 답을 가르쳐주지 않고 난해하고 깊은 질문을 해 들어간다. 그리고 실생활에 적용하는 것으로 마무리해 간다. 그들의 질문은 아주 분석적이며 실제적이다. 매사에 이러한 태도로 질문하며 답하는 것이 생활화되어 있다. 아버지가 율법, 하나님 말씀에 대해 해박한 지식을 갖고 계속 연구해갈 때 가능하다.

둘째, 유대인 학교에서 이루어지는 탈무드 논쟁법이다. 이 방법은 가정뿐만 아니라 유대인학교에서도 예외는 아니다. 강의실에

---

57) 이영희, 「공부 습관, 3세부터 확실히 잡아라」, 몽당연필, p.29.
58) 현용수, 「유대인 아버지의 4차원 영재교육」, 동아일보, p.

서는 1시간 30분 가량 끝없는 토론이 이어진다. 그들의 수업은 가르치는 것보다 스스로 공부해 온 내용을 토론하는 형태로 진행된다. 학생들은 끊임없이 생각한다. 그들이 글을 잘 쓰고 말을 잘 하는 이유가 있다. 이러한 의사표현이 동서고금을 막론하고 인생에 가장 큰 재산이 된다. 세상의 금, 진주보다 지혜로운 입술이 더욱 귀한 보배다(잠 20:15). 한 시간 토론을 하려면 4~5시간 동안 준비를 해야 한다. 질문하고 답하는 것이 그들에게는 삶이 되어 있다.

셋째, 예수님의 논쟁법이다. 예수님은 최고의 토론자이셨다. 그분의 논쟁은 전투적이었는데 말씀에 대한 사랑 때문이었다.[59] 누가복음 2장 41~52절에는 유월절에 성전에서 12살의 예수님이 당시 랍비(선생)들과 함께 앉아 논쟁하는 내용이 나온다. 그리고 그 논쟁이 랍비들로 하여금 놀라게 할 만큼 탁월했음을 본다.

> [41] 그의 부모가 해마다 유월절이 되면 예루살렘으로 가더니 [42] 예수께서 열두 살 되었을 때에 그들이 이 절기의 관례를 따라 올라 갔다가 [43] 그 날들을 마치고 돌아갈 때에 아이 예수는 예루살렘에 머무셨더라 그 부모는 이를 알지 못하고 [44] 동행 중에 있는 줄로 생각하고 하룻길을 간 후 친족과 아는 자 중에서 찾되 [45] 만나지 못하매 찾으면서 예루살렘에 돌아갔더니 [46] 사흘 후에 성전에서 만난즉 그가 선생들 중에 앉으사 그들에게 듣기도 하시며 묻기도 하시니 [47] 듣는 자가 다 그 지혜와 대답을 놀랍게 여기더라 [48] 그의 부모가 보고 놀라며 그의 어머니는 이르되 아이야 어찌하여 우리에게 이렇게 하였느냐 보라 네 아버지와 내가 근심하여 너를 찾았노라 [49] 예수께서 이르시되 어찌하여 나를 찾으셨나이까 내가 내 아버지 집에 있어야 될 줄을 알지 못하셨나이까 하시니 [50] 그 부모가 그가 하신 말씀을 깨닫지 못하더라 [51] 예수께서 함께 내려가사 나사렛에 이르러 순종하여 받드시더라 그 어머니는 이 모든 말을 마음에 두니라 [52]

---

59) 김기현, 「성경독서법」, 성서유니온, p.113.

예수는 지혜와 키가 자라가며 하나님과 사람에게 더욱 사랑스러워 가시더라.

　마가복음 10장 1~3절을 보면 예수님은 자신을 시험하기 위해 다가오는 이들을 향해 다시 질문하시는 장면이 나온다. 예수님은 질문에는 질문으로 다가가신다. 좋은 태도와 진정성 있는 질문에는 예수님이 상세히 답변을 주시지만 그렇지 않은 경우에는 오히려 다시 질문하시거나 답을 해주지 않으신다.

　¹ 예수님께서 거기서 떠나 유대 지경과 요단 강 건너편으로 가시니 무리가 다시 모여 들거늘 예수께서 다시 전례대로 가르치시더니 ² 바리새인들이 나아와 그를 시험하여 묻되 사람이 아내를 버리는 것이 옳으니이까? ³ 대답하여 이르시되 모세가 어떻게 너희에게 명하였느냐?

　예수님은 모세의 법을 들어 이야기하신다. 그들과의 토론을 통해 필요한 것을 가르치신다.
　디베이트 할 때 유대인들은 무엇으로 하겠는가?

1) 탈무드

　유대인들은 토라를 주석한 탈무드를 중심으로 디베이트를 한다. 그들은 어릴 때부터 모세오경을 중심으로 주

남자 고등학교의 성경연구 및 디베이트 수업시간이다.

탈무드 디베이트를 하는 고등학생들

탈무드를 연구해 와서 치열한 공방의 디베이트를 벌인다. 13세 때부터 탈무드 즉 모세오경 주석을 히브리어로 연구하기 시작한다.

석해 놓은 것을 연구한다. 탈무드의 70~80%가 모세오경을 주석해 놓은 책이다. 20~30%는 성경의 잠언과 같은 부분인데, 한국에 번역된 내용은 여기에 속한다. 이 내용을 중심으로 유대인들은 초등 이후로부터 고등학교 때까지 디베이트 훈련을 한다. 더욱 놀라운 것은 정통 유대인 초등학교에서는 전적으로 토라와 탈무드로만 가르친다는 것이다. 중고등학교에서도 오전 수업은 토라와 탈무드로 디베이트 한다. 이를 통해서 그들만의 사상과 철학을 만들며 더 나아가 이런 사고방식은 사고력과 창의력을 뛰어나게 만든다.

암송과 디베이트는 사상과 철학, 신앙과 인성을 갖추도록 만들 뿐 아니라 지식교육의 학습방법으로도 탁월함을 보여준다. 주의할 것은 암송 없는 디베이트는 아무런 의미가 없다. 그런데 요즘 한국에서 탈무드를 중심으로 디베이트 붐이 일어나는데 모세오경에 대한 암송 없는 탈무드 중심의 디베이트는 성경을 왜곡시킬 가능성이 높다. 암송이 우선이고, 그 다음이 디베이트임을 기억해야 한다. 그리고 그리스도인들은 탈무드가 아닌 성경 66권 특히 신약, 예수님의 구약 해석의 내용을 갖고 토론함이 필요하다.

2) 성경 66권

믿지 않는 유대인들은 탈무드를 토라만큼 권위 있게 여기고 그것으로 디베이트 한다. 그들은 신약성경을 인정하지 않는다. 심지어 어떤 유대인들은 구약의 모세오경 외에 다른 성경은 평생 한번도 읽지 않는다고 한다. 탈무드는 토라에 대한 주석인데, 유대인들은 구전으로 내려오는 탈무드를 토라만큼 권위있게 여기기에 기독교인들이 받아들이기에 문제가 되는 내용도 있다. 심지어 후대의 탈무드는 예수님을 이단자로 보며 기독교를 이단 종교로 치부하기도 한다. 그러나 그리스도인들이 연구 및 토론시 탈무드를 참조할 수는 있지만 성경 66권을 우선적으로 연구하고 디베이트 해야 할 것이다. 66권을 연구하는데도 수십 년이 걸릴 것이다. 유대인 교육 전문가인 현용수 박사는 탈무드를 성경과 동일한 권위를 두는 것에 대해 매우 심각한 우려를 표했다.

디베이트할 때 조심해야 할 것은 먼저 전제를 명확히 해야 한다는 점이다. 유대인들은 토라가 하나님의 말씀인지, 모세오경을 모세가 하나님께로부터 받은 것은 것인지에 대해서는 질문도 하지 않고 토론도 하지 않는다. 그런데 한국 교회와 신학교에서는 이런 근본적인 것에 대한 질문을 한다. 과연 성경이 하나님의 말씀인지를 묻는다. 심지어 신학교에서 하나님이 살아계시는지에 대해 회의를 품고 하나님을 믿지 않는 이들이 신학교수이기도 하며 심지어 학생들에게 하나님이 없다고 가르친다고 하니 개탄할 일이다. 유대인의 디베이트에 있어 중요한 것은 '신본주의적 범주' 안에서 디베이트가 이루어진다는 것이다.

성경 66권 중에서도 모세오경과 복음서를 먼저 디베이트하는 것이 유익하다. 책들은 원리를 중심으로 한 가르침이 담겨 있기 때문이다. 하나님이 주신 말씀과 예수님이 직접 하신 말씀이다. 물론 66권 모두가 하나님의 말씀이다.[60] 모세오경과 복음서 그리고 그 외에 모든 성경을 디베이트를 하면 된다.

우리 자녀들을 성경에 능한 자들로 만들지 않으면 그들을 사단의 밥이 되게 만들고 이단에게 쉽게 넘어가게 만들 것이다. 이단에 넘어간 대부분의 사람들이 종교적 열심과 성경연구에 관심을 가진 이들이라는 점은 한국 교회가 심각히 눈여겨 봐야 할 대목이다. 제대로 가르치지 않았기에 넘어가는 것이다.

66권의 말씀을 디베이트 할 때, 삶의 모든 영역의 세계관을 원어와 히브리적 세계관에 입각한 내용들의 자료를 갖고 디베이트해야 한다. 유대인 교육의 바탕에는 삶의 지혜를 얻는 것을 그 토대로 하고 있다. 삶의 모든 영역에서 어떻게 해야 할지 구체적인 지침을 제시한다. 잠언과 같은 삶의 지혜를 가르치며 디베이트 할 필요가 있다. 남성 역할, 여성 역할, 아버지 역할, 어머니 역할, 할아버지 역할, 할머니 역할, 예절교육, 효도교육, 역사교육, 경제교육, 가정교육방법, 배움의 즐거움과 학습법 등을 가르쳐야 한다.

성경을 디베이트한 이후에, 실제적인 능력을 갖추도록 준비시

---

[60] 변순복, 「유태인교육법」, 대서, 2011, p.17. 이 책에서 유대인교육의 교과서로 성경과 탈무드를 사용함을 강조하고 있다.

켜야 한다. 그러나 기독교 서적 중에서 이러한 교육을 할 수 있는 자료들이 많이 없다. 기독교 경제교육을 다루는 책을 보면 기독교 세계관이라고 하지만 기독교 철학을 바탕으로 성경이 말하는 세계관이 없거나 부족한 경우가 너무 많다. 2년 전 한국에서 기독교인이면서 경제학 교수로 유명한 분이 세미나 하는 곳에 간 적이 있다. 기독교적 세계관으로 경제 강의를 하고 있었다. 그런데 그 강의를 듣고 크게 실망이 되었다. 성경 몇 구절을 거론했지만 성경적 경제관이 없이 세상적 경제관의 내용이 대부분이었기 때문이었다. 강의 끝부분에 손을

랍비 서기관의 서점에서 반갑게 대화했던 사진이다. 토라를 제작하는 서기관 랍비.

랍비 모쉐실버샤인을 통해 예수님 당시 현자들의 가르치는 방식과 1세기 배경을 배울 수 있었다. 예수님이 가르치셨던 방법들과 당시 현자(랍비)들과의 공통점과 차이점을 공부하는 것은 신약성경 이해에 있어 큰 도움이 되었다.

랍비들과의 만남은 구약과 신약성경의 이해의 폭을 넓혀주었다. 예수님을 구세주와 주인으로 믿지 않는 랍비들을 만날 때면 예수님을 소개하며 저들의 구원을 위해 기도하곤 한다.

들고 질문을 했다. 성경적 세계관으로 볼 때, 경제를 무엇이라고 생각하느냐고 물었더니 그것에 제대로 답하지 못했다.

성경적 경제관에 관련된 책이 거의 없다시피 할 뿐 아니라 있다 하더라도 자녀들에게 가르치기에는 너무나 부족하다. 성경적 경제관을 이해하려면 먼저 성경을 이해하고, 성경에서 경제와 관련된 부분에 대해 원어적 이해와 히브리적 세계관을 깊이 연구하여 신본적 경제관이 세워져야 그 위에서 구체적인 방법이 나올 수 있다. 뿌리가 약하면 결국 방법은 무너진다.

그러므로 암송과 더불어 그것이 원어적 이해와 히브리적 세계관을 통한 성경연구와 디베이트로 이어져야 온전한 말씀 교육을 통한 신앙교육이 될 것이다.

8. 새벽기도 - 목숨 걸고 기도한 다니엘을 만들라!

유대인은 매일 1시간 30분 기도한다. 정시기도가 습관으로 삶에 자리 잡혀 있다. 중요한 것은 어릴 때부터 습관을 이미 만들어 놓은 것이다. 저들은 아침에 눈을 뜨면 기도하는 것으로 하루를 시작한다. 그리고 새벽에 회당에 와서 기도한다. 그리고 해가 지기 전에 회당에 와서 기도하고, 해가 진 후에 기도한다. 각각 30분 정도 기도한다. 아버지가 아이를 데리고 와서 이렇게 함께 기도한다. 할아버지 아버지 손자 삼대가 함께 기도하는 이런 모습은 감동을 준다.

기도를 위한 기도문이 준비되어 있고, 매일 기도해야 할 내용들

새벽기도나 예배 때 사용하는 기도보자기인 탈릿이 회당 한 쪽에 있다. 저들은 기도할 때 이것을 늘 사용하며 평상시에 하고 다니기도 한다. 새벽기도의 원조는 한국이 아니라 이스라엘이다. 그 역사도 길다.

새벽이나 아침에 기도하는 기도문. 유대인들은 전세계에서 동일한 기도문으로 기도한다.

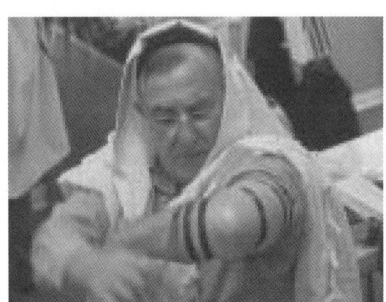
새벽기도를 위해 준비하고 있다.

아들과 손자가 함께 와서 새벽기도를 한다. 초중고생들은 학교에서 아침기도회를 하기도 한다.

테필린과 탈릿으로 준비하고 격식을 갖추어 기도하는 모습

이 절기와 상황에 따라 정해져있다. 어릴 때 이렇게 기도한 것이 하나의 습관이 되어 저들의 평생을 지배한다. 말씀과 기도가 중심이 되어 삶을 살아가게 된다. 마음만이 아니라 시간과 에너지를 우선적으로 투자하는 것이다.

　한국 교회가 약해지면서 새벽기도가 과연 성경적인가라는 질문을 하는 것을 본다. 그런데 유대인은 새벽기도를 질문하지 않고 당연히 받아들인다. 대표적으로 새벽에 기도하는 전통을 이어가고 있는 사람은 다니엘이며 다니엘의 하루 세 번 기도는 저들의 삶에 전통으로 자리한 오랜 관습이다. 지금도 이 전통은 현대 유대인 회당에서 볼 수 있다. 하루 세 번 기도 중에 한 번은 새벽에 이루어진다. 새벽기도의 뿌리를 찾는다면 유대 전통에서 찾아야 할 것이다. 그 역사가 2,500년 이상 되었다. 유대인들에게는 그 전통이 고스란히 남아 모든 회당에서 우리나라 기독교보다 더 오랜 전통으로 이어져 내려오고 있다.

예수님께서도 이런 유대 전통에 따라 새벽 미명에 기도하셨다. 유대의 외식주의에 대해 강력하게 비판하기도 하셨지만 주님은 토라와 유대의 전통을 따라 사셨다. 성전을 소중히 여기셨고, 율법을 폐하러 온 것이 아니라 완성하기 위해 오셨다고 말씀하셨으며 율법적 의가 바리새인보다 나아야 한다고 하셨다.

앞에서도 잠깐 살펴 봤지만, 새벽기도와 하루 세번 기도를 위해 목숨을 건 사람은 다니엘이다. 그는 예루살렘을 향해 창문을 열고 전통적인 기도의 모습을 따라 읊조리며 소리를 내는 기도를 했다. 하루 세 번 기도하는 삶을 위해 목숨을 걸었다. 이보다 더 새벽기도와 기도의 모범을 보여준 성경의 인물은 드물다. 예수님도 새벽 오히려 미명에 기도하셨다고 말한다. 그리고 제자들에게 1시간 기도를 요청하시기도 하셨다.

한국기독교는 선교단체들의 영향으로 새벽기도 대신 그 시간을 큐티로 대체하는 경우도 있다. 그러나 그것은 역사성이나 성경적 근거를 가지고 있지 않다. 성경적 역사성을 찾는다면 도리어 새벽기도와 충분한 기도시간과 말씀 연구시간을 매일 가지는 것이 더 중요할 것이다. 가까운 역사를 보아도 종교개혁자 칼빈 시대의 각 가정에서는 가정예배를 드렸고, 아버지가 자녀에게 하나님의 말씀을 가르치지 않거나 가정예배를 드리지 않으면 교회에서 출교 당하고, 도시에서 추방하였던 사례를 볼 수 있다. 그런데 가정예배는 지금 교회 안에서 사라지고 없다. 그 이유는 우리가 역사적 뿌리를 갖고 있지 않기 때문이다. 새벽기도도 동일하다고 볼 수 있다.

이 어두운 시대 속에 매일 1시간 이상 기도하고 새벽을 깨워 기도하는 것은 신앙을 생명력 있게 만드는 중요한 습관이다. 기도가 없으면 소돔과 고모라 같은 이 시대에 믿는 자들과 믿는 가정의 자녀들이라 할지라도 쉽게 타락하게 될 것이다. 마귀의 유혹에 넘어가 천국의 소망을 잃어버리고 육신의 정욕과 안목의 정욕과 이생의 자랑에 빠져 살 것이다.

기독교가 타락해가는 이유도 구약으로부터 초대교회로 내려온 이러한 신앙의 귀중한 습관을 잃어버렸기 때문이다. 큰 딸과 함께 새벽기도를 마친 뒤 산책하는 시간만큼 행복한 시간은 없다. 우리 교회에서는 아이들과 함께 새벽을 깨워 기도하는 가정들이 있다. 참으로 아름다운 모습이라고 생각한다. 할아버지, 아버지, 손자 손녀가 함께 새벽을 깨워 기도할 때 한국 교회는 희망이 있고 수천 년이 지나도 무너지지 않을 것이다.

9. 복음전파 – 모든 민족을 제자 삼으라

예수님께서 제자들에게 마지막으로 명령하신 것은 바로 모든 민족으로 제자를 삼아 아버지와 아들, 성령의 이름으로 세례를 주고 모든 것을 가르쳐 지키게 하라고 하신 것이다. 하나님이 예수님을 보내셔서 우리를 죄에서 건지신 목적은 바로 잃어버린 영혼을 구원하기 위함이셨다.

기독교 교육과 관련된 수많은 책을 읽고 연구했으나 공통적으로 빠져 있는 부분이 바로 복음 전도와 선교다. 이것이 빠진다면 기독교 교육은 아무런 의미가 없다. 유대인들은 하나님이 저들을 선택하신 목적을 상실함으로써 하나님의 진노 아래 서게 된다. 하나님의 백성으로서 말씀의 삶을 제대로 못살았기에 심판을 받은 부분도 있지만 자신들을 이방의 빛으로 부르신 사명을 저버렸기 때문이기도 하다.

이 세상에서 가장 가치 있는 일은 다니엘서의 말씀처럼 많은 사람을 진리 안으로 이끌고, 복음을 통해 구원하는 일이다. 복음으로 영혼을 구원하고 말씀을 가르쳐 지켜 행하도록 하는 삶이다. 이것을 전도, 제자도, 선교라고 할 수 있다. 우리가 자녀를 믿음으로 키우는 것은 바로 마지막 때 주님의 초림을 준비하였던 요한처럼 주님의 재림을 준비하면서 거룩한 하나님의 사람을 만드는 것이며, 주님의 명령인 전도와 선교명령을 행하게 하는 것이다.

우리가 자녀를 낳는 것은 그 자녀를 하나님의 사람으로 만들어 믿음의 세대를 이어가게 하는 것과 더불어 그 자녀들을 통해 잃어버린 이 땅의 수많은 사람들을 하나님께로 인도하며 예수님의 십자가와 부활을 전하기 위한 것이기도 하다. 자녀와 기독교 교육을 하는 이들이 명심 또 명심해야 할 것이 바로 이것이다.

현용수 박사의 수직전도와 수평전도도 기억해야 한다. 세계 선교에 크게 공헌하고 있는 한국이 이제 선교해야 할 대상으로 바뀐

영국과 유럽처럼 되어가고 있다. 전 세계에서 선교의 선두주자로서 있던 한국이 자녀의 95%를 잃어버리고 있는 실정에서 선교지를 이끌어가고 있다고 말하는 것은 참으로 아이러니한 일이다. 수직전도와 수평전도가 균형을 잃었기 때문이다. 사도행전을 중심으로 한 세계 선교는 너무나 중요하며 한국 교회가 칭찬들을 귀한 일이다.

그런데 '예루살렘과 온 유대'를 잃어버린 채 하는 세계 선교는 고민해보아야 할 문제다. 세계 선교를 할 다음 세대가 없다. 미국은 대학을 전후하여 믿는 집의 자녀들의 65%가 교회를 떠난다. 영국과 유럽에서는 기독교 인구가 2% 내외로 전락하였고, 하나님의 말씀을 전하면 감옥에 갇히는 시대가 되었다. 창세기 18장 18~19절과 마태복음 28장 19~20절은 동시에 이루어져야 할 지상 명령이다. 유대인들은 창세기 18장 18~19절의 말씀은 성공했으나 마태복음 28장 19~20절을 잃어버렸고, 기독교인들은 마태복음 28장 19~20절의 명령은 성공했으나 창세기 18장 18~19절의 명령은 실패했다. 이 두 가지를 다 성공해야 한다.

부모가 전도와 선교에 동참하는 모습은 자녀들에게 자연스럽게 전도와 선교훈련을 할 수 있는 교육이 된다. 우리 가정에 홈스쿨이 정착되도록 도운 브래들리 가정은 브래들리 볼러가 8살 때, 온 가족이 함께 1년 동안 필리핀으로 선교를 갔다고 한다. 그곳에서 많은 선교적 경험을 하고 타문화 속에서 복음을 전했던 경험이 그가 성인이 되어 중국과 한국에서 홈스쿨로 선교하는 운동을 일으키는데 큰 유익이 되었다고 했다. 선교는 특정한 이들이 특별한 훈련을 통해서만 하는 것이 아니라 누구든지 해야 하고, 누구나 해외에 가서도 복음을 전할 수 있다는 사실을 가정에서 가르쳐야 한다. 전도와 선교는 자녀의 신앙교육 커리큘럼에 들어가야 할 필수과목이다. 가정의 형편에 따라 적절히 적용할 수 있을 것이다.

교회에 전도와 선교 시즌을 갖고 있다면 그것에 맞추어 가정들은 전도와 선교훈련에 함께 동참하고, 가능하다면 선교여행에 함께 동참하는 것이 좋다. 아이들을 제외한 전도와 선교훈련은 무의미하며, 자녀들이 부모와 함께 전도와 선교를 꿈꾸며 잃어버린 영혼에 마음을 갖도록 해야 한다.

10. 신앙교육을 위한 추가 제안

몇 가지 신앙교육과 관련하여 제안하면 다음과 같다.

1) 말이 아닌 삶으로의 교육

11년째 기독교 홈스쿨 교육을 하면서 발견한 것은 이 교육이 가장 정직한 교육이라는 점이다. 매일 아이와 함께 24시간을 보내면서 느낀 점은 자녀에게 거짓을 가르치거나 말로만 이야기해서 교육할 수 없다는 점이다. 아이들에게 거짓말하지 말라고 하면서 부모가 정직하지 않은 모습을 보이거나, 말로만 정직해야 한다고 얘기해서는 교육이 안 된다는 것을 깨달았다. 아이들이 어릴 때는 모르지만 10대를 넘어서면 아이들은 자기의 부모가 말한 대로 사는지 두 눈으로 지켜본다. 그리고 부모의 삶을 그대로 따라한다.

100% 부모의 삶을 그대로 한다고 보기는 어려우나 많은 부분에서 부모의 말이 아닌 삶으로 보여준 것을 보고 배우게 되는 것이다. 그래서 성경은 알고 말하는 것과 행하는 것이 하나가 되어야 함을 강조한다. 예수님께서도 다른 죄는 용서하시며 관대히 하셨으나 겉과 속이 다른 외식을 너무나도 싫어하셨다. 분명 부모도 완벽하지 않고 부족한 점이 많다. 때로 아이에게 사과할 일도 있고 죄를 인정해야 할 때도 있다. 그러나 연약하고 부족하여 함께 하나님의 뜻을 행하자고 하는 것과 겉과 속이 다른 외식과는 차이가 있다.

  최소한 내가 아이에게 무엇인가 가르치기를 원하는 것이 있다면 그것을 먼저 행하고 가르치든지, 아니면 함께 그것을 지키고 행하기 위해 노력하자고 권하고 가르쳐야 할 것이다. 때로는 자기가 행하지 못하더라도 가르치는 교사는 올바른 것을 가르칠 필요가 있다. 가르치는 자는 본이 되어야 하나 자신이 잘못한다고 하여 '나도 못하는데 아이에게 요구하는 것은 무리가 아닌가' 라며 자기연민적 접근을 하며 아무것도 가르치지 않는 경우가 있는데 이것은 앞에서 제시한 것보다 더 잘못된 것이다. 이는 아이들에게 올바른 기준조차 세워주지 않는 태도이기 때문이다. 예수님도 제자들에게 자신이 본을 보였으므로 너희도 내가 행한 것처럼 행하라고 말씀하신다. 바울 사도께서도 자신이 예수님을 따르는 삶을 산 것처럼 성도들에게 자신을 따르는 삶을 살라고 명한다. 이것은 하나님의 자연스러운 가르침이다.

2) 너무도 중요한 '생명의 사이클' [61]

유대인들은 하나님의 백성으로서 합당한 삶을 살기 위해 규칙적인 사이클을 갖고 있다. 가장 중요한 것은 하나님을 향한 온전한 믿음과 태도이지만 그것을 유지하기 위해 매일, 매주, 매분기마다 신앙의 틀이 없으면 안 된다는 것이다. 하나님을 의지하고 의존하며 그 말씀을 소중히 여기는 믿음과 마음 자세가 필요하다. 그 다음으로 중요한 것은 이러한 믿음을 유지하면서, 하나님의 백성다운 삶을 지속시키는 것이다. 이러한 삶을 계속 생명력 있게 유지하기 위해 하나님은 매일, 매주, 매달, 매 분기, 매년 지켜 행할 것들을 명령하셨다.

이를 토대로 볼 때, 그리스도인들이 매일 해야 할 일은 새벽기도와 하루 3번 기도하는 것과 정해진 기도시간을 채워 하나님과의 교제에 힘쓰는 것이다. 매일 암송하는 것과 성경을 공부하는 것, 통독, 씨하흐(묵상)도 부지런히 해야 한다. 매주하는 것은 생명처럼 지켜 행하는 안식일과 그 예비일 그리고 매주 2~3회의 아버지와의 성경공부와 디베이트가 여기에 속한다. 매달과 매 분기에 행해지는 것은 절기다. 안식일도 절기로 간주하는데 그 외 3대 절기와 7개의 절기가 추가된다. 큰 명절이 3개이고 그 외 작은 명절들이 7개 정도가 더 있다는 것이다. 이것은 수련회처럼 집중하여 하나님이 행하신 일과 이스라엘 역사를 되새겨보는 것이다.

이렇게 만 12, 13세까지 훈련하게 되면 그 이후에는 스스로 신앙을 지키고 더 나아가 세상을 바꾸는 일꾼으로 준비된다. 이 생

---

61) 로버트 D. 하이들러, 「메시아닉교회」, 진현우, WLIkorea, p.146. 하이들러는 절기를 생명의 사이클로 보았다. 연구자는 절기 뿐 아니라 좀 더 확대하여 매일 새벽기도와 성경연구, 매주 안식일까지 포함하여 매일 매주 매분기의 절기를 포함하여 생명의 사이클이라고 하였다.

명의 사이클은 가정과 교회가 따라야 할 아주 중요한 유산이다.

3) 삼대 교육 – 할아버지, 아버지, 손자가 함께

앞에서도 언급했지만 신앙교육에 있어 삼대가 함께 하는 것이 중요하다. 할아버지, 아버지, 손자가 같이 하는 것이다. 중심은 손자가 아닌 할아버지를 중심으로 한다. 아브라함, 이삭, 야곱의 하나님이라고 말씀하고 계시기 때문이다.

유대인은 이 말씀에 근거하여 언제나 삼대가 함께 한다. 그들은 할아버지와 아버지, 손자가 함께 새벽기도를 한다. 할아버지가 기도하는 스타일로 함께 기도한다. 손녀들은 할머니와 어머니와 동일하게 기도한다. 그래서 그들에게는 세대 차이가 없다. 수천 년

삼대 교육. 할아버지는 손자가 바 미츠바를 하면 죽어도 여한이 없다고 한다. 믿음의 삼대 고리를 이었기 때문이다.

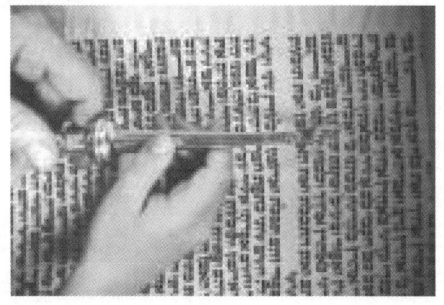

삼대째 신앙을 전수하는 아름다운 사진이다. 할아버지와 손자의 손이다. 유대박물관

이 지나도 여전히 동일한 신앙과 전통을 유지하고 있는데 비해 우리는 3대~4대가 지나지 않아 신앙이 전수되지 못하고 끊어지고 있는 실정이다.

하나님께서는 부모를 공경하라는 5계명이 약속 있는 첫 계명이며, 부모를 공경하지 않거나 저주하면 죽이도록 명하셨다. 왜 이렇게 강하게 말씀하셨을까? 왜 하나님은 부모 공경이 이루어지지 않으면 죽이도록 하셨을까? 조부모의 신앙, 부모의 신앙을 전수받기 위해서는 부모에게 순종하며 복종하는 것이 필수적이기 때문이다. 신앙을 전수하기 위해 중요한 것이 5계명이다. 유대인처럼 이렇게 삼대가 늘 함께 한다면 영원히 끊어지지 않고 신앙이 전수될 수 있다.

4) 신앙교육을 토대로 한 인성, 지성교육

앞에서 언급한 10가지는 신앙교육의 중심이 되어야 한다. 이것에 우선순위를 두고 먼저 교육을 해야 한다. 가정을 중심으로 신앙교육을 이루게 되면 자연스럽게 인성교육으로 이어진다. 이것은 다음 파트에서 다룬다. 성경과 신앙교육은 인성교육과 이어진다. 또한 지성교육과 교과학습으로 이어져야 한다. 믿음에 덕을, 덕에 지식이라는 사도 베드로의 말씀에 입각하여 믿음 즉 신앙과 성경교육 위에 인성교육인 덕을 세워야 한다. 그 다음에 지성교육과 교과학습으로 가야 한다. 지성과 교과학습이 우선이 되면 신앙도 인성도 잃어버린다. 믿음에 덕을 세우지 않고 덕 위에 지식을 세우지 않았기 때문에 교육이 실패하고 있다. 신앙교육의 토대를 뿌리 깊이 세워서 인성과 지성교육으로 이어지게 해야 한다. 7가지 신앙교육이 되면 인성과 지성교육과 교과학습은 쉬워진다. 성경적 교육철학을 바탕으로 신앙, 인성, 지성[62]을 성공적으로 세워야 한다.

5) 시냇가에 심은 나무처럼 열매 맺는 교육

시냇가에 심은 나무처럼 열매를 맺어야 한다. 신앙의 열매, 인성의 열매, 지식의 탁월성을 가진 열매가 맺히도록 해야 한다. 시냇가에 심은 나무가 아니라 바람에 나는 겨처럼 자녀를 만드는 현상이 나타나고 있다. 튼튼하고 건강한 소인지 아니면 뼈만 있는 마른 소인지 우리 자녀와 교육을 평가해야 한다.

가정에서의 자녀교육과 학교교육이 마르고 뼈만 남은 소의 모습이 아닌가? 시냇가에 심은 나무처럼 아름다운 열매를 맺고 있는가? 우리 자녀들이 성령의 9가지 열매를 맺고 다니엘과 느헤미야와 요셉처럼 죄를 멀리하고 오직 하나님의 뜻을 이루는 열매를 맺는 교육이 되어야 한다.

6) 신앙교육으로 가정, 교회, 학교가 하나 되어 다음 세대 교육하기

유대인은 신앙·인성교육의 70% 이상이 가정에서 이루어진다. 가정이 원활하게 신앙교육을 잘 할 수 있도록 회당에서 지원한다.

---
62) 이광복, 「교회를 학교로 만들기」, 흰돌, p.279-309.

유대인 지도자는 각 가정의 아버지들을 온전히 가르치기 위해 매일 새벽에 성경을 가르치고 새벽에 기도한다. 아버지가 영적 지도자이자 가장으로 설 수 있도록 먼저 돕는다. 이렇게 성장한 가장이 가정에서 신앙을 지도한다. 아버지 뿐 아니라 어머니도 아이들 신앙교육의 역할을 한다. 부모가 최고의 선생님인 것이다.

유대인 학교는 보통 한국의 공교육과는 완전히 다르다. 유대인 학교에서는 오전에 성경과 탈무드로 수업을 한다. 7시에 학교에서 한 시간 정도 기도회를 갖는다. 가정과 학교는 하나가 된다. 학교는 교육의 주체가 아니라 지원하는 역할을 하는 것이다. 가정이 제대로 세워져야 한다는 것을 알기에 이런 구조를 형성한다.

이와 같은 유대의 전통이 초대 교회에는 존재했으나, 4세기 이후에는 가정이 아닌 성당으로 자리가 옮겨졌다. 초대 교회의 유산을 회복할 수 있도록 한국 교회는 가정이 서도록 도와야 하고 부모가 그 역할을 제대로 하도록 가르치고 도와야 한다.[63]

또한 가족이 함께 복음을 전하는 사명에 대한 비전을 생각해 볼 수도 있다.[64] 세대가 통합되어 함께 사명을 감당할 때 특별한 은혜를 경험한다. 빠르게 가는 것보다 더 중요한 것은 제대로 가는 것이다. 가정이 중심이 되어 교회와 함께 가는 것, 즉 가정과 교회가 하나 되는 것은 아름다운 성경의 모습이다. 성경 곳곳에서 이러한 모습을 발견한다.

유대인들은 남자 아이 12살, 여자 아이 13살이 되면 '바 미츠바'를 한다. 성인식이라고 불리는 이 단어는 '말씀의 아들, 딸 선포

---

[63] Eric Wallace, 「가정과 교회가 하나 되는 꿈」, 미션 월드라이브러리, p.150.
[64] 앞의 같은 책, p.221-223.

식'이라고 하는 것이 더 정확하다. 10명의 아이들이 바 미츠바를 하면 그중 2~3명은 모세오경을 통으로 암송한다. 바 미츠바는 자녀의 결혼식 보다 더 성대하게 치루어진다.

이스라엘에서는 자녀들이 말씀을 암송, 묵상, 연구하여 말씀의 사람이 되는 것을 아주 중요하게 여긴다. 바 미츠바를 위해 해당 자녀는 보통 1년을 준비하곤 한다. 랍비와 함께 토론, 연구하여 준비하기도 한다. 바 미츠바는 예루살렘 통곡의 벽앞에서 가족들과 치루거나 또는 좋은 호텔을 빌려 성대하게 치루기도 한다. 집안 모든 사람들이 다 모여 이 행사를 갖는다. 이 때 모이는 금액도 엄청나다.

왜 이들은 바 마츠바를 이렇게 소중하고 큰 행사로 치루는가? 그들에게 하나님의 말씀은 생명과도 같기 때문이다. 자녀와 손자들이 말씀의 사람으로 세워져 이제는 스스로 토라를 연구하고 토론하고 가르치는 자격을 얻게 되는 순간이기 때문이다. 이때도 삼대가 함께 하는데 필자가 통곡의 벽을 방문했을 때, 한 할아버지가 손자의 바 미츠바를 보며 눈물을 흘리며 감사해하는 모습을 보았다. 그는 이제 죽어도 여한이 없다고 했다. 손자 세대까지 믿음과 말씀을 이었으니 더 바랄 소망이 없다는 것이다. 이런 모습 속에서 그들이 하나님의 말씀을 전수하는 일을 얼마나 귀중하게 여기는지 느낄 수 있었다.

통곡의 벽에 방문했을 때 온통 바 미츠바를 거행하는 사람들로 발 디딜 틈이 없었다. 흥분된 분위기속에서 수많은 가정들이 바 미츠바를 하고 있었다. 아주 인상 깊었던 것은 한 아버지의 모습이었다. 바 미츠바하는 모습이 감동적이어서 사진을 찍고 지켜보

앉는데 바 미츠바를 하는 아이의 아버지가 나에게 흥분된 모습으로 자신의 아들이 오늘 바 미츠바를 하는데 자신은 너무 기쁘고 행복하다고 말했다. 몇 번에 걸쳐 행복한 표정으로 아들이 바 미츠바를 한다고 말했다. 그 모습을 보며 큰 감동을 받았다.

아들이 말씀의 사람이 되어 암송하고 연구하고 또 사람들 앞에서 설교도 하는 모습을 보는 것이 저렇게 행복하고 좋을까? 내 자신을 돌아보게 되었다. 나는 저 아버지와 같은 심정으로 자녀에게 말씀을 가르치고 준비하고 있는가?

우리 교회에서는 헌아식을 한다. 부모들이 자녀들을 말씀의 사람으로 잘 키우겠다고 헌신하는 시간이다. 부모로서 우리의 자녀가 태중에 있을 때부터 13살이 될 때까지 삶의 기본이 되는 말씀들을 제대로 암송할 수 있도록 가르치고, 세상을 이길 말씀의 사람으로 온전히 키우겠다고 하나님 앞에 결단하는 것이다. 헌아식은 그런 의미이다. 유대인들이 바 미츠바를 하기 위해 13년의 세월을 준비하여 치루는 것처럼 우리에게도 믿음으로 자녀를 키우겠다는 결단과 마음이 필요하다. 안일하게 자녀를 신앙교육함으로 결국 자녀가 사단의 밥이 되어 지옥에 가는 자녀로 만들고 있지 않는지 돌아보라.

6」

성경적 인성교육

인성교육에서 중요한 것은 지식의 전달이 아닌 실생활에서의 훈련이다. 복종, 충성심, 용기, 부지런함, 효는 지식적인 교육만 받아 되는 것이 아니라 구체적인 상황에서 그 일을 행하도록 훈련이 이뤄져야 한다.[65] 바울은 양심이 더렵혀지면 믿음이 파선한다고 하였다.[66] 신앙과 더불어 인성교육은 기독교교육에 있어 매우 중요한 교육이다. 그러면 그리스도인들은 자녀들에게 어떠한 영역을 교육해야 할까? 그 구체적인 지침과 영역이 제대로 갖추어 지지 않아 실제적인 교육이 이루어 지지 못하는 경우가 사실 많다.

다음에서 제시하는 10가지는 성경이 말하는 필수적인 인성교육의 내용이다.

1. 효도교육[67]

---

[65] Fletcher H. Swift, 「고대이스라엘의 종교교육」, 유재덕 역, 소망 p.45.
[66] 딤전1:19 믿음과 착한 양심을 가지라 어떤 이들이 이 양심을 버렸고 그 믿음에 관하여는 파선하였느니라.
  딤전3:9 깨끗한 양심에 믿음의 비밀을 가진 자라야 할지니.
  히10:22 우리가 마음에 뿌림을 받아 양심의 악을 깨닫고 몸을 맑은 물로 씻었으나 참 마음과 온전한 믿음으로 하나님께 나아가자.
[67] 현용수 박사의 효도교육 1, 2, 3권을 중심으로 정리하였고 연구자가 추가하여 논하였다.

유대인은 나라 없이 전 세계로 흩어져 있었으나 삼대가 함께하며 신앙교육, 인성교육을 자연스럽게 전수해 왔다. 무엇보다도 그들은 '효'를 중요하게 여기며, 효를 행함으로써 놀라운 복을 누려 온 것을 볼 수 있다. 미국 기독교 홈스쿨 가정들의 자녀들도 인성교육의 첫 번째로 부모께 순종하는 효를 중요하게 여겼다. 어린아이든, 큰 청소년이든 모두 순종과 복종으로 효를 행하고 있었다.

성경에서 인성교육의 토대를 찾아보면 제 5계명인 부모를 공경하라는 말씀을 들 수 있다. 인륜의 근본은 효에서 시작한다. 성경도 이 효에 대해 강조하고 있다. 미국의 영향으로 품성교육이 한국에 큰 영향을 미치는 것을 긍정적으로 평가한다. 그러나 성경적 효를 인성교육의 토대로 갖지 않는다면 또 다른 문제가 발생할 것이다. 성경적인 효 사상을 가르치는 것이 인성교육의 출발점이 되어야 한다.

한국 교회는 복음을 강조하고 전도와 선교를 강조했지만 복음적인 삶을 외면했다고 해도 과언이 아니다. 그 첫 번째가 효이다. 성경은 눈에 보이는 부모에게 순종하지 않고 효를 행하지 않는데 어찌 눈에 보이지 않는 하나님께 순종하겠는가라고 하신다.

다음의 내용은 현용수 박사의 효도교육 관련 자료를 정리하였다. 왜 자녀에게 효를 가르치고 효자로 만들어야 할까? 성경이 효자로 만들 것을 요구하고 있기 때문이다. 하나님께서 모세를 통해 십계명을 주셨는데, 인간관계의 첫 계명은 곧 효계명이다. 예수님은 마태복음 15장 4~5절에서 "네 부모를 공경하라 하시고 또 아비나 어미를 훼방하는 자는 반드시 죽으리라 하셨거늘 그 부모를 공경할 것이 없다하여 너희 유전으로 하나님의 말씀을 폐하는도다."라고 언급하시며, 인간이 하나님의 계명을 저버리고 우습게 여기는 것에 대해 분노하신다. 예수님 또한 효자이셨다. 예수님은 영의 아버지이신 하나님께 온전히 복종하셨다. 그리고 육신의 부모님께도 순종하셨다(눅 2:51). 십자가를 질 때 장남으로서 어머니의 노후대책을 제자 요한에게 맡기는 타고난 효자의 모범을 보여주셨다(요 19:26).

효를 제대로 가르치지 않으면 자식에게 하나님의 저주가 임하기 때문에 반드시 가르쳐야 한다. 성경은 불효자를 죽이라고 명하고 있으며, 그러한 자는 형통함과 장수를 누리지 못한다고 언급하고 있다.

또한 효를 가르치고 효자로 만들어야 하는 이유는 불행한 가정생활과 슬픈 노년을 맞이하지 않기 위해서이다. 자녀가 효를 배워 효자가 되면 부모가 노년이 되었을 때 효를 받으며 행복한 삶을 살게 된다. 윤리적 관점에서 보면 생명에 보답하고 키워주신 은혜에 보답하기 위해 효도를 해야 한다. 구원론적으로 보면 자녀를 낳은 이유가 말씀을 전수하기 위해서인데, 효를 행하도록 가르치면 자손 대대로 신앙이 전수 될 수 있다.[68]

자녀가 효를 행하지 않으면 신앙을 전수할 수도 없고 제대로 된 교육이 이루어질 수 없다. 효는 구원에 있어서 중요한 부분이다. 효자는 육신적 장수를 누리고 이 땅에서 인정받고 잘 되는 복을 누린다. 영혼의 구원을 얻어 천국에 가게 되며 가문의 영적 생명을 이어간다. 생육과 번성의 복을 누린다. 이러한 영육의 복을 누린다. 이러한 복을 누리게 되는데, 자녀에게 왜 가르치지 않겠는

---

[68] 현용수, 「자녀의 효도교육 이렇게 시켜라 1권」, 쉐마, p.212.

가? 효를 행하도록 가르치는 것은 자녀에게 줄 수 있는 가장 큰 선물이 될 것이다.

홈스쿨을 하면서 자녀들에게 말에서부터 효를 가르쳤다. "아버지, 어머니"라고 부르도록 했고, 부모님이 부르면 "네 아버지, 네 어머니"하도록 가르쳤다. 이렇게 하니 자연스럽게 부모공경의 태도가 나오게 되었다. 교회에서도 성인이 되었지만 여전히 '엄마, 아빠'라고 하는 교회 식구들에게 '어머니, 아버지'라고 하도록 가르치고 부모님을 친구처럼 대하지 말고, 하나님을 대하듯 공손하게 하라고 가르쳤더니 놀라운 일들이 가정에서 일어나는 것을 보았다.

우리 가정에 효도교육을 가르쳐주신 분이자 유대인 교육에 눈을 뜨게 해주신 현용수 박사와 함께 찍은 사진이다. 이분이 없었다면 여기까지 올 수 없었다.

온 가족이 신앙명가의 날(1년에 한번 온 교인들이 신앙명가를 꿈꾸며 지키는 날) 온 가족이 함께 사진을 찍었다.

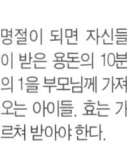

명절이 되면 자신들이 받은 용돈의 10분의 1을 부모님께 가져오는 아이들. 효는 가르쳐 받아야 한다.

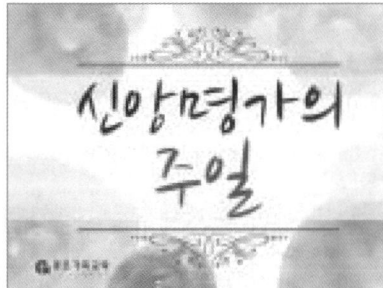

효도로 신앙명가 만들기로 작정했다. 교회에서 신앙명가 주일을 지킨다.

신앙과 인성교육 교과서로 가정에서 사용할 수 있도록 만든 「쉐마북」

「토다」, 「키즈토다」와 쌍을 이루며 모세오경 연구와 인성교육의 교재로 자리매김 했다. 각 가정에서 기적들이 일어나고 있다.

상처와 아픔으로 얼룩진 부모 자녀 관계가 회복되고 하나님께서 효를 행하는 자녀들의 가정에 큰 물질의 복도 허락하시는 것을 보았다. 당연히 부모님께 용돈을 매달 드리도록 지도했다. 자녀들이 그 모습을 보고 배우게 된다. 내가 늙어 나이들 때 효를 받으려면 효를 행하는 모습을 보여야 한다. 효를 삶으로 가르치지 않으면서 자녀들이 효를 행하기를 바라는 것은 불가능하다. 특별히 기독교가 잃어버린 효에 대해 일깨워주시고 가르쳐주신 현용수 박사께 감사를 드린다. 우리 가정과 교회에 큰 도움을 주셨다.

2. 권위와 질서교육

하나님은 이 땅을 창조하시고 다스리신다. 하나님은 권위의 하나님이시며 질서의 하나님이시다. 권위와 질서가 무너지면 모든 것이 다 무너진다. 권위와 질서는 교육의 시작이자 끝이다.[69] 평등 사회에서 권위는 부정적인 이미지로 떠올려진다. 사회에서 어떤

---
[69] 베른하르트부엡, 「엄한교육 우리 아이를 살린다」, 서경홍역, 예담, p.124.

사람이 권위와 질서에 대해 말하면 많은 사람들은 그 사람을 권위주의자로 간주하며 비방하기 일쑤다. 왜 이렇게 되었는가? 먼저 성경이 어떻게 말하고 있는지 살펴보자.

1) 성경이 말하는 권위와 질서

하나님께서 천지를 창조하신 후에, 아담에게 '선악과를 따먹지 말라 먹는 날에는 정녕 죽을 것이라' 고 말씀하신 것은 그에게 하나님의 권위를 분명히 나타내시기 위한 것이다. 하나님은 권위를 갖고 다스리시는 분이시다. 그분은 창조주이시고 우리는 피조물이다.

성경에는 노아가 그의 아내와 자식들에게 하나님의 명령이니 산에다 방주를 지어야 한다고 말하는 대목이 나온다. 노아가 아버지의 권위로 세 아들에게 그 하나님의 명령을 전하자 자녀들은 아버지의 말씀에 순종하여 하나님이 명하신 대로 아버지와 함께 방주제작에 동참한다. 아버지의 명령에 묵묵히 순종하는 그들의 모습에서 아버지의 권위가 얼마나 존중되고 살아 있었는지 확인 할 수 있다.

또한 홍수 사건 이후에 노아가 포도주를 먹고 취하여 벌거벗은 채 장막에 있을 때 아들 함이 그 사실을 형들에게 알린 일이 있었다. 함은 아버지가 실수한 사실을 알렸을 뿐인데 이후 저주를 받게 된다. 이는 하나님께서 노아를 통해 함에게 저주를 내리신 것이다. 왜 사실을 알렸는데 저주를 받았을까? 그 이유는 그 사실을 알린 사건이 아버지의 권위를 무시하고 업신여긴 행동이기 때문이다. 아버지의 권위를 존중하지 않은 것이다. 이를 통해서 아버지의 권위가 얼마나 큰지 보여주고 있다.

　모세를 통해 출애굽한 뒤 광야 생활을 하던 이스라엘 백성들이 모세의 권위를 존중하지 않고 그에게 반역할 때 반역한 무리들 가운데 하나님의 저주가 임하여 땅이 갈라지고 죽음을 맞이하는 모습을 볼 수 있다. 모세를 향해 도전하는 자는 곧 나에게 도전하는 것이라고 하시면서 그들의 행위를 하나님에 대한 반역으로 보고 심판하신다.

　사울은 하나님의 권위와 선지자 사무엘의 권위에 순종하지 않고 반역함으로 악신이 들리고 정신적 문제가 생기게 되었고, 결국 전쟁터에서 비참한 죽음을 맞이했다. 또한 자손들에게도 그 저주가 이어지게 된다. 하나님의 마음에 합한 다윗도 그로 인해 십년 넘게 도망자 생활을 한다. 그런데 이 과정에서 다윗은 사울을 죽일 수 있는 기회가 몇 차례 있었음에도 불구하고, 사울을 죽이지 않았다. 그 이유는 사울이 하나님께서 기름부으신 왕이었기 때문이다. 사울이 초래한 여러 가지 문제들로 인해 나라가 위기에 봉착해 있었기에 사울을 죽일 대의명분도 있었다. 그러나 다윗은 하나님이 세우신 왕이므로 그에게 손을 대지 않았다. 하나님의 권위와 왕의 권위를 인정하고 존중하는 모습을 볼 수 있다.

　베드로전서 2장 13~14절에서는 우리에게 모든 제도에 순복하라고 하였다. 권세를 가진 왕에게, 왕이 보낸 총독들에게 순복하라고 하신다. 베드로 사도의 명령이다. 권면이 아니라 명령이다. 명령은 순종을 전제로 한다. 구약과 신약은 동일하다. 권위에 있어 동일하게 중요한 가치를 갖고 있다. 이 시대에, 권위가 무너지면서 성경의 권위에 관한 이런 말씀들을 무시하고 왜곡하여, 있는 그대로 가르치지 않거나 가르치더라도 성도들의 반발을 우려하여 설교자들이 말씀을 가감하고 있는 실정이다. 하나님이 세우신 사람의 권위를 무시하는 것은 결국 하나님의 권위를 무시하는 격이 된다.

2) 하나님께서 세우신 권위의 영역

하나님께서는 하나님의 권위를 아담에게 위임하시며 모든 자연만물을 다스리게 하였다. 또 아내인 하와를 주었고 그 안에서 권위와 질서가 세워지도록 했다.

먼저 가정에서는 하나님의 권위가 남편에게 주어졌다. 앞의 베드로전서에서 본 것처럼 한 나라에는 왕(대통령)을 권위자로 두셨다. 교회에서는 목사를 권위자로 세우셨다.

유대인의 사회에서는 지금도 랍비의 권위가 절대적이다. 심지어 회당에서 랍비에게 인생의 모든 문제를 상의하고 조언을 듣는다. 심지어 부부 사이의 은밀한 것까지 조언을 구하는 등 삶의 모든 부분을 상의한다. 하나님의 말씀을 연구하고 가르치는 영적인 권위자를 존중히 여기는 것이다. 영적인 지도자 중에서도 말씀과 가르침에 수고하는 이들을 더 존경하고, 좋은 것을 다 같이 하라고 하신다(딤전 5:17, 갈 6:6). 가정에서는 부모, 교회에서는 목사, 학교에서는 교사, 나라에서는 왕과 대통령을 권위자로 세우셨다.[70]

---

70) 테드 트립, 「마음을 다루면 자녀의 미래가 달라진다.(부모를 위한 가이드북)」, 김창동 역, 디모데, p.42.

하나님은 성경을 통해 모든 권위를 존중할 것을 분명하게 말씀해주고 계신다. 그럼에도 불구하고, 그리스도인들에게 왜 반역과 반항이 가득한가? 왜 그들은 권위를 무너뜨리고 타도해야 할 것으로 말하는가? 오늘날 우리의 문화는 권위를 그다지 좋아하지 않는다. 그래서 우리 자신이 권위를 가지는 것 자체에 대해서도 부정적이 된다.[71]

권위와 권위주의는 구분해야 한다. 하나님은 권위자에게 권위를 주심으로 일하신다. 이 권위는 존중되어야 한다. 여기에서 중요한 것은 권위를 주신 것은 섬김이 그 목적이라는 것이다. 하나님은 권위자에게 하나님의 방법대로 섬기고 사랑하도록 권위를 주셨는데, 권위를 잘못 남용하기 때문에 문제가 발생하는 것이다.

이러한 사회의 분위기 속에서 사람들은 권위를 무너뜨리는 것을 올바른 것으로 인식한다. 이런 사상이 교회 안에 들어와 하나님의 말씀의 가치까지 버리게 만들었다. 사람들이 권위를 버림으로써, 결국 하나님 앞에 굴복하고 순종하는 것 마저 버리게 된 것이다. 권위주의는 버려야 하나 권위는 존중되어야 한다.

우리는 보통 권위라고 하면 유교를 떠올리게 된다. 유교적 가치관을 가지고 있는 한국사회는 권위주의적 성향이 강하다고 말한다. 그렇다면 성경과 관련된 권위와 사회의 잘못된 권위주의는 무엇이 다른가? 여러 가지를 언급할 수 있으나 예를 들어 설명해보면 다음과 같다.

가정에서 아버지는 머리요, 가장으로 책임이 있다. 즉 아버지에게 권위가 있는 것이다. 그런데 한국의 가정에서의 권위는 권위주

---

71) 앞의 책, p.42.

의로 강압적 리더십의 모습을 볼 수 있다. 때로는 술을 드신 아버지의 폭군적 권위를 연상시키기도 한다. 실제로 상담을 하다보면, 강압적인 권위를 가진 아버지 밑에서 자란 이들을 많이 만난다. 그들의 공통된 특징 중에 하나는 상처와 아픔을 많이 갖고 있다는 것이다. 아버지의 권위적, 강압적 다스림에 아픔을 느끼고 있었다.

그럼에도 불구하고 그들이 권위에 따르고 권위를 존중하는 분명한 자세를 지니고 있음을 보면서 바른 권위에 대해 다시 생각해 보게 되었다.

성경에서 말하는 아버지의 권위에 대해 살펴보자. 성경에서의 아버지의 권위는 아내를 대할 때 양육하고 보호해야 할 책임을 강조하는 권위이다. 하나님 앞에 말씀을 통해 바른 가치관을 갖고 가정을 이끄는 것이다. 자신이 원하는 대로 하는 것이 아니라 하나님이 원하시는 대로 하는 것이다. 또한 그러한 것 위에 아내를 양육해야 한다. 양육이라는 헬라어 단어는 자녀를 기를 때 사용하는 단어다. '엑트렙호'는 '기르다', '훈련시키다', '키우다'란 뜻을 갖고 있다.

요즘은 보통 아내들이 남편을 큰 아들로 칭하면서 아들처럼 키운다고 말하곤 한다. 그런데 성경은 남편들이 아내를 큰 딸처럼 생각하고 키우라고 말한다. 자녀를 양육하듯 물과 말씀으로 거룩하고 흠이 없게 키우라고 하신다. 가정의 아버지인 남편에게 하나님이 명령하신 것이다.

또한 양육할 뿐 아니라 보호하라고 한다. 이것은 헬라어 '달포'인데 '어미가 알을 품다', '귀엽게 여기다', '따뜻하게 하다', '소중히 여기다'란 뜻이다. '달포', 아내를 대할 때 '달콤하고 포근하게' 대해야 한다. 경상도 남자인 나는 참으로 달포하기에 적합지 않는 남편이었다. 그런데 하나님께서 명령하신다. 아내를 귀여워하며 따뜻한 말과 다정함으로 소중히 여기는 태도와 자세로 알을 품듯이 대하라 하신다.

다시 돌아가서 정리하면 권위를 가진 성경적 남편은 자신을 희생하신 예수님처럼 생명을 다해 아내를 보호하고 양육하는 자이다. 그리고 하나님이 주신 가장의 권위를 갖고 하나님의 말씀에 입각하여 가정을 돌보고 이끄는 것이다. 남편이 성경에 기준한 권위를 잘 사용한다면 아내들이 얼마나 행복하며 화병 없이 살겠는가? 가정을 한가지 예로 들었지만 모든 영역에서 권위자들은 성경원리에 입각한 권위를 가져야 한다. 나라의 통치자도, 교회의 지도자도, 가정의 가장도, 학교의 교사도 모든 영역에서 권위주의가 아닌 성경적인 바른 권위를 행해야 한다.

3) 권위자를 대하는 올바른 자세

그렇다면 권위자가 잘못된 요구를 할 때 어떻게 해야 하는가? 다니엘의 모습을 통해서 배움을 얻을 수 있다. 다니엘 1장 3~20절을 살펴봄으로써 그에 대한 해답을 찾을 수 있을 것이다.

> [3] 왕이 환관장 아스부나스에게 말하여 이스라엘 자손 중에서 왕족과 귀족 몇 사람 [4] 곧 흠이 없고 용모가 아름다우며 모든 지혜를 통찰하며 지식에 통달하며 학문에 익숙하여 왕궁에 설 만한 소년을 데려오게 하였고 그들에게 갈대아 사람의 학문과 언어를 가르치게 하였고 [5] 또 왕이 지정하여 그들에게 왕의 음식과 그가 마시는 포도주에서 날마다 쓸 것을 주어 삼 년을 기르게 하였으니

그 후에 그들은 왕 앞에 서게 될 것이더라 ⁶ 그들 가운데는 유다 자손 곧 다니엘과 하나냐와 미사엘과 아사랴가 있었더니 ⁷ 환관장이 그들의 이름을 고쳐 다니엘은 벨드사살이라 하고 하나냐는 사드락이라 하고 미사엘은 메삭이라 하고 아사랴는 아벳느고라 하였더라 ⁸ 다니엘은 뜻을 정하여 왕의 음식과 그가 마시는 포도주로 자기를 더럽히지 아니하리라 하고 자기를 더럽히지 아니하도록 환관장에게 구하니 ⁹ 하나님이 다니엘로 하여금 환관장에게 은혜와 긍휼을 얻게 하신지라 ¹⁰ 환관장이 다니엘에게 이르되 내가 내 주 왕을 두려워하노라 그가 너희 먹을 것과 너희 마실 것을 지정하셨거늘 너희의 얼굴이 초췌하여 같은 또래의 소년들만 못한 것을 그가 보게 할 것이 무엇이냐 그렇게 되면 너희 때문에 내 머리가 왕 앞에서 위태롭게 되리라 하니라 ¹¹ 환관장이 다니엘과 하나냐와 미사엘과 아사랴를 감독하게 한 자에게 다니엘이 말하되 ¹² 청하오니 당신의 종들을 열흘 동안 시험하여 채식을 주어 먹게 하고 물을 주어 마시게 한 후에 ¹³ 당신 앞에서 우리의 얼굴과 왕의 음식을 먹는 소년들의 얼굴을 비교하여 보아서 당신이 보는 대로 종들에게 행하소서 하매 ¹⁴ 그가 그들의 말을 따라 열흘 동안 시험하더니 ¹⁵ 열흘 후에 그들의 얼굴이 더욱 아름답고 살이 더욱 윤택하여 왕의 음식을 먹는 다른 소년들보다 더 좋아 보인지라 ¹⁶ 그리하여 감독하는 자가 그들에게 지정된 음식과 마실 포도주를 제하고 채식을 주니라 ¹⁷ 하나님이 이 네 소년에게 학문을 주시고 모든 서적을 깨닫게 하시고 지혜를 주셨으니 다니엘은 또 모든 환상과 꿈을 깨달아 알더라 ¹⁸ 왕이 말한 대로 그들을 불러들일 기한이 찼으므로 환관장이 그들을 느부갓네살 앞으로 데리고 가니 ¹⁹ 왕이 그들과 말하여 보매 무리 중에 다니엘과 하나냐와 미사엘과 아사랴와 같은 자가 없으므로 그들을 왕 앞에 서게 하고 ²⁰ 왕이 그들에게 모든 일을 묻는 중에 그 지혜와 총명이 온 나라 박수와 술객보다 십 배나 나은 줄을 아니라.

첫째, 다니엘은 권위자를 존중하며 요청하는 자세로 겸손히 대하였다. 이것이 다니엘이 지닌 태도였다. 8절의 '구하다(בָּקַשׁ 바카쉬)'라는 단어는 '간청하다, 원하다, 탄원하다'란 뜻이다. 다니엘은 환관장(권위자)에게 간청하여 부탁한다. 다니엘은 하나님의 말씀을 지키기 위해 환관장에게 무례하게 굴거나 그를 무시하지 않고 그의 권위를 존중하면서 겸손한 태도로 요청하고 구했다. 환관장은 다니엘이 무례하다고 느끼지 않았다.

둘째, 다니엘은 권위자의 의도를 알고 지혜로운 제안을 한다. 즉 간절히 요청하며 제안한다. 12절에도 '청하오니라' 는 히브리어로 감탄사에 속하며 '제발' 이란 뜻이다. 환관장의 의도를 들은 다니엘은 환관장에게 '제발' 이라고 말하며 간절히 요청한다. 독단적으로 결정하거나 행동하지 않고 권위자에게 요청한다. 그리고 다니엘 자신의 위치를 분명히 한다. 다니엘은 '당신의 종들을' 이라고 표현함으로 자신이 환관장 아래에 있음을 분명히 밝힌다. 당신의 종들이라고 말한다. 이후 그는 환관장과는 비교되지 않는 높은 위치에 오르게 되지만 지금의 위치에서는 그가 환관장의 권위 아래에 있음을 분명히 한다. 그리고 10일 동안 채식과 물을 먹게 한 후에 환관장이 염려하시는 부분에 대해 점검하시라고 한다. 다니엘은 환관장이 무엇을 염려하는지를 정확히 알고 있다.

셋째, 다니엘은 권위자에게 결정권을 넘기며 순종한다.

이는 다니엘이 권위자의 결정에 순종하는 태도를 보여준다. '10일 후에 자신들의 얼굴과 다른 이들의 얼굴을 보시고 행하소서' 라고 한다. '행하소서' 라는 말속에는 결정권이 자신에게 있지 않고 환관장 즉 권위자에게 있음을 분명히 한다. 환관장은 자신을 존중하고 인정하며 겸손히 구하는 다니엘의 요청을 무시하고 외면할 수 없었을 것이다. 다니엘은 환관장의 권위를 인정하고 그의 결정에 따르고 순종할 것을 분명히 밝힌다.

넷째, 다니엘은 자신의 생각을 버리고 하나님께 맡겼다.

권위자를 대하는 태도에는 하나님을 향한 믿음이 필요하다. 다니엘은 10일이라는 날짜를 지정하고 환관장이 염려하고 우려할 일에 대해 하나님을 믿는 믿음으로 나아간다. 10일 후에 왕이 지정한 음식을 먹는 것보다 더 윤택한 모습으로 서게 될 것을 믿었다. 15절에서 환관장은 다니엘과 친구들이 10일 후에 다른 소년들보다 아름답고 살이 윤택함으로 더 좋아보였다고 말한다. 그래서 환관장은 지정된 음식과 포도주를 제하고 그들에게 채식을 준다(15~16). 다른 소년들보다 더 윤택하고 아름답게 하신 것처럼 하나님은 다니엘을 다른 모든 이들보다 훨씬 뛰어나게 하셔서 후에 왕을 모시는 최고의 관리가 된다. 하나님은 다니엘의 믿음을 보시고 모든 이들의 머리가 되게 하셨다. 권위자에 대한 존중과 순종은 이러한 머리됨의 근거가 되었다(17~21).

다섯째, 다니엘은 최고의 권위자인 하나님의 뜻을 따랐다. 다니엘은 권위자를 존중하며 높였다.

다니엘이 앞서 말한 요청의 과정을 시작한 것은 환관장과 왕보다 더 큰 권위자이신 하나님의 율법의 말씀을 더 존중하였기 때문이다. 막상 그도 그런 요청을 하려고 할 때 두려웠을 것이다. 그러나 가장 큰 권위자이신 하나님의 뜻을 이루기 위해 하나님이 세우신 권위자를 하나님처럼 대하며 겸손한 태도와 지혜로운 제안과 순종의 자세를 가진 것이다. 하나님을 믿고 의지한다고 해서 환관장을 무시하거나 독단적으로 행동하지 않았다.

다니엘을 통해 권위자에게 어떻게 요청해야 하는가에 대한 원리를 배운다. 사울에게 쫓기던 다윗도 수차례에 걸쳐 겸손함을 잃지 않고 사울에게 간청하며 호소한다. 그는 한 번도 위협적인 자세를 취하거나 불순종하는 모습을 보이지 않았다. 옳고 그른 것보다 더 중요한 것은 권위자를 대할 때 겸손한 자세를 취하고 하나님의 인도하심을 신뢰하며 권위 앞에 굴복하고 순종하며 결정권을 맡겨드리는 것임을 기억해야 한다. 바울 역시 모든 것을 질서대로 하라고 했다. 그는 고린도 교회에 권위와 질서가 무너지고 자신의 소견대로 행동하는 사람들이 생겨나자 그런 행위를 멈추고 권위 아래에서 질서 있게 행할 것을 명령한다(고전 14:40).

자녀를 교육함에 있어 권위와 질서를 알고 순종하는 자로 키우는 것은 매우 중요한 부분이다. 인성교육에 두 번째 다루어야 할 중요한 부분이며 이것은 하나님 경외와도 맥을 같이 한다.

3. 공경과 예절교육

효와 권위, 질서 교육을 바탕으로 공경과 예절교육을 가르쳐야 한다. 여기에서 언급되는 인성교육은 모두 머리가 아닌 가슴으로 느끼고, 삶에서 실천해야 하는 것이다. 이론으로 그쳐서는 안 된다. 예전에 대학생 수련회를 인도하러 수련장에 갔었다. 그곳에서 다른 한 품성관련단체에서도 교육을 진행 중이었다. 유치원 교사를 품성교육하는 과정이었다. 그때 잠시 교육을 받고 있던 유치원 교사들과 대화를 나누었는데, 그들의 무례하고 좋지 않은 태도에 속으로 많이 놀랐다. 참여자 중 일부의 모습일 것이고 그들도 과정 중에 있음을 헤아려보더라도 매우 심각한 수준이었다.

중요한 것은 프로그램이 아니라 삶이 되도록 훈련해야 한다는 것이다. 강의형태로 한두번 연수를 한다고 될 문제가 아니다. 인격적인 관계 안에서 훈련이 이루어져야 한다. 가장 좋은 환경은 가정이다. 그 토대 위에서 다른 기관은 지원하는 형태가 되어야 한다.

유대인들에게 예절은 종교와 도덕의 문제로 간주되었다. 노인 앞에서 젊은이는 자리에서 일어서라는 계명에 잘 드러나 있다. '너는 센 머리 앞에서 일어서고 노인의 얼굴을 공경하며 네 하나님을 경외하라 나는 여호와이니라.' (레 19:32) 이 말씀을 보면 웃어른에 대한 일상의 예의 바른 행위를 하나님에 대한 경외와 연결시키고 있다. 유대인들은 권위 있는 하나님의 말씀을 구속력 있게 여기고 말씀대로 지켜 행할 것을 가르친다. 공경과 예절교육은 그러한 맥락에서 이루어진다.

유대사회 가정의 가부장적 체제, 어린이에게 부과된 암묵적 복종, 모든 연장자들에 대한 존경, 히브리인들이 삶의 모든 형태에서 강조하는 점들을 살펴볼 때 어린이 교육에서 예절훈련 역시 그들에게 아주 중요한 부분을 차지했음을 발견한다.[72] 예절교육을 위해 갖추어져야 할 것은 권위 질서를 세우고 권위에 공경할 줄 알도록 하는 것이다.

공경이란 단어는 히브리어로 '카바드'다. 이 단어의 뜻은 '무게가 나가다', '진지하게 받아들이다' 이다. '야레' 라는 히브리어도 유사한 단어인데 '두려워하다, 무서워하다' 란 뜻이다. 즉 부모를

---

[72] Fletcher H. Swift, 「고대 이스라엘의 종교교육 발생부터 AD 70년까지」, 유재덕 역, 소망, pp.92-93.

공경한다는 것은 부모님의 존재를 무겁게 여기고 부모를 두려워하며 무서워할 줄 알아야 한다는 것이다. 이에 해당되는 신약의 헬라어는 '티마오'인데 이 단어는 '존경하다, 큰 가치를 부여하다'란 뜻이다. '포보스'라는 헬라어는 '위엄이나 두려움으로 바라보다'란 뜻을 갖고 있다. 이 단어들의 공통점은 그분들의 말씀을 무겁게 여기고 존중하며 두려움과 무서움으로 대하는 자세이다. 이러한 공경함이 없기에 가정과 학교, 교회, 사회와 국가의 위계질서 및 권위가 무너져 혼란에 빠지게 된 것이다.

'공경'이라는 단어는 매우 중요한 의미를 내포하고 있다. 공경은 하나님을 경외한다고 할 때 사용되기도 하고 부모를 공경할 때 쓰이기도 한다. 하나님을 경외한다와 부모공경의 단어가 같다는 것은 하나님을 경외하는 것이 부모공경과 이어지는 것을 보여준다. 즉 부모를 공경하는 것이 하나님을 경외하는 것과도 이어지는 것이다. 그리고 공경은 하나님의 명령이다. 선택이나 권면이 아닌 명령이다. 또한 공경하지 않는 자는 하나님을 업신여기는 것이며 저주를 자청하는 것이다.

현 세대는 왜 이렇게 공경을 잃어버린 세대가 되었을까? 먼저는 제대로 된 가르침을 가정과 교회, 사회에서 받지 못했기 때문이다. 또한 각종 매스컴 등을 이용해 순종, 복종, 공경을 고리타분한 것으로 여기게 하고 친밀함, 편안함 등을 내세워 권위를 무너뜨리는 사회, 문화적인 분위기에 익숙해졌기 때문이다. 우리는 생활 속에서 웃어른을 공경하지 않는 모습을 심심찮게 본다.

어른들의 직접적인 지시를 알면서도 불순종하는 태도는 어른을 공경하지 않는 자세이다. 존댓말과 경어를 쓰지 않는 것은 공경하지 않을 뿐 아니라 무례한 태도라고 볼 수 있다. 아이들은 초등학교 저학년 교과서에서 존댓말을 배운다. 그러나 배운 것을 가정과 학교에서 실천하지는 않는다. 또한 아이들이 부모들의 결정에 공손한 태도를 보이지 않고 화를 내거나 짜증내는 것도 부모를 공경하지 않는 태도이다. 부모의 지시에 감사하지 않고 건성으로 대답하거나 귀찮아 하며 대답하는 것도 무례한 태도가 된다. 부모가 책망을 할 때, 훈계를 겸손히 받기보다 부모의 말을 무시하거나 가볍게 여기는 것도 이에 해당한다.

아이들이 부모가 부르면 '네'라고 대답하며 달려와야 하는데 도리어 부모가 오기를 기다리는 것도 공경하는 태도가 아니다. 어른을 놀리거나 비웃는 것도 하나님이 허락하신 것이 아니다. 부모의 허물과 실수, 죄를 드러내는 것 또한 무례한 것이다. 어른들이 얘기하고 있는데 끼어드는 것도 공경하지 않는 무례한 태도이다. 우리는 무례한 것임에도 불구하고 그냥 지나쳐 버림으로 아이들의 공경치 않음을 묵인해 버리고 무례함을 키워주게 된다. 무엇이 무례한 것인지 조차 잊어버리고 산다.

그렇다면 예절 바른 아이가 되도록 하기 위해 어떻게 해야 하겠는가?

첫째, 다른 사람들을 대할 때 그의 나이와 지위에 맞게 존중하고 공경할 것을 가르쳐야 한다.

레위기에서는 센머리 앞에 일어서고 노인의 얼굴을 공경하라고 하셨다(레 19:32). 바울은 디모데에게 늙은이는 아버지와 어머니처럼 대하라고 한다(딤전 5:1~2). 뭇 사람을 공경할 자로 여기고 하나님을 두려워하며 왕을 공경하라고 하신다(벧전 2:17). 부모님을 존경하는 마음으로 존댓말을 사용하여 아버지, 어머니라고 부르고, 모든 말에서부터 공경이 묻어나야 한다.

때로 장난스럽게 '아빠, 바보'라고 하거나 '엄마, 미워'라고 하는데, 이것도 용납해서는 안 될 일이다. 장난이라도 무례한 모양은 버려야 한다. 장난삼아 받아준 것이 습관이 된다. 나이가 쉰살이 되어도 엄마라 부르는 이들이 많다.

부모들은 자녀에게 애정을 얻으려하지 말고 존경을 받으려 해야 한다. 애정을 얻으려는 태도로 인해 자녀들의 예의 없는 표현들을 허용하는 것은 문제다. 그리고 어른을 욕하거나 함부로 말하는 것을 허용해서는 안 된다. 비록 어른이 잘못했다고 하더라도 허락하지 말아야 한다.

둘째, 다른 사람을 사랑하며 아끼고 배려하는 태도를 가르쳐야 한다.

때로 아이들에게 선물을 주는 이웃과 가족들이 있는데 그때 감사하지 않는 자세는 그 분들을 공경하지 않는 것이며 선물을 준비한 분의 마음을 배려하지 않는 것이다. 모든 선물을 감사하며 받도록 어릴 때부터 훈련해야 한다. 식탁에 앉아서도 감사를 가르쳐야 한다. 어머니의 정성어린 수고로 만들어진 것에 대해 무례한 태도를 보이는 아이들이 너무 많다. 또한 어른들의 인사에 침묵하는 것, 위급한 상황이 아닌데 부모님과 어른들의 대화에 끼어드는 것도 그분들을 배려하지 않는 태도다. 가장 좋은 음식을 먼저 먹으려고 하거나 편안한 좌석을 골라 앉으려고 하는 태도 역시 다른 사람에 대한 배려 없는 태도다.

셋째, 아이들의 말대답, 말대꾸를 허락하지 않아야 한다.

말대꾸는 본인의 책임을 회피하는 태도이며, 부모의 결정과 어른들의 결정에 도전하는 모습이다. 부모의 말이 사실이 아닌 거짓이라고 말하는 것과 같다. 어린 시절부터 부모에게 말대답이나 말대꾸를 하고 자란 아이들은 미래 고용주에게 미움을 받는 존재가 되고, 권위를 무시하고 복종하지 않는 태도로 인해 사회적 관계에서도 어려움을 겪을 수밖에 없게 된다. 권위자에게 "네, 아버지", "네, 어머니", "네, 선생님" 등으로 말하지 않고 말대꾸를 하는 것은 공경에서 벗어난다.

또한 먼저 "여쭈어도 될까요?", "말해도 될까요?" 라고 공손히 질문하지 않고 허락없이 어른들의 대화에 끼어드는 것도 무례한 태도다.

넷째, 부모의 지시에 겸손하고 공손한 태도로 대답을 하게 해야 한다.

공손한 답은 어른의 권위에 순복하는 겸손한 태도이다. "이 문제에 대해 제가 말씀드릴 것이 있는데 괜찮을까요?"라고 할 때 권위자는 자신이 존중받는다는 느낌과 마음을 갖는다. "제가 질문을 해도 되겠습니까?"라고 하는 것과 같이 질문 허락을 요청하는 자세도 아주 바람직한 공경의 태도다. 이러한 것들을 유치, 초등 시기의 아이들에게 가르쳐 보니 그것이 아이들에게 습관이 되어 아이들이 자연스럽게 실천해 나가는 것을 보고 놀랐다.

어른이 되어 고치려면 쉽지 않은데 아이들은 배우는 대로 어렵지 않게 실천한다. 어렸을 때의 교육이 그만큼 중요하다.

다섯째, 더러운 말을 버리고, 고운 말을 하도록 해야 한다.

요즘의 아이들은 매스컴을 통해 성인들의 말이나 통속적인 언어를 쉽게 접하고 사용한다. 에베소서 5장 4절에서는 누추함과 어리석은 말, 희롱의 말이 아닌 감사의 말을 하라고 명령한다. 더러운 말은 입 밖에도 내지 말라고 한다(엡 4:29). 도리어 은혜를 끼치는 말을 하라고 한다. 세속적인 말을 하지 못하도록 가르쳐야 하고, 아이들의 이런 말을 귀엽다고 가벼이 받아주어서는 안 된다.

유대인의 예절교육은 매우 구체적이다. 5계명을 기초한 구체적인 예절교육지침서에 이런 내용이 나온다.[73]

- 부모님이 곤히 주무실 때는 혼자 조용히 놀 것.
- 부모님이 곤히 주무실 때는 깨워서는 안 된다.
- 부모님을 찾는 전화가 오면 메모를 해 둘 것.
- 부모님 방에 들어갈 때는 반드시 노크를 할 것.
- 부모님이 자동차에 타고 내리실 때는 문을 열어 드릴 것.
- 잠 자러가기 전에 부모님께 인사할 것.
- 아침에 일어나 하나님께 감사기도하고 침대에서 내려올 것.
- 손을 씻은 후 부모님께 아침 인사를 할 것.

유대 가정에서는 부모님의 휴식을 방해하는 것 조차 예의 없는 것으로 간주한다. 이런 실제적인 지침은 예절교육에 매우 중요한 도구로 사용될 수 있다.

4. 부드러운 사랑교육 : 칭찬과 격려

1) 성경에서 살펴본 칭찬과 격려

---

73) 이영희, 「침대머리자녀교육」, 몽당연필, p.161.

하나님께서는 천지를 창조하시고 여러 차례 심히 좋았다고 말씀하셨다. '매우 좋았다(토브)' 라고 하셨다. 하나님은 모든 것을 지으시고 스스로 기뻐하시며 칭찬하셨다. 예수님께서 세례 요한에게 세례를 받으시고 공생애를 시작하실 때 하나님께서는 "이는 내 사랑하는 아들이요 내 기뻐하는 자"라고 말씀하셨다. 아버지 하나님은 아들 예수님을 내 사랑하는 아들이라고 부르시며 내가 너를 기뻐한다고 말씀하셨다(마 3:17).

하나님의 이러한 칭찬은 예수님의 순종과 사역적인 면을 칭찬하신 것이기도 하지만 그보다 먼저 당신의 아들이라는 존재 자체를 기뻐하시며 격려하고 계신 것이다. 만약 육신의 아버지가 아들에게 이렇게 이야기해도 매우 기쁘고 감격스러울 것인데 하물며 하늘 아버지가 직접 이렇게 말씀하실 때 공생애를 시작하는 예수님의 마음이 어떠하셨을지 짐작할 수 있다.

그리고 예수님의 칭찬도 살펴보자. 예수님께서는 유대인들보다 이방인들 가운데 믿음의 사람들을 많이 칭찬하시고 격려를 아끼지 않으셨다. 마태복음 8장 10절에 보면 이방인인 한 백부장에게 이스라엘 중 아무에게서도 이만한 믿음을 만나 보지 못하였노라고 하신다. 최고의 칭찬이시다. 그리고 역시 이방인인 수로보니게 여인을 크게 칭찬하신다. 예수님의 칭찬은 다른 곳에서도 잘 드러난다. 예수님은 수제자 베드로가 "주는 그리스도시오 살아계신 하나님의 아들이십니다"라고 고백하자 네 말이 맞다고 칭찬과 인정을 해주신다. "이것을 알게 하신 이는 하나님이라"고 하며 최고의 칭찬을 하신다.

이삭과 야곱을 통해서 우리는 자녀를 향한 아버지의 축복기도

속에 담긴 칭찬과 인정을 엿볼 수 있다. 야곱은 열두 아들을 향해 축복하며 칭찬과 격려를 아끼지 않는다. 아들들에 대한 삶의 평가와 그에 따른 칭찬이 그 안에 고스란히 담겨있다(창 49:1~28).

요한계시록은 하나님의 칭찬과 책망이 두드러지게 나타나는 본문이다. 일곱 교회 가운데 칭찬만 들은 교회, 책망만 들은 교회, 칭찬과 책망을 다 들은 교회가 나오는데, 그 속에서 교회를 향한 하나님의 칭찬이 어떤 것들인지 살펴볼 수 있다.

이러한 부분을 통해서 개인과 가정, 교회, 나라가 하나님으로부터 어떻게 칭찬을 받을 것인지 생각하게 된다.

자녀들에게 칭찬하는 것은 단순히 아이의 자존감을 높이는 것 이상의 성경적 근거를 갖고 하나님이 기뻐하시는 일임을 기억해야 한다. 내 자식 잘 되게 하기 위해 칭찬하는 것이 아니라 부모가 하는 칭찬을 통해 자녀들이 하나님께서 칭찬의 하나님이심을 경험할 수 있게 하기 위함이다. 사도 베드로는 나라의 통치자가 해야 할 일은 선한 일을 하는 자를 칭찬하고 상을 베푸는 것이라고 말한다. 이것은 왕들이 하나님으로부터 칭찬과 상을 줄 권한을 위임받았음을 말해준다. 부모 역시 자녀를 칭찬하고 상을 줄 권한을 하나님께로부터 위임받았음을 기억해야 한다.

2) 세 가지 칭찬의 요소

칭찬을 하려고 해도 칭찬의 구체적인 방법을 모른다면 실천할 수 없을 것이다. 내가 하는 것이 칭찬인지, 책망인지, 아부인지 분별이 안 될 때도 있다.

빌가스더 목사의 3가지 칭찬 요소를 기억하는 것은 유익하다.[74]

칭찬할 주제를 정하고 그 다음은 칭찬할 구체적인 사실을 말해주고 마지막으로는 칭찬을 통해 나와 주변사람이 얻은 유익과 혜택, 결과를 말한다. 첫째, 칭찬의 주제를 말한다는 것은 무엇을 칭찬할지를 말하는 것이다. 그 아이가 보인 사랑의 모습을 칭찬할지, 다른 사람에 대한 배려를 칭찬할지, 인내심을 칭찬할지를 정하는 것이다.

둘째, 칭찬할 주제를 정했으면 다음에는 구체적인 사실을 말해주어야 한다. 아이가 실천한 구체적인 행동, 태도, 말에 대해 칭찬하는 것이다. 칭찬은 구체적일수록 좋은데 그렇지 않으면 칭찬하는 동기의 순수성을 의심하여 오해를 불러 일으켜 오히려 자녀들이 칭찬 받는 것을 경계할 수도 있다. 그러므로 칭찬이 구체적일 때 자신의 행동, 말, 태도를 더 나은 방향으로 교정해 보려는 동기를 얻게 된다.

마지막으로, 자신의 행동, 태도, 말이 다른 사람에게 어떤 유익과 혜택을 주었는지 말해줄 때 자녀 스스로가 계속 칭찬받을 만한 행동을 하도록 그 의지를 강화시켜 주게 된다. 이런 칭찬에는 부모의 감정도 동반된다.

"네가 기쁘게 아버지의 일을 도와주니 빨리 일이 끝나고 아버지 마음도 너무 기쁘구나 너무 고맙다."

"네가 보여준 이 모습으로 인해 동생들도 본을 보고 따라하는 모습을 보니 아버지 마음이 정말 행복하단다. 사랑한다, 딸아!"

이러한 표현들은 자녀들과 깊은 사랑의 관계를 만들어 주고,

---

[74] IBLP는 미국의 홈스쿨단체(빌가스드 창설)이며 그곳에서 발간된 칭찬카드를 참조하였음.

'부모가 나를 자랑스럽게 생각하는구나' 라고 느끼게 만들어준다. 이러한 칭찬을 배우고 난 뒤 수년 동안 칭찬을 훈련하고 삶속에 적용했을 때 나의 자녀들 뿐 아니라 많은 학생들이 나에게 칭찬을 받음으로 위로를 얻고 눈물 흘리는 것을 보았다. 어떤 학생은 이런 칭찬을 처음 듣는다며 눈물을 흘리기도 했다. 많은 이들이 칭찬에 목말라한다. 위로와 격려를 원한다. 가볍게 한마디로 칭찬하는 것보다 이 세가지 요소를 담아 칭찬할 때 받는 이의 마음에 큰 파장을 일으킨다.

3) 칭찬은 훈련으로 만들어진다.

앞에서 제안된 세 가지 요소를 담은 칭찬은 일반적으로 하는 가벼운 칭찬보다 하는데 시간이 오래 걸리지만 감동도 길게 남는다. 칭찬의 격이 달라진다. 그런데 이러한 칭찬은 하루아침에 만들어지지 않는다. 오랜 훈련이 필요하다. 나도 이러한 세 가지 요소를 담아하는 칭찬에 익숙해지는데 수개월이 걸렸다. 또한 많은 부모들을 칭찬할 수 있도록 도우면서 칭찬이 습관이 되게 하는 데는 많은 훈련이 필요함을 깨달았다.

칭찬 훈련을 받은 부모들은 처음에 아이나 남편, 아내에게서 칭찬할 거리(주제)를 찾을 수 없다고 말한다. 하루 종일 아무리 생각해도 칭찬할 것이 없다고 한다. 그래서 그들에게 정 생각이 안 나면 존재 자체라도 칭찬하라고 했다. 칭찬할 것이 정말 없어서 칭찬하지 못할까? 아니다. 칭찬해야 할 대상자들의 문제가 아니라 본인의 눈이 문제다. 자녀를 키우면서도 격려와 칭찬할 거리가 보이기보다 대부분 지적하고 책망할 것만이 보이는 경우가 다반사이다. 그래서 훈련이 필요하다.

개인적으로는 6개월 정도를 매일 훈련하고 나니 자연스럽게 다른 사람, 가족들의 칭찬할 거리들이 눈에 들어왔고 여러 가지 칭찬이 쏟아지는 체험을 했다. 그리고 자연스럽게 3가지 요소가 입에서 줄줄 흘러나게 되었다. 모든 것이 그렇지만 칭찬과 격려도 삶의 습관으로 자리하는 것이 너무 중요하다. 그냥 되지 않고 훈련으로 된다. 부지런히 훈련하면 칭찬과 격려 전문가가 될 수 있다. 칭찬 전문가가 된 부모와 선생님은 얼마나 많은 사람에게 영향을 주겠는가?

남편, 아내, 자식에게 칭찬할 것이 하나도 보이지 않는다고 하던 이들이 3개월 정도의 부모대학 칭찬과정을 지나고 나면 완전히 달라진 모습을 보인다. 매주 칭찬 격려 보고서를 제출하게 하는데 단답형으로 간단했던 칭찬들이 긴 문장으로 변해가는 것을 보게 된다. 칭찬과 격려의 말로 부부 사이와 아이들과의 관계가 완전히 달라졌다고 한다. 칭찬은 받는 이도 즐겁지만 칭찬하는 사람도 더 큰 기쁨을 누린다. 부모들이 칭찬 전문가가 되어가는 모습을 보며 나 역시 기쁘다. 칭찬을 하게 되면 말하는 습관이 바뀐다. 말하는 습관이 바뀌면 인생도 바뀐다. 책망과 질책, 지적으로 일관되었던 말들이 칭찬과 격려, 용납과 사랑으로 넘치게 된다. 칭찬은 기적을 일으킨다.

4) 브래들리 볼러의 칭찬 사례

브래들리 볼러 가정은 우리 가정에게 미국 기독교 홈스쿨링에 대해 가르쳐주었고, 때로 함께 지내며 많은 도움을 주었다. 그 가정의 맏아들인 브래들리 볼러는 9살 때부터 홈스쿨을 하며 자랐고, 지금은 30대 중반의 가장이자 세 아이의 아버지이다.

　브래들리 볼러가 9살 때 겪었던 일이라고 한다. 자신들이 사는 지역은 겨울에 눈이 많이 내리는데, 눈이 많이 내린 어느 날, 어린 브래들리가 누가 시키지도 않았는데, 앞 마당의 눈을 혼자서 깨끗하게 치워둔 것이다. 이를 본 어머니가 그를 크게 칭찬을 해주었다고 한다. 어머니는 스스로 눈을 치우고 청소를 한 아들을 칭찬하며 격려해 주었다. 그런 뒤 어머니는 식사준비를 위해 집안으로 들어갔다. 그런데 몇 시간이 지나도 아들이 보이지 않자 어머니가 아들을 찾아 바깥으로 나왔다. 나와 보니 9살 브래들리는 어머니의 더 큰 칭찬을 기대하며 큰 집의 주변 몇 미터의 눈을 혼자 다 치웠던 것이다. 그 많은 눈을 혼자서 치우느라 땀을 뻘뻘 흘리면서, 어머니에게 씩씩하게 "눈을 다 치웠어요"라고 말했다고 한다. 그의 이야기를 들으며 칭찬이 얼마나 자녀에게 큰 위로와 힘을 불어넣고, 더 많은 무언가를 할 수 있도록 동기부여의 역할을 하는지 깨달을 수 있었다.

　자녀들은 부모의 칭찬을 원한다. 단순히 밥을 먹는 것으로 자녀는 자라는 것이 아니라 부모의 칭찬과 격려, 사랑으로 자라난다. 그러한 아이들이 또 다른 사람을 칭찬하고 격려하지 않겠는가? 어릴 때, 칭찬이 부족하여 세상에서 불필요한 칭찬과 격려에 목말라하는 이들을 종종 본다. 어릴 때 채워진 칭찬과 격려가 아름다운 인격, 건강한 마음을 갖게 만든다. 브래들리 볼러와 함께 지내면서 그가 자녀들에게 칭찬과 격려를 자연스럽게 하는 모습을 보았다. 어릴 때부터 받아온 칭찬이 훈련이 되어 다시 자신의 삶에서 그대로 묻어나는 모습은 참으로 아름다웠다.

이러한 것을 훈련할 수 있도록 부모대학을 세웠다. 칭찬과 격려 교육법을 훈련하는데 매주 보고서를 제출하게 한다. 칭찬은 훈련이기 때문이다. 10주, 20주 매주 보고서를 내면서 변해가는 부모의 모습을 보는 것은 참으로 큰 위로가 된다. 때로는 알지 못해 행하지 않는 이들도 많다. 자녀의 기를 살려주기 위해 칭찬과 격려를 아끼지 말아야 한다. 자녀의 눈을 보며 다정한 눈빛으로 칭찬하는 것이 얼마나 강력한 능력을 주고 사랑의 관계를 맺게 하는지 모른다. 한두 번 하고 그칠 것이 아니라 자녀가 나이가 들어 어른이 될 때까지 이러한 칭찬과 격려는 필요하다. 사랑하는 부부사이에, 자녀와의 관계에, 함께 일하는 동료 및 수직적인 관계에서도, 교회 안에서도 다 적용할 수 있는 귀한 것이다. 그래서 칭찬은 고래도 춤추게 하는 것이라고 말한다. 인성교육에는 칭찬, 격려가 필수적이다.

5) 나쁜 칭찬

모든 칭찬이 다 좋은 것은 아니다. 칭찬이 부작용을 가져올 수도 있다. 특히 외모를 칭찬하는 것은 성경적 칭찬과는 맞지 않다. 외모는 천부적으로 주어지는 것이기 때문이다. 더구나 오늘날과 같은 외모지상주의 시대에 외모를 칭찬하는 것은 그것을 우상시하게 만든다. 또 성적이나 업적 등 실적과 결과 위주의 칭찬도 조심해야 한다. 칭찬인지 비난인지 모를 비꼬는 식의 칭찬도 나쁜 칭찬에 속한다. 잘못된 칭찬, 나쁜 칭찬은 도리어 관계를 악화시키기도 한다.

6) 좋은 칭찬

좋은 칭찬은 결과보다 과정을 칭찬한다. "좋은 성적을 받았구나 네가 부지런히 공부하고 꼼꼼히 점검하며 과목별로 애쓰는 모습을 옆에서 지켜보았단다. 아버지는 너의 그런 모습에 정말 기뻤다. 자신의 일에 성실한 네 모습을 보니 앞으로 어떤 일을 하더라도 잘 할 수 있을 것 같구나. 네 미래가 기대가 된다." 성적에 대해 격려하면서 그 과정까지 칭찬하면, 자녀의 더 큰 열심과 성실을 불러 오는 동기부여가 된다.

이것은 자연스럽게 그 사람의 내면의 아름다운 성령의 열매를 칭찬하는 것이 된다. 믿지 않는 이들에게도 아름다운 품성의 가치를 말해줌으로써 품성을 계발하도록 돕는 역할을 할 수도 있다. 성령의 아홉가지 열매와 관련하여 칭찬할 수도 있다.

말 뿐 아니라 얼굴 표정과 온 몸으로 칭찬하는 것이 좋다. 어린 아이가 아버지의 칭찬을 듣기 위해 자신이 그린 그림을 가져오는 장면을 상상해보라. 아이가 아버지의 환한 미소와 밝은 목소리, 눈빛과 함께 감탄과 칭찬을 듣게 된다면, 곧 아이의 얼굴은 밝아지고 미소 띤 얼굴로 '정말 제가 잘 그렸나요' 라고 말하는 것을 보게 될 것이다. 그런데 만약 아버지가 무표정하게 '잘했네' 한마디를 하거나 아니면 별로 만족스럽지 않은 표정으로 무심코 대답

한다면 그 아이의 표정이 어떨지 보지 않아도 쉽게 짐작할 수 있다.

그리고 칭찬은 즉시 하는 것이 좋다. 시간이 지나고 나서 그때 격려하고 칭찬을 했어야 하는데라는 생각이 들 때가 종종 있다. 칭찬도 타이밍이 중요한 법이다. 또한 칭찬할 때 일관성 있게 칭찬하는 것이 좋다. 같은 사안인데 부모의 기분에 따라 달라진다면 자녀들은 큰 혼돈에 빠지게 되고 옳고 선한 일을 행할 동기를 잃어버리게 될 것이다.

7) 이렇게 칭찬하라!

첫째, 편지로 칭찬하라. 자주 한다면 짧고 굵게 하는 것이 좋다. 작은 카드를 준비해두고 수시로 칭찬카드를 써주는 것은 매우 효과적이다. 하루에도 여러 번 나는 딸 아이에게서 그림카드를 받는다. 아이들은 이러한 카드를 주고 받는 것을 즐거워하고 좋아한다. 말로 하는 것은 카드로 써서 주는 것보다 여운이 짧은 법이다. 글로 적으면 다시 칭찬할 것들이 떠오르게 되고 자녀의 장점에 대해 구체적으로 생각해 볼 수 있는 계기가 된다.

둘째, 선물로 칭찬하라. 부담스러운 비용보다 저렴한 선물을 한 번씩 하는 것이 좋다. 선물은 칭찬의 또 다른 표현이 된다.

셋째, 특별한 이벤트로 칭찬하라. 서프라이즈 파티, 외식은 무엇을 열심히 한 것에 대한 결과이자 상의 개념을 갖고 있다. 단, 너무 자주하는 것은 효과가 떨어진다.

넷째, 공개적으로 사람들 앞에서 칭찬하라. 아이가 듣는 자리에서 의도적으로 자녀를 칭찬하면 자녀는 '부모가 나를 자랑스럽게 생각하시는구나'라고 느끼고 자부심을 갖게 되며, 서로에 대해 깊은 사랑의 관계가 형성될 수 있다. "우리 아이는 내가 보니 끈기가 참 많아요. 내가 지시한 일이 있는데 좀 힘들고 어렵고 시간이 많이 걸리는 일이었는데 제가 지시한 일은 끝까지 인내하며 해냈어요. 너무 자랑스러워요."라고 다른 사람들 앞에서 자녀를 칭찬해 보자.

다섯째, 다른 이들로 하여금 내 아이를 칭찬하도록 요청하라. 종종 나는 교회의 부모들로부터 자녀들에 대해 들은 것으로 아이들을 칭찬할 때가 있다. 그때 칭찬을 들은 아이들이 큰 힘을 얻고 칭찬과 인정, 격려에 기뻐하는 모습을 보았다.

이외에도 다양한 방법들이 많을 것이다. 날마다 계발하여 노력한다면 모두가 칭찬전문가가 될 것이다. 이런 칭찬으로 자녀가 춤출 수 있게 해준다면 유익할 것이다.

8) 칭찬을 받았을 때 반응과 태도

보통 칭찬을 받으면 다음과 같이 반응한다.
"뭘요."
"과찬의 말씀이에요."
"별로 한 것이 없어요."
이것은 칭찬을 받는 바른 모습이 아니다. 칭찬을 받으면 그러한 칭찬에 감사를 표하고, "그렇게 칭찬해주시니 너무 감사합니다. 이러한 것을 하도록 부모님(또는 목사님, 선생님)이 지도해주셨습니다."와 같이 권위자와 다른 이들에게 영광을 돌리는 것이 칭찬에 대한 바람직한 반응이라고 할 수 있다.

그리고 칭찬 받은 것에 감사를 표현하고, 또 다시 칭찬을 돌려줄 수 있다. 예를 들면 "당신이 이렇게 칭찬해주시니 피곤하고 지쳤던 마음에 힘을 얻게 되었어요. 너무 감사합니다. 칭찬해주시는 모습에서 배려와 사랑을 느꼈습니다. 사랑이 많은 분이신 것을 깨닫습니다." 또는 "제가 그 일을 하고 제대로 하지 못했나 풀이 죽어 있었는데 이렇게 격려해주시니 큰 힘이 되고 더 열심히 해야겠다는 마음이 생겼습니다. 감사합니다."라고 할 수 있다.

칭찬을 하는 것도 중요하지만 칭찬을 받는 것 또한 중요하다. 어른들이 아이들에게 칭찬하는데 아이가 아무런 인사를 하지 않거나 도망가 숨어버리는 경우를 종종 본다. 아이의 성향에 따라 다르겠으나 칭찬 받는 훈련을 통해서 더 성숙한 태도로 칭찬을 받을 수 있도록 가르쳐야 한다.

9) 칭찬의 부작용

한때, 칭찬의 부작용을 부각시킨 책이 나와 이슈가 된 적도 있다. 무엇이든 부작용이 있기 마련이다. 칭찬을 지혜롭게 하지 않으면 상대가 교만해진다든지, 칭찬하지 않으면 그 일을 하지 않는 현상이 나타날 경우도 생길 수 있다. 이러한 것들은 부모가 칭찬의 올바른 원리와 칭찬에 대한 바른 이해를 바탕으로 사전에 쉽게 해결할 수 있는 부분인데 제대로 된 칭찬을 배우지 못해 부작용이 생기는 것이다. 그러나 한국 사회에서는 여전히 칭찬에 인색한 분위기가 보편적이므로 부작용이 좀 있더라도 칭찬이 먼저 선행되어야 한다고 생각한다. 요즘은 간혹 젊은 부모세대들의 균형 잃은 무분별한 칭찬이 난무하면서 아이들을 버릇없이 만들거나 자기만 아는 이기적인 아이로 자라게 하는 것을 보게 된다. 조심해야 할 일이다. 그렇지만 칭찬의 부작용 때문에 칭찬 자체를 버려서는 안 된다.

5. 엄한 사랑교육 : 책망, 매, 벌

교육의 대상인 인간이 어떤 존재인지 즉 선한 존재인지 악한 존재인지에 대한 분명한 성경적 이해가 없으면 교육은 혼돈에 빠진다. 교육사 속에 오랜 논쟁이 있으나 성경은 선명하게 말해준다.

앞에서 살핀 칭찬과 격려 교육법이 부드러운 사랑의 표현이라면 매 교육은 엄한 사랑교육법이라고 할 수 있다. 사랑에는 부드러운 면도 있지만 딱딱한 면도 있다. 부드러운 사랑에 그친다면 도덕과 윤리를 제대로 가르칠 수 없으며 성경적 교육을 온전히 이룰 수 없다.

매와 관련하여 살펴보면 다음과 같다. 앞에서 고집을 꺾기 위해 3가지를 제시했다. 책망과 벌 그리고 매 교육법이다. 이 세 가지는 죄인인 인간에게 반드시 필요한 요소다. 이것의 성경적 근거는 이미 앞에서 자세히 살폈다.

성경에서 분명히 책망, 매, 벌에 대해 언급하고 있는데도 불구하고 많은 그리스도인들이 외면하는 것일까? 부모가 매를 사용할

지를 결심하는 것은 하나님을 향한 믿음의 행위라고 테드 트립은 말한다.[75] 보통 부모들은 아이들을 너무 사랑해서 매를 들지 못한 다고 한다. 그러나 성경에서는 매를 들지 않는 부모는 자식을 미워하는 것이며, 일찍부터 부지런히 매를 드는 것이 자녀를 사랑하는 것이라고 말하고 있다. 매를 들지 않는 부모가 좋은 부모인줄 알고 어떻게 해서든지 매를 들지 않고 교육해 보려고 애를 쓴다. 이것은 성경에 대한 무지에서 비롯된 것이다.

왜 이런 사고가 형성되었을까? 그것은 바로 성경에 반하는 현대 교육학과 인본주의적 교육 철학자들의 영향때문이다. 그리고 매를 들면 혹시라도 아이가 나를 거부하거나 상처를 받게 되지 않을까 걱정하기 때문이다. 그러나 하나님은 분명히 매를 들라고 말씀하신다. 성경은 엘리 제사장과 다윗의 자녀교육 실패의 원인을 아이가 원하는 대로 내버려 둔 채 잘못된 것을 하지 못하도록 금하거나 막지 않았기 때문이라고 분명히 말씀하신다.

부모가 리더십을 가져야 한다. 하나님이 주신 권위를 내팽개치고 자녀에게 애정과 사랑을 구걸하는 부모가 되어서는 안 된다. 성경을 통해서 100% 매에 대한 확신을 갖지 못하기 때문에 계속 바람에 나는 겨처럼 확신 없이 흔들린다. 책망, 매, 벌을 주지 못하는 것은 세상적 철학자들의 잘못된 가르침[76]과 체벌에 대한 아주 부정적인 관점 때문이다. 성경의 가르침인지 인본주의 교육학의 가르침인지 구분해야 한다.

---

75) 테드 트립, 「마음을 다루면 자녀의 미래가 달라진다.(부모를 위한 가이드북)」, 김창동 역, 디모데, p.110.
76) 이광복, 「GBS교수법」, 흰돌, p.37-41.

여기에서 한 가지 언급할 것은 체벌과 학대를 구분해야 한다는 것이다. 체벌은 사랑의 매라고 볼 수 있다. 감정에 휩쓸려 자녀를 함부로 때리는 것은 폭행이다. 체벌은 차분한 마음과 감정의 상태로 단호하게[77] 3~5대 사이를 때리는 것이다. 매는 잠언 말씀처럼 미련하고 어리석은 생각과 고집을 쫓아내는 역할을 한다. 그러나 폭행은 감정적인 폭발상태에서 무차별적으로 가해지는 것이다. 사랑의 매는 30센티 내외의 길이와 손가락 정도의 굵기의 도구로 3~5대 사이를 경중에 따라 평온한 상태에서 이루어져야 한다. 아이의 가슴을 안고 절도 있게 엉덩이와 허벅지 부분에 때린다.

> 매를 아끼는 자는 그의 자식을 미워함이라 자식을 사랑하는 자는 근실히 징계하느니라(잠 13:24).

하나님은 사랑하는 자녀를 징계하신다고 하셨다. 하나님도 매를 사용하셨다. 이스라엘을 사랑하셨기에 못된 버릇을 고치시려고 수많은 주변 나라를 매로 이용하셔서 작은 이스라엘을 치셨다. 그것은 미움이 아닌 사랑의 또 다른 표현이다. 매는 사랑의 표현이고 어리석고 미련한 것을 쫓아내기 위함이다.

성경은 학대와 폭행을 반대하지만 사랑의 매는 반드시 필요한 것으로 본다. 특히 권위에 도전할 때는 반드시 매를 들어 다루어야 한다. 다시 같은 죄를 짓거나 고집을 부리지 않도록 경고해야 한다. 그리고 매를 든 이후에는 안아주고 축복해주며 가르침을 주는 과정이 필요하다.

---

77) Michael & Debi Pearl, 「온전한 훈련, 기쁨으로 크는 자녀」, 홈앤스쿨, p.102.

그리고 매는 어릴수록 효과가 크다. 그러나 아이들이 중학생이 넘어서면서부터는 되도록 많은 대화를 통해 자녀들의 문제를 다룰 필요가 있다. 매도 절제가 필요하다. 아무리 좋은 것도 적절히 사용할 때 유용한 법이다.

6. 역사(고난)교육

1) 잃어버린 역사 교육하기 : 창세기 1~11장의 잃어버린 역사를 가르치라!

역사를 교육하는 것은 매우 중요한 일인데 대한민국이 주변국에 비해 역사교육이 약하다는 것은 이미 알려진 사실이다. 역사교육에 집중하지 않는 것은 멀리 내다 볼 때 나라를 망하게 하는 지름길이다.

우리나라 교과서에서 배우는 역사는 고조선부터 시작한다. 그러나 성경은 고조선 이전의 역사를 분명히 말하고 있는데 창조로부터 노아 홍수사건에 이르는 역사다. 대한민국에서는 역사라 하면 고조선과 단군을 기억한다. 그러나 성경은 하나님으로부터 천지창조와 아담과 하와로 시작한다. 이것은 신화나 소설이 아니라 역사며 사실이다. 그래서 성경은 구체적인 사람의 연수를 기록한다.

그리스도인들은 역사를 교육할 때, 천지창조로부터 시작해야 한다. 이것은 다른 말로 한다면 하나님으로부터 역사를 가르쳐야 한다는 말이다. 진화론의 인류의 기원과 시작의 가설은 성경과 배치된다. 따라서 창조론에 입각한 역사교육이 필요하다. 창세기 1장~11장까지는 인류 공통의 역사다. 12장부터 아브라함의 이야기가 등장하며 이스라엘의 구체적인 역사가 시작된다. 모든 인류는 하나님으로부터 시작하여 아담의 후손이며 노아 이후 셈, 함, 야벳의 후손들이다. 그래서 1~11장까지의 역사를 자세하게, 구체적으로 가르쳐야 한다. 인간 뿌리와 근본을 알게 하는 교육이기 때문이다.

8년 전쯤 기독교 역사학자와 신학자들이 모여서 기독교역사 심포지엄을 한 적이 있다. 그때, 홈스쿨 아버지이자 교사로서 심포지엄에 참여했는데 아주 유익한 시간이었다. 그 내용이 기독교와 그리스도인들이 크게 관심을 기울이지 않는 부분인데도 이름 없이 연구에 매진해 오신 이들을 보며 큰 감동을 받았다. 특히 성경적 역사관과 창세기 1~11장의 과학적인 근거에 대해 설명하는 방식으로 진행된 그 강연은 큰 도움이 되었다.

그 후에, 아이들과 함께 홈스쿨링을 하면서 먼저 창세기 1~11장의 역사를 중심으로 공부했다. 그 시간은 아이들 뿐 아니라 나 자신에게도 큰 도움이 되었다. 공부를 하는 동안 내 몸에 노아(할아버지)의 피가 흐르고 있다는 것, 그리고 하나님께 칭찬을 들은 당대의 의인이신 그분이 우리의 선조라는 것이 대단한 자부심으로 마음에 자리했다. 이보다 더한 가문의 자부심이 어디 있겠는가? 큰 감동으로 아이들과 함께 역사공부를 했던 것을 잊지 못한다. 지금도 내 몸에 에녹, 노아 할아버지의 피가 흐른다고 생각하면 흥분이 된다. 온 인류는 노아 할아버지의 후손이다.

2) 역사를 말하려면 모세오경과 나머지 성경을 원어, 히브리적

세계관으로 연구하라!

　기독교 안에도 역사에 대해 말하는 기관들이 있고 개인도 있다. 그런데 기독교라는 같은 울타리 안에서도 얼마나 견해와 주장이 다양한지 혼란스러울 정도다. 그것은 성경에 대한 해석의 차이에서 오는 것이다. 그러나 성경의 해석은 교단과 교파의 관점이나 개인적 소견의 토대에서 이루어져서는 안 된다. C.S 루이스의 말처럼 어느 교파의 부분이 아닌 기독교의 고유한 가치를 중심[78]으로 하는 히브리적 즉 성경적 관점에서의 이해가 필요하다고 본다. 역사의 영역도 다르지 않다.

　먼저 성경은 창세기 이후 요한계시록까지 역사 속에서 기록된 것이다. 역사를 이해하려면 먼저 인류 공통의 역사(창 1~11장)와 이스라엘의 역사 속에 하나님이 어떻게 역사하시고, 어떻게 이끌어 가시는 지를(창세기 12장~말라기까지) 자세히 살펴야 한다. 앞 장들에서도 언급했듯이 성경의 원어적 의미와 성경에 기록된 당시의 히브리적 세계관으로 연구해야 한다. 그래서 신실한 유대인 그리스도인 목사들의 도움이 필요하다.

　특히 역사서를 중심으로 하나님의 일하심과 축복과 저주의 이야기를 잘 살피는 것이 필요하다. 유대인들이 모세오경 즉 토라를 생명처럼 암송하고 묵상하고 지키려는 노력은 그 말씀이 하나님이 직접 주신 계시의 말씀이자 법이기 때문이다. 모세오경 즉 토라는 원리이기에 가장 중요하다. 원리를 토대로 그것을 잘 지켜 행할 때 하나님이 복을 주시고 그렇지 못할 때 말 안 듣는 자식을

---
78) C.S 루이스, 「순전한 기독교」, 엄성옥 역, 은성, p.4.

매로 다스리듯 벌을 주신다. 모세오경과 구약의 나머지 성경 그리고 신약을 보면 역사를 어떻게 이해해야 할지 알게 된다.

성경 속 인물 중 느헤미야는 제사장이나 선지자가 아니었지만 이스라엘의 고난과 고통의 원인을 정확히 파악한다. 그것은 이스라엘 자손이 주께 범죄하고 주를 향해 크게 악을 행하며, 하나님이 모세에게 명령하신 계명과 율례와 규례를 이스라엘이 지키지 않았기 때문이라고 말한다. 그래서 그는 모세에게 주셨던 약속의 말씀으로 하나님께 간구한다. '너희가 범죄하면 내가 너희를 여러 나라 가운데 흩을 것이요 만일 내게로 돌아와 내 계명을 지켜 행하면 쫓긴 자가 하늘 끝에 있을지라도 그들을 모아 돌아오게 하리라' 고 말씀하셨던 것을 기억해 달라고 기도한다. 느헤미야는 눈물로 금식하며 자신의 죄와 조상들의 죄를 용서해 달라고 회개 기도를 드린다. 느헤미야의 역사에 대한 이해는 모세오경을 토대로 이루어지고 있다. 자신들의 고통과 실패는 하나님께서 주신 계명과 율례와 규례를 지키지 않았기 때문이라고 인식하고 있다. 모세가 말한 대로 율법을 지킬 때 다른 나라에 흩어졌던 자들을 다시 모으시겠다고 하신 것을 기억하며 실패의 원인과 문제의 해결책을 모세의 법에서 찾고 있다. 그래서 그는 이 율법 준수를 위해 왕궁의 화려한 생활을 버리고 폐허가 된 예루살렘으로 간다. 백성들의 마음을 하나님께로 다시 돌이키기 위해서다.

구약을 통한, 특히 모세오경을 통한 원리 위에 역사가 어떻게 펼쳐지고 있는지 생각하며 다른 성경을 살펴야 한다. 역사의 승리와 패배가 어떻게 이루어졌는지 제대로 연구함이 없이 이 시대의 역사에 대해 말하는 것은 매우 위험하다. 세상의 인본적 역사관을 통해 시대를 바라보면 기독인들도 좌와 우로 나뉘어 싸우게 될 것이다. 성도들의 영혼을 지키는 목회자들이 역사에 대한 바른 성경적 이해를 바탕으로 먼저 깨어 있어야 한다. 역사에 대한 성경적인 바른 이해가 없으면 교회 안에 인본주의적 역사관이 들어와 신본주의적 이해를 무너뜨리게 될 것이다. 역사 뿐 아니라 교육, 문화, 경제, 영적인 세계 등 모든 영역에서 골리앗 같은 공격이 더 거세질 것이다.

3) 패배의 날을 기억하게 하라!

유대인들은 항상 노예 출신이었던 자신들의 과거를 기억하고 가르친다. 패배한 날을 잊지 않고 더 기억하려고 애쓴다. 노예였던 조상들의 삶을 부끄러워하지 않고 분명한 역사로 가르친다. 창세기 12장 1절은 이스라엘의 선민 역사의 시작을 알리는 말씀이다. 그러나 그들의 역사는 고난의 연속이었다. 애굽에서의 400년 노예생활, 40년 광야생활, 포로 70년 생활, 로마에 의한 멸망, 전 세계로 흩어져 디아스포라 유랑생활, 유럽의 반유대주의 팽창, 유대인 거주 지역 제한(게토지역), 흑사병 사건으로 인한 100만 유대인 학살, 나치의 600만의 학살 등이 그것이다. 그러나 이러한 수난 속에서도 유대인들은 끈질기게 살아남아 세계 각국에서 지도자로 두각을 나타내고 있다. 유대인을 핍박했던 민족들은 역사의 뒤안길로 갔으나 그들은 여전히 건재하다. 그래서 그들의 샬롬이라는 인사는 인상적으로 다가온다.

한국 사람들은 수치스러운 자신의 집안 역사는 지우고 대부분 좋은 것만 족보에 남겨둔다. 이것이 인간의 본성일 수 있으나 하나님은 이스라엘의 역사 가운데 수치스러운 역사를 결코 지우지 못하도록 하셨다. 이것이 그들의 역사관이다.

4) 수치스러운 조상의 역사를 낱낱이 가르치라!

성경에는 아브라함의 거짓말과 이삭의 거짓말, 야곱에게 4명의 부인이 있었던 기록과 르우벤의 계모 강간사건과 같은 이야기가 여과 없이 그대로 기록되고 있다. 그리고 선지자들의 입을 통해 이스라엘의 죄악상이 낱낱이 고발된다. 이러한 죄악상을 자녀들에게 그대로 가르친다. 그 대표적인 기록이 사무엘상하의 사울과 다윗의 이야기다. 사울 뿐 아니라 하나님의 마음에 합한 다윗의 강간, 살인 사건 역시 자세히 기록되고 있다. 이것이 하나님의 역사기록방식이자 교육방법이다. 유대인들은 매일 토라를 읽으며, 율법을 지키지 않으면 매를 맞게 되고 하나님이 고통을 주신다는 것을 배운다.

우리나라도 조국의 수난의 역사를 가르칠 필요가 있다. 조부모와 부모를 통해 가족과 나라의 고난과 수치의 역사를 가르쳐야 한다. 일본 강점기 속에 어떤 고난과 고통을 당했는지 분명히 가르치지 않으면 역사는 되풀이 된다. 그리고 우리의 역사도 성경의 렌즈로 분별할 필요가 있다. 이것은 역사에 대한 자세한 설명과 기록, 그리고 성경에 근거한 역사에 대한 바른 인식으로 다시 같은 실패 위에 다음 세대가 서지 않도록 하기 위함이다. 고린도전서 10장에서 과거 이스라엘의 광야에서의 실패를 기록한 것은 지금, 그 역사가 반복되지 않도록, 잘못된 길을 따르지 않도록 하기 위함이라고 말씀하신다. 귀담아 들어야 할 대목이다.

망각은 멸망을 자초하는 법이다. 그들은 어떻게 하든지 망각하지 않기 위해 노력한다. 그래서 그들에게 '기억하라'는 말씀은 잊지 못할 단어다. 유대인의 고통과 노예생활과 흩어짐은 죄로 인한, 즉 하나님의 법을 떠남으로 생긴 문제였기 때문이다. 그래서 회개의 삶은 너무나 중요하다. 다시 그 고통으로 가지 않기 위한 필수적인 과정인 것이다. 더불어 자신들을 학대했던 민족을 이기기 위해 그들은 실력을 키웠다. 고통이 약이 되는 것이다.

그들은 절기를 통해서 이러한 교육을 아주 실제적으로 시킨다. 유대인의 모든 예식과 절기는 과거의 사건을 통해서 오늘과 내일의 교훈을 얻으려는 목적을 가지고 있다.[79] 초막절이 되면 뒷마당에 직접 초막을 지어 자녀들을 교육한다. 그 초막에서 일주일 동안 먹고 지내면서 4천년 전의 역사를 재현한다. 유월절에는 쓴 나물, 고난의 떡과 잔을 마신다. 노예생활의 아픔을 기억하도록 하

그들은 역사를 결코 잊지 않는다. 패배의 역사를 다시 되풀이하지 않기 위해 철저히 실패의 역사를 가르친다.

다음세대인 자녀들에게 실패와 고통의 역사를 가르친다. 뮤지움에서 고난의 역사를 교육하는 모습

---

79) 김형종, 「유대인 천재교육 프로젝트」, 플레이온콘텐츠, p.101.

기 위해서다. 그리고 달걀을 삶아 먹는다. 고난을 받았을 때 단단해진다는 것을 달걀을 통해 가르친다. 하나님께로 돌이키게 하기 위해 하나님께서 고난을 주신 것임을 기억하게 한다.

홀로코스트 박물관 제일 마지막 코스에 이런 글귀가 있다. '세상은 3가지로 움직이는데 토라, 하나님을 경외하는 예배, 인자한 마음 - 용서하되 결코 잊지 말아야 한다' 는 것을 가르쳐주고 있다.

이스라엘 야드바셈 박물관에 있는 홀로코스트 희생자들의 사진과 이름이 기록된 곳. 자신들의 수치스러운 역사를 낱낱이 가르쳐 다시 그러한 역사가 반복되지 않게 한다. 야드 바셈 명단.

서대문형무소의 대형 태극기 앞에서. 매년 2회 잊지 말아야 할 역사 박물관을 견학하고 있다.

서대문형무소에서 고난의 역사교육

일본의 만행을 고발하는 위안부 사진전.

결코 잊지 말아야 할 역사. 어린 자녀들에게 철저히 교육해야 할 수치스러운 이야기이다.

다음 세대에게 반드시 가르쳐야 할 사건들이 많다.

6. 성경적 인성교육 209

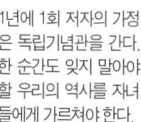

매년 3.1절과 8.15 광복절을 맞아 독립기념관 등으로 고난의 역사 탐방을 간다. 가족 단위로 함께 떠나는 고난의 역사 탐방.

1년에 1회 저자의 가정은 독립기념관을 간다. 한 순간도 잊지 말아야 할 우리의 역사를 자녀들에게 가르쳐야 한다.

5) 가장 행복할 때 불행을 이야기하라![80]

유대인들은 결혼식에서도 고난을 생각한다. 가장 기쁘고 행복한 날에 불행을 생각한다. 결혼식 순서 중, 유리잔을 수건에 싸서 발로 밟아 깨는 순서가 있다. BC 586년 바빌론이나, 로마에 의해 예루살렘 성전이 파괴된 것을 기억하기 위해서 유리잔을 깨면서 그때 이스라엘의 운명이 산산조각 났음을 잊지 않기 위해서이다. 하나님의 말씀을 떠날 때 이렇게 깨어진다는 것을 보여준다. 또한 원상복구할 수 없음을 보여준다.[81] 결혼식에서조차 예루살렘의 성전 파괴가 왜 이루어졌는지를 결코 잊지 말라고 가르친다. 포도주 잔을 깨는 것은 육체적으로 가장 기쁜 날에서조차 고난의 날을 잊지 말라고 하는 예식순서이다.

6) 시각과 청각으로 경험하게 하라!

---

80) 현용수, 「IQ는 아버지 EQ는 어머니 몫이다」, 쉐마, p.299.
81) 김형종, 앞의 책, p.101-102.

결혼식에서 포도주 잔을 깨는 것은 그 자체가 시청각 교육이 된다. 홀로코스트 박물관이 미국에만 20개가 있는데, 유대인들은 일 년에 한번은 그곳을 꼭 방문한다. 박물관 교육을 많이 한다. 그들은 가는 곳마다 고난의 역사박물관을 짓는다. 여름방학 때마다 이스라엘에 가서 제일 먼저 통곡의 벽을 찾는다. 그곳에서 나라와 민족의 번영을 위해 기도하고 대학살박물관에 찾아간다. 그곳의 입구에는 살아있는 유대인을 죽여 만든 비누공장을 재현해두었다. 나치의 학살을 직접 보고 느끼게 만든다. 처음 이곳을 찾은 사람들은 일주일 동안 밥을 먹지 못할 정도라고 한다. 박물관을 관람하고 나올 때는 학생도 성인들도 내가 열심히 공부하고 일해서 우리 동족을 위해 살아야겠다고 다짐한다. 눈물을 흘리며 조국의 영광을 위해 헌신을 결단한다. 이러한 교육을 바탕으로 전세계에 흩어져있는 디아스포라들이 하나로 뭉친다. 그리고 이런 교육이 있었기에 6일 전쟁에서의 승리가 가능했다.

대한민국도 독립운동가들을 고문한 서대문형무소를 실제와 같이 재현하여 교육의 장으로 사용하여야 한다. 유관순 열사의 희롱당함과 고문당함을 재현하고 전쟁, 성노예 등의 고난의 역사를 사실 그대로 가르쳐야 한다.[82]

7. 지혜교육

---

[82] 현용수 박사의 쉐마목회자클리닉 1학기 인성교육강의 중에서 발췌.

현용수 박사는 4차원 유대인의 영재교육에서 가장 고차원적인 교육이 지혜교육이라고 말한다.[83] 그들 유대인은 교육의 많은 시간을 지혜교육에 두고 있으며 지혜를 다른 교육보다 우선하여 기초를 세웠다. 전 세계적으로 탈무드는 지혜의 책으로 유명하다. 잠언 4장 7절에서는 "지혜가 제일이니 지혜를 얻으라 네가 얻은 모든 것을 가지고 명철을 얻을지니라"라고 말씀하신다.

예전에 이 말씀을 연구했을 때, 이런 질문을 던졌다. '예수님이 제일이고 하나님이 제일인데 왜 잠언에서는 지혜를 제일이라고 하였을까? 지혜가 하나님보다 예수님보다 더 중요하다는 것인가? 잠언에서 말하는 지혜가 제일이라는 말은 무슨 의미일까?'

그러다 하나님께서 깨달음을 주셨다. 이것은 하나님보다, 예수님보다, 지혜가 더 중요하다는 말이 아니라 삶에 있어 지혜보다 더 중요한 것이 없다는 말씀이었다. 교과교육보다 더 중요한 것이 하나님이 주신 지혜를 알고 행하는 것이다. 삶의 현장에서도 정말 중요한 것은 지혜이다. 지혜로운 사람이 성공하는 삶을 살고 다른 사람에게 인정받으며 행복한 인생을 살 수 있다.

그러면 지혜를 어떻게 가르칠 수 있는가?

잠언과 지혜서 뿐 아니라 모세오경은 하나님의 율법으로 하나님의 수많은 지혜가 담겨 있다. 모세오경을 가르치고 토론하는 것은 매우 중요한 지혜교육이 된다. 율법은 지혜의 결정체이다. 율법을 하나하나 살펴보면 삶의 지혜들이 고스란히 담겨있다.

그리고 성경의 인물을 통해서도 우리는 지혜를 배운다. 노아는 가정을 탁월하게 이끈 훌륭한 지혜자이며, 그의 지혜와 거룩함은

---

[83] 현용수, 「유대인 아버지의 4차원 영재교육」, 쉐마, p.229.

결국 방주를 만들어 온가족을 살리게 된다. 아브라함의 믿음과 순종도 지혜로 연결된다. 그의 지혜로움은 순종과 믿음으로 연결된다. 사라는 지혜롭게 남편에게 순종함으로 히브리서 11장에서 말한 것처럼 온전한 구원을 얻었다. 이삭과 야곱의 지혜를 본다. 그에 반해 르우벤은 지혜 없이 행동함으로써 장자권을 빼앗기고 유다와 요셉이 그 권한을 이양 받는다. 어리석음은 지혜의 반대다.

모세가 하나님으로부터 받은 율법은 지혜의 책이다. 십계명 이하 율법을 잘 지켜 행할 때 즉 지혜로 순종할 때 놀라운 복이 넘친다. 지혜로운 자와 그렇지 못한 모든 이들을 통해 우리는 지혜를 배울 수 있다. 성공과 실패의 인생을 보며 배운다. 여호수아, 라합, 룻, 보아스, 사무엘, 다윗, 솔로몬, 느헤미야, 다니엘 등 수많은 인물을 통해서 지혜를 배우게 된다. 한 인물이 지혜의 모델이 되기도 하고, 따르지 말아야 할 표본이 되기도 한다. 지혜서 즉 잠언, 전도서, 욥기, 시편 역시 수많은 지혜를 쏟아 놓는다. 귀한 가르침들이다. 또한 성경은 노인의 지혜를 배우라고 하신다.

8. 십계명과 산상수훈 교육

십계명은 그리스도인의 삶의 지혜 10가지라고 볼 수 있다. 10가지를 잘 행하는 것은 아주 탁월한 지혜로 고통과 실패가 아닌 성공으로 가는 지름길이다. 십계명을 가르쳐야 한다. 또한 산상수훈을 가르쳐야 한다. 산상수훈은 십계명에 대한 예수님의 재해석이며 완성된 주님의 새 계명이다. 어떻게 살아야 하는 지에 대해 구체적으로 가르쳐주고 있다. 십계명과 산상수훈은 실제적인 삶 속에서 구체적으로 적용할 수 있는 하나님과 예수님의 지혜인 것이다.

우리 교회에서는 매년 2회에 걸쳐 2주씩 영어 암송 캠프를 열고 있다. 7살부터 고2에 이르기까지 많은 아이들이 참여하여 2주 동안 밥만 먹고 암송만 하는데 하루 9~10시간을 한다. 그때, 새벽기도 1시간을 산상수훈에 대해 설교를 하였다. 어린 초등 저학년 아이들 뿐 아니라 고등학생까지 욕하지 말 것, 미워하지 말 것, 부모 공경과 순종에 대한 설교를 듣고 울며 기도하고 회개하는 것을 보았다. 산상수훈을 통해 자신의 삶이 얼마나 죄악되며 악한지를 깊이 깨달아 울며 기도하는 모습을 보며 말씀 속에 담긴 지혜가 우리의 삶에 얼마나 큰 영향을 끼칠 수 있는지 다시 깨닫게 되었다.

9. 성경교육

십계명과 산상수훈 뿐 아니라 성경 전체가 인성교육 교본이라고 해도 과언은 아니다. 바울은 디모데후서에서 모든 성경은 하나님의 감동으로 된 것으로 교훈, 책망, 바르게 함, 의로 교육하기에 유익하다고 하였다. 이때 모든 성경은 토라를 중심으로 한 구약성경을 칭한다. 구약의 성경 뿐 아니라 예수님의 말씀과 삶이 담긴 복음서 그리고 그 외 신약성경도 교훈, 책망, 바르게 함, 의로 교육하기에 유익한 책이다. 이 모든 성경은 선을 행할 능력을 갖추게 만든다. 선을 알기만 하면 무얼 하겠는가. 아는 그것을 행할 능력이 필요한데 모든 성경은 행할 능력까지 갖추게 만들어준다.

또한 수많은 성경 인물과 그들의 삶은 거울이 되어 인성교육에 큰 역할을 한다. 해야 할 것과 하지 말아야 할 것이 분명히 제시된다. 그들의 삶의 성공과 실패에 대한 사례와 이야기를 읽으며 내가 따라하고 실천해야 할 것을 볼 수 있으며 결코 흉내도 내지 말아야 할 것도 배우게 된다.

성경은 단순히 종교적 의식을 위한 책이 아니다. 삶에서 실제적으로 실천해야 할 지침과 하나님을 따르는 백성들의 인격의 모습과 삶의 태도를 가르쳐준다.

10. 경제교육

1) 기독교에서는 경제(돈)에 대해 왜 부정적인가?

디모데전서 6장 10절은 '돈을 사랑함이 일만 악의 뿌리가 되나니' 라고 말한다. 또 '부자가 천국에 들어가는 것보다 낙타가 바늘구멍으로 들어가는 것이 더 쉽다' 는 말씀도 있다. 예수님께 나아와 영생을 구하던 한 청년에게 자기 재물을 팔아 가난한 자들에게 나누어 주고 나를 따르라고 주님이 권면하시자 재물이 많아 근심하며 발길을 돌리는 부자 청년 이야기도 있다. 이런 말씀들로 인해 우리는 막연히 '돈, 부자' 에 대해 부정적인 이미지를 가지곤 한다. 그러나 우리가 잘 살필 것은 '돈' 이 일만 악의 뿌리가 아니라 '돈을 사랑함' 이 그렇다는 것이다. 유대인들은 돈이 최고의 종이 될 수 있다고 말한다.

성경에 보면 아브라함도 이삭, 야곱도 큰 부자였다. 욥도 부자였다. 지혜를 구했던 솔로몬도 하나님이 물질의 복을 허락하셔서 최고의 부자가 된다. 하나님의 말씀에 순종하며 나아갈 때 하나님은 물질의 복을 부어주신다. 돈은 하나님이 주신 귀한 선물이다. 그런데 이 돈을 하나님을 섬기는 도구로 사용하고 잘 다스릴 때 최고의 가치를 지니게 되는 것이다. 그렇지 않고 돈을 사랑하게 될 때, 돈의 노예가 되어 비참한 삶을 맞게 되는 것이다. 돈의 노예가 된 사람보다 더 추한 모습은 없을 것이다. 오늘날 기독교에서는 돈에 대해 양극단의 태도를 취하고 있다. 기복적이든지 아니면 금욕적이다. 둘 다 돈에 대한 왜곡된 이해에서 오는 것이다.

현용수 박사는 유럽의 경쟁력이 떨어진 이유를 이렇게 밝힌다.
"온 유럽에 자유민주주의를 선호하는 보수 기독교 세력이 없어지면서 그 공백에 사회주의가 침투했다. 사회주의는 어린이들에게 기업하는 사람들은 노동자 농민을 착취하는 사람들이라고 세뇌한다. 이런 풍토는 모든 이들을 가난하게 만든다."[84]

이러한 분위기가 유럽에서의 기독교를 무기력하게 했고 결국 유럽에 크나큰 경제적 위기 뿐 아니라 여러 악재가 함께 찾아오게 했다. 또한 한국인이 오랫동안 가난의 역사를 대물림하는 이유를 잘못된 물질관, 경제관, 돈에 대한 그릇된 철학 때문이라고 말한다.[85]

2) 유대인과 돈

---

84) 현용수, 「자녀들아, 돈은 이렇게 벌고 이렇게 써라」, p.270.
85) 현용수, 앞의 책, p.22.

유대인은 경제교육을 아주 어렸을 때부터 가르친다. 부모들은 자녀들이 어릴 때부터 아이들에게 돈의 개념을 가르치고 장사를 가르친다. 그들은 노동을 하나님이 주신 귀하고 신성한 것으로 여긴다. 유대인의 생활지침서로 사용하는「선조들의 교훈」이라는 책에서 랍비 엘레저는 '빵이 없는 곳에 토라가 없고 토라가 없는 곳에 빵이 없다'고 했다. 이는 직업이 얼마나 중요한지를 보여주는 대목이다. 또한 그들은 남의 나라에 살면서 늘 불안한 하루하루를 지내야 하다보니 어디를 가든지 먹고 살 수 있는 기술과 직업 한두 가지씩을 아버지가 미리 자녀들에게 준비시켰다.

유대인의 격언 중에 하나로, "사람의 마음에 상처를 입히는 세 가지는 번민과 불화와 비어 있는 지갑이다. … 돈은 악도 저주도 아니다. 돈은 인간을 축복해주는 고마운 것, … 부유함은 견고한 요새이고 빈곤은 폐허와 같다"라는 말이 있다.[86]

돈에 대한 유대인의 사고를 볼 수 있는 단적인 표현이다. 그래서 그들은 자신의 나라가 아니지만 미국에서 정치, 경제 등 주요 영역마다 지대한 영향력을 미치며 그 곳에서 없어서는 안 될 존재가 되었다. 미국에서 유대인의 비중은 불과 2.05%에 소수이지만 엘리트 민족으로 미국 사회에 자리하고 있다.

2003년 경제 전문지〈포보스〉에 의하면, 미국 인구 중 2.05%의 유대인이 벌어들이는 돈이 미국 전체소득의 15%(1조 6천 500억 달러)에 달한다고 한다. 유대인이 설립하여 경영하는 기업은 미국 최고 30대 기업 중 12개나 된다. 미국 금융가 월스트리트의 가장 영향력 있는 인물 25명 중 10명이 유대인이다. 미국 유대인의 가

---

86) 정성호,「유대인」, 살림, p.163.

구당 평균 소득도 비유대인의 것보다 2배나 높은 5만 달러다.[87] 또한 유대인은 세계 경제사의 주역으로 우뚝 서 있을 뿐 아니라 현재도 미국을 움직이며 막대한 영향력을 끼치고 있다.[88]

3) 유대인과 직업

유대인 부모들은 아이들의 미래를 생각하며 직업을 구상한다. 그들은 종교교육을 할 뿐 아니라 생활 교육도 중요하게 다룬다. 실제적인 직업을 갖도록 준비시킨다. 탈무드에서는 이렇게 말한다. "유대인 부모는 자녀에게 직업을 가질 수 있도록 어떤 기술이든지 가르쳐야 한다. 그렇게 하지 않는 부모는 자식을 강도로 만드는 것과 같다." 그래서 그들은 생활력이 강하고 어느 나라에 가든지 빠른 시간 안에 삶의 기반을 마련한다.

직업교육을 위해 성품교육도 중요하다. 요셉의 부지런함이나 게하시의 부정직함을 통해 정직함과 같은 좋은 성품은 직업에 있어 중요한 요소를 차지함을 볼 수 있다.[89] 직업적 성공을 위해서도 성품은 매우 중요한 역할을 한다.

4) 유대공동체는 경제공동체

유대인의 바 미츠바는 자녀를 말씀의 아들, 딸로 선포하는 의식이다. 그런데 그 날 그 행사를 축하하기 위해 모든 친척들이 낸 축

---

87) 현용수, 「자녀들아 돈은 이렇게 벌고 이렇게 써라」, 쉐마, p.21-22.
88) 홍익희, 「유대인이야기」, k행성:B잎새, p.311, 594.
89) 래리버켓, 릭오스본, 「부유한 자녀로 양육하라」, CUP, p177-190.

하금은 결혼식 축의금에 맞먹는 놀라운 액수이다. 유대인 부모들은 그 돈을 자녀가 독립하여 자신의 인생을 준비하고 시작할 때 사용할 수 있는 종잣돈으로 준비해 둔다. 한 아이의 삶을 위해 미리 준비해 두는 이러한 모습은 대한민국에 주는 메시지가 크다. 한국에서 대학을 졸업하는 이들은 학자금 융자로 빚을 안고 사회에 발걸음을 내딛는데 유대인들은 이미 대학을 졸업할 때가 되면 바 미츠바로 모여진 큰 돈을 갖고 사회생활을 시작하게 된다.

또한 유대인은 경제공동체를 이루고 있다. 만일 한 유대인이 미국 커뮤니티에 오면 그가 정착하여 다른 사람을 도울 수 있을 때까지 무이자로 큰 돈을 지원해주며 그가 자립하도록 돕는다. 경제적으로 실질적인 도움을 주는 것이다. 그들이 정착하게 되면 그들 역시 자신의 물질을 기부하도록 하여 다른 유대인을 돕도록 한다.

유대인의 비즈니스 10계를 살펴보면 그들이 경제와 관련하여 얼마나 관심이 있는 민족인지를 알게 된다.[90]

ⓐ 계약은 생명처럼, 우리 조상은 하나님과도 계약했다.
ⓑ 서명은 신중하게, 운명이 왔다 갔다 한다.
ⓒ 막히면 뚫어라, 모든 길은 마음에서 나온다.
ⓓ 온 세상이 장사거리, 흰 구름도 쥐어짜면 비가 된다.
ⓔ 올바른 장사를 하려면 시장으로 가라.
ⓕ 평생 신용을 지켜라, 신용이 없으면 문이 열리지 않는다.
ⓖ 한 우물을 파라, 결국 맑은 물이 용솟음 칠 것이다.
ⓗ 항상 수집하는 정보에 거래 성패가 좌우된다.
ⓘ 체면과 형식에 사로잡힌 자는 알맹이가 없으니 멀리하라.

---

90) 정성호, 「유대인」, 살림, p.178-179.

ⓙ 유대인이 세계 경제를 좌우한다는 이방인은 곧 칼을 들이댄다.

이렇게 유대인이 경제적으로 부유하게 된 이유는 다음과 같다.[91]

첫째로 유대인은 어릴 때부터 생활 속에 숫자를 끌어들이고 숫자를 생활의 일부로 여긴다. 예를 들면 "오늘 날씨가 매우 덥군요." 이렇게 말한다면 유대인은 "오늘은 화씨 80도입니다. 또한 오늘은 어제보다 화씨 15도 정도 내려갔습니다."라고 한다. 그들은 정확한 수치로 표현하는 것을 좋아한다. 그래서 숫자와 일찍부터 익숙해져서 계산이 정확하고 경제 관념을 갖추게 되었다.

둘째는 유대인은 모든 계약을 신과의 약속이라고 믿고 있다는 것이다. 그들은 계약 민족으로서 계약을 중요하게 여긴다. 또한 이를 반드시 이행하는 신용을 매우 중시하며 그것이 그들 경제의 핵심이라고 말한다.

셋째는 현금주의였다고 한다. 그들은 어릴 때부터 조기 경제교육을 통해 돈에 대한 올바른 사상과 가치를 심고 가르친다.[92] 경제적으로 무능력하면 신앙생활에도 지장을 주고 말씀과 기도생활에 큰 타격을 가져다준다. 우리나라의 2013년 5월 통계를 보면 신용불량자 270만명 시대로 그 수치가 계속 꾸준히 늘고 있다고 한다. 학자금 대출부터 생계를 위해 대출을 받지만 이를 제 때에 감당하지 못하거나 계속되는 경기침체로 사정이 여의치 않아 신용불량자가 되는 것이다.[93] 교회에서도 구체적으로 경제교육을 실시해서

---

91) 정성호, 「유대인」, 살림, p.157-160. 내용을 요약 정리하였다.
92) Randy Alcorn, 「내 돈인가, 하나님 돈인가?」, 김신호역, 토기장이, 273-290.
93) http://www.datanews.co.kr/site/datanews/DTWork.asp?aID=20130218143116310&itemIDT=1002910&search_keyword=

이러한 것을 미리 예방할 필요가 있다.[94]

11. 성령의 열매와 품성교육

현용수 박사는 인성교육을 "도덕적 인격을 형성하는 내면적 성품, 성질 혹은 성격 및 강한 의지를 계발하고, 이를 외면적 착한 행실로 나타나게 하는 교육이다."라고 정의하였다. 인성교육을 잘 받은 사람을 '인격자' 또는 '인품이 좋은 사람' 이라고 한다.[95]

1) 바울의 품성 : 성령의 열매(갈 5:22~23)

바울 사도는 성령의 열매 9가지를 제시하고 있다. 사랑, 희락, 화평, 오래참음, 자비, 양선, 충성, 온유, 절제이다.

2) 이스라엘의 인성교육[96]

랍비 조셉 테루슈킨은 그의 책[97]에서 매일 하루 한두 페이지로 탈무드를 정리하여 유대인들이 읽고 실천할 수 있는 내용을 제안했다. 제목들을 보면 다음과 같다. "단 한순간도 낭비하지 말라", "분노 조절에 문제가 있다면", "분실물을 주인에게 돌려주어라",

---

94) Randy Alcorn, 앞의 책, 291-300.
95) 현용수, 「현용수의 인성교육 노하우 1권」, 동아일보사, p.47.
96) 현용수, 「현용수의 인성교육 노하우 1권」, 동아일보사, p.52-53.
97) Joseph Telushkin, 「죽기 전에 한번은 유대인을 만나라」, 북스넛, p.9.

"유대교도에게 흡연이 허용될까?", "어려울 때도 기부하라", "부정적인 말을 전하지 말라", "과부나 고아를 이용해 먹지 말라", "다른 사람들에 대한 뒷말을 삼가라", "확인되지 않은 소문은 전하지 말라", "정당하게 싸워라", "출처를 밝혀라", "여유시간은 없지만 베풀 시간은 많다", "배우자에게 화가 날 때", "아픈 사람에게 무엇이 필요할까?", "당신을 비판할 수 있는 친구가 있어야 한다" 등 실천적이면서 구체적인 것을 탈무드로 엮어 두었다.

유대 자녀들이 지속적으로 교육받은 도덕적 덕목은 잠언, 도덕적 개념, 시편이나 기도, 일부는 전기나 역사적 일화, 또 일부의 상징적 의식, 관습, 절기와 축제 등을 통해 제시되었다. 순서에 따라 개념별로 교육이 이루어졌는데 복종, 경외, 형제애, 자애, 동정, 환대, 절제, 순결, 진실, 근면, 절약, 신중함, 애국심, 인내, 온순함, 충성, 성실, 끈기, 자비 총 19가지 덕목이다.[98]

뉴욕 예시바 대학 교수인 정통파 유대인 랍비 도닌은 유대인이 가져야 할 12가지 성품의 요소를 제시한다. 예의바름, 정직, 완전, 진실, 침착성 유지, 깔끔한 언행, 용기, 친절, 인내, 수양, 겸손, 책임감이다.

현용수 박사는 바울 사도의 9가지 성령의 열매(품성)와 도닌의 12가지를 종합하여 바람직한 인성요소를 내면적 성품과 외면적 행동의 요소로 나누어 각각 14가지로 하여 28가지를 정리하였다.

첫째, 내면적 성품 14가지는 사랑의 마음, 희락의 마음, 화평의 마음, 오래참음, 자비의 마음, 양선의 마음, 충성심, 온유한 마음, 진실성, 겸손, 절제력, 수양, 용기, 강한 의지력이다.

---

98) Fletcher H. Swift, 앞의 책, p.92.

둘째, 외면적 열매는 바른 행동으로 나타나는 외면적 행동으로 경청, 예의바름, 정직한 생활, 완전(정직, integrity), 청결한 생활, 근면성실, 질서의식, 남을 돕는 생활, 인내의 생활, 친절한 행동, 침착성 유지, 내핍생활, 책임감, 깔끔한 언행이다.

이처럼 인성을 내면적 성품과 외면적 열매로 정리하는 것이 적절하다고 볼 수 있다. 내면적인 성품들이 외적인 삶의 태도로 나타나는 것이 바람직하기 때문이다. 이러한 요소들을 바탕으로 가정이 중심이 되어 자녀들에 대한 인성교육이 이루어져야 한다.

3) 미국품성교육-IBLP의 49가지 품성[99]

미국에서 품성교육의 근원지라 할 수 있는 단체는 빌가스더 목사의 IBLP 일 것이다. 품성의 전제로 빌가스더는 7가지 삶의 원리[100]를 말한다.

(1) 계획의 원리 : 하나님께서 각 사람과 만물, 그리고 나의 삶에 있어서 일어나는 관계들을 창조하신 구체적인 목적과 그 가운데서 조화를 이루며 사는 원리
(2) 권위의 원리 : 하나님께서는 당신의 목적을 이루기 위하여 권위를 지닌 인간을 통하여 일하시며 나를 보호하시고 지도하시며, 필요한 것을 채워주심을 인식
(3) 책임의 원리 : 과거의 생각과 말과 행동과 태도 그리고 동기

---

99) International Association of character Cities, 「진정한 성공의 길」, 안주영역, 한국품성계발원.
100) 빌가스더, 삶의 기본원리, Basic Seminar 강의안 참조.

에 있어서 하나님께 대해서 책임이 있으며 과거에 하나님과 사람들에게 저지른 잘못이 있다면 이를 정결케 하여야 함을 깨달음

(4) 고난의 원리 : 주님의 징벌과 인생의 슬픔과 상처를 나 자신의 성숙과 장래의 지도력을 키우는 데 꼭 필요한 것이라고 여기는 태도

(5) 소유의 원리 : 현재 내가 소유하고 있는 것과 앞으로 가지게 될 모든 것은 주님께서 내게 맡기신 것이며, 주님과 타인의 유익을 위해서 사용되어져야 한다는 것을 깨달음

(6) 자유의 원리 : 내가 원하는 것을 할 권리를 주장하기보다는 옳은 일을 행하려는 갈망과 능력을 즐거워 함

(7) 성공의 원리 : 내 영혼이 하나님의 말씀에 의지함으로 하나님께서 일상생활 속의 여러가지 결정사항에서 하나님의 말씀의 지혜에 따라 나를 지도하게 함

이러한 토대 위에 49가지의 품성을 제시하며 반대되는 품성과 정의를 다루고 있다. 49가지는 다음과 같다.

· 겸손(반대말 : 자만)-내 인생에서 내가 성취한 것들은 나 혼자 이룩한 것이 아니라 하나님과 다른 사람들의 덕택으로 이룩한 것임을 인정하는 것(약 4:6)

· 온유(반대말 : 성냄)-내 자신의 권리와 기대를 하나님께 내어드리는 것(시 62:5)

· 기쁨(반대말 : 자기연민)-나의 혼이 주님과 함께 교제함으로써 나의 영이 자연스럽게 감격함(시 16:11)

· 후함(반대말 : 인색함)-내가 가진 모든 것은 하나님께 속한 것이

고, 그것들을 하나님의 목적대로 사용해야 함을 인정하는 것(고후 9:6)
- 사랑(반대말 : 이기심)-내 자신의 보상을 바라는 동기를 갖지 않고 다른 사람의 기본 필요를 채워주는 것(고전 13:3)
- 책임감(반대말 : 불신감)-하나님과 다른 사람들이 나에게 기대하는 바를 알고 그것을 행하는 것(롬 14:12)
- 절제(반대말 : 방종)-맨 처음 성령께서 주신 마음에 즉각적으로 순종하는 것(갈 5:24~25)
- 진실성(반대말 : 기만)-과거의 사실을 정확하게 보고함으로써 미래의 신뢰를 얻는 것(엡 4:25)
- 경의심(반대말 : 무례함)-하나님께서 나에게 보내신 사람들을 섬길 때 그들의 기분을 상하게 하지 않기 위하여 나의 자유를 제한하는 것(롬 14:21)
- 창의성(반대말 : 낮은 성취)-나를 필요로 하는 일, 임무, 아이디어에 새로운 관점을 가지고 접근하는 것(롬 12:2)
- 성실성(반대말 : 위선)-투명한 동기를 가지고 옳은 일을 하려고 열망하는 것(벧전 1:22)
- 믿음(반대말 : 추정)-하나님께서 내게 허락하신 상황 속에서 의도하신 바가 무엇인지를 마음속에 생생하게 떠올리면서 하나님께서 의도하신대로 행동하는 것(히 11:1)
- 검약(반대말 : 과소비)-내 자신과 다른 모든 사람에게 꼭 필요한 것만 소비하는 것(눅 16:11)
- 솔선(반대말 : 둔감함)-무엇을 하라는 말을 듣기 전에 해야 할 필요가 있는 것을 인식하고 실행하는 것(롬 12:21)

- 분별력(반대말 : 판단)-어떤 일이 왜 발생하는지 이해할 수 있도록 하나님께서 주신 능력(삼상 16:7)
- 신중함(반대말 : 단순함)-바람직하지 않은 결과를 가져올 수 있는 말, 행동, 태도를 피할 수 있는 능력(잠 22:3)
- 자원력(반대말 : 낭비)-다른 사람들이 못보고 지나치거나 폐기한 것들을 지혜롭게 사용하는 것(눅 16:10)
- 민감성(반대말 : 무감각)-내 주변 사람들의 진짜 기분과 감정을 감지하는 것(롬 12:15)
- 과단성(반대말 : 두 마음을 품음)-하나님의 뜻과 방법에 근거하여 어려운 결정들을 종결할 수 있는 능력(딤후 4:7~8)
- 경계심(반대말 : 부주의)-내 주변에서 일어나는 일에 올바른 대처를 할 수 있도록 상황을 잘 아는 것(막 14:38)
- 자비(반대말 : 냉담)-다른 사람의 상처를 치유하는데 필요하면 무엇이든지 투자하는 것(요일 3:17)
- 지혜(반대말 : 자연적인 성향들)-하나님의 평가 기준에 근거하여 인생의 모든 상황들을 판단하고 대처하는 것(잠 9:10)
- 담대함(반대말 : 두려움)-내가 말하거나 행동해야 할 일이 하나님 보시기에 진실되고 올바르고 정의로운 것임을 확신하는 것(행 4:29)
- 경청(반대말 : 무관심)-상대방의 말과 감정에 나의 모든 것을 집중하여 그 사람이 지닌 가치를 드러내 보이는 것(히 2:1)
- 순종(반대말 : 고집)-하나님께서 세우신 권위의 보호 아래서 창조성을 발휘하려는 자유(고후 10:5)
- 존경(반대말 : 경시)-내 안에 그리스도의 품성을 만들어 가시려

고 내 인생에서 만나게 되는 사람들과 사건들을 통하여 하나님께서 어떻게 역사하시는지를 인식하는 것(잠 23:17~18)
- 덕성(반대말 : 불순함)-내가 하나님의 말씀에 순종함으로써 갖게 되는 영향력 있는 도덕적인 우수성과 영적인 순결함(벧후 1:3)
- 결단력(반대말 : 소심함)-반대에 개의치 않고, 하나님의 목적을 하나님의 때에 성취하기로 작정하는 것(딤후 4:7~8)
- 포용력(반대말 : 편견)-사람마다 각자 품성 자질의 성숙정도가 달라서 자신의 성숙단계에 해당되는 품성 자질을 표현하고 있음을 수용하는 것(빌 2:2)
- 정의(반대말 : 공명정대)-변하지 않는 하나님의 법에 대한 개인적인 책임감(미 6:8)
- 만족(반대말 : 탐심)-나의 현재의 행복을 위하여 필요한 모든 것을 하나님께서 이미 모두 다 제공해주셨다는 사실을 깨닫는 것(딤전 6:8)
- 용서(반대말 : 거절)-나에게 잘못한 이들에 대한 기록을 지우고, 그들을 향한 하나님의 사랑의 통로가 되는 것(엡 4:32)
- 충성(반대말 : 불충실)-어려운 시기에도 하나님께 나의 헌신을 보여드림과 동시에 하나님께서 나에게 섬기게 하시려고 내게 보내신 사람들에게 나의 헌신을 보여주는 것(요 15:13)
- 유용성(반대말 : 자기중심)-내가 섬기는 사람들의 바람을 위해 내 자신의 시간일정과 우선순위를 부차적으로 만드는 것(빌 2:20~21)
- 설득(반대말 : 논쟁)-심리적인 장애가 있는 다른 사람을 절대적으로 필요한 진리로 인도하는 것(딤후 2:24)

- 인내(반대말 : 부산함)-하나님께서 주신 어려운 상황을 제거하기 위해 내가 최종기한을 정하는 것이 아니라 하나님의 때를 기다리며 그 상황을 수용하는 것(롬 5:3~4)
- 환대(반대말 : 고독)-하나님께서 나에게 보내신 사람들을 위하여 음식, 숙소 그리고 영적인 재충전을 기꺼이 제공하는 것(히 13:2)
- 감사(반대말 : 감사하지 않음)-하나님과 다른 사람들이 나의 삶에 어떻게 혜택을 주었는지 알리는 것(고전 4:7)
- 열심(반대말 : 무관심)-내 영의 기쁨을 내 혼으로 표현하는 것(살전 5:16, 19)
- 온순(반대말 : 엄함)-다른 사람의 어려움을 보게 되었을 때, 그들에게 개인적인 돌봄과 관심을 보이는 것(살전 2:7)
- 시간엄수(반대말 : 지각)-내 주변의 사람과 그들의 시간에 대한 높은 존중심을 보여주는 것(전 3:1)
- 철저함(반대말 : 미완성)-내가 등한시할 때, 나의 노력이나 말의 효과를 감소시킬 수 있는 요소들을 아는 것(잠 18:15)
- 안정(반대말 : 걱정)-나의 삶을 파괴되거나 빼앗길 수 없는 영원한 것들로 세우는 것(요 6:27)
- 근면(반대말 : 나태함)-나에게 주어진 모든 임무를 주님께서 주신 특별한 과제로 여겨 그것을 완수하기 위하여 나의 모든 에너지를 사용하는 것(골 3:23)
- 끈기(반대말 : 포기)-스트레스에도 잘 견디며 하나님께서 주시는 최선의 능력을 다하는 내적인 힘(갈 6:9)
- 믿음직함(반대말 : 불일치)-내가 하기로 동의한 것은 예상치 못

한 희생이 생기더라도 완수하는 것(시 15:4)
- 조심성(반대말 : 성급함)-옳은 행동을 성취하는데 적절한 시기가 얼마나 중요한지를 아는 것(잠 19:2)
- 정돈(반대말 : 무질서)-큰 능률을 달성하기 위해 나 자신과 주변 환경을 준비하는 것(고전 14:40)
- 융통성(반대말 : 저항)-하나님이나 다른 사람들에 의하여 변경될 수 있는 아이디어나 계획에 애착심을 갖지 않는 것(골 3:2)

품성사역은 청소년들을 교화하기 위해 시작된 일이 발전하여 가정을 중심으로 자녀들에게 예수님이 말씀하시고 성경이 이야기하는 품성을 가르치도록 기획되었다. 홈스쿨 초기부터 지금까지 품성훈련을 가정에서 진행할 때, 아이들 삶 전반에 성경의 품성들을 하나하나 가르칠 수 있어 유익했다. 아이들의 삶도 주변에서 칭찬과 인정을 받을 만한 모습으로 자라갔다. 섬겼던 가정들에서도 동일한 일들이 일어나는 것을 보며 품성교육의 유익함을 깨달았다. 여기에 소개하지는 못했지만 각 품성별 개념, 실행지침과 해당 동물 그 외 다양한 추가 자료들은 품성을 적용해야 할 이유와 실제적인 교육 방법을 제시해주어 큰 유익을 얻을 수 있다.

그럼에도 불구하고 몇 가지 우려되는 사항이 있다. 성경의 원리를 갖고 만들어졌으나 미국이란 문화 속에 생성된 것이기에 인성적 측면에서 볼 때 한국인의 문화와 예절에 맞도록 토착화가 필요하다는 점이다. 또한 성경이 말하는 삶의 모습과 인성에 대한 부분보다 품성이 더 우선시 될 수 있는 위험성도 배제하기 어렵다. 앞에서 언급했듯이 단순히 프로그램으로만 활용되는 것 또한 위험하다. 캠페인처럼 한 때 스쳐지나가는 것이 될 것이다. 가정을 중심으로 부모가 삶속에서 부지런히 자녀를 가르치는 것을 목적으로 성품 교육이 이루어져야 할 것이다.

 한국 사회에서 미국의 다양한 기관의 품성이 수입되면서 공공기관을 중심으로 실제적인 열매가 있기보다 상업적으로 흘러가는 것 또한 위험한 일로 우려가 된다. 또한 신학적 정립이 필요하다. 품성이 갖는 신학적 위치와 역할 등에 대한 연구가 이루어져야 한다. 신론, 구원론과 교회론, 성령론, 종말론과 품성과의 관계성도 다루어야 할 매우 중요한 부분이다. 한국적 상황에 맞게 토착화가 이루어지고, 우려하는 이러한 부분을 보완하며 발전해간다면 앞으로 매우 유익한 부분이 있을 것으로 여겨진다. [101]

12. 한국인 그리스도인의 정체성교육

 우리는 그리스도인이면서 한국인임을 기억해야 한다. 모세는 자기의 민족을 참으로 사랑한 인물이다. 바울은 자기 동족의 구원을 위하여 자신의 목숨을 건 기대를 한 인물이다. 그는 가는 곳마다 먼저 유대인 회당에 들어가서 복음을 전하였다. 자기 민족의 수많은 공격과 암살음모에도 말이다. 단순히 선교전략으로서 유대인 회당을 선택하거나 전도한 것만으로 보이진 않는다. 그는 자

---

101) 10년째 품성을 실천하고 가르치면서 우려되는 부분을 정리하였는데 혹 연구자가 다 연구하지 못한 영역에서 우려 사항들이 해결된 묘안이 제시되어 있을 수 있다. 현재 연구자가 연구한 토대에서 제시하는 것임을 밝힌다.

기 나라와 민족을 참으로 사랑했다. 자신이 이방인의 사도였으나 이스라엘 출신이며, 유대인이라는 것을 잊지 않았다. 율법주의를 배격했으나 그는 율법을 귀히 여기고 지켰던 인물이다. 예수님의 복음을 전한다고 하여 율법을 소홀히 대하거나 무시하지 않았다. 도리어 철저히 율법을 지켜 행하며 모범된 삶을 살았다.

한국인 그리스도인 정체성 교육으로 주일 오후 가정주일학교에서 부모와 자녀가 함께 만든 태극기다. 아이들이 이름이 기록되어 있다. 우리는 그리스도인이기 전에 한국인임을 기억해야 한다.

난 한복이 참 좋다. 우리의 옷. 음식, 노래 등을 소중히 여겨야 한다.

우리 가족은 매주 주일 한복을 입는다. 한복 입은 가족사진. 어릴 때부터 한복 입는 것을 습관을 들여야 한다.

전교인이 한복을 입는 매월 첫주 주일. 한국인이 한복을 입지 않으면 누가 입겠는가 한복을 소중히 여겨야 한다. 자주 입기도해야 한다.

이런 관점에서 볼 때, 한국인의 정체성을 분명히 갖는 것이 필요하다. 나는 수년 전부터 한복을 입기 시작했다. 주일이나 특별한 일이 있으면 자주 한복을 입었고, 성도들에게도 한복을 소중히 여기고 즐겨 입기를 권했다. 한복은 우리 민족의 옷이다. 한복 뿐 아니라 우리 집에서는 한식을 주로 먹는다. 요즘 어린아이들이 좋아하는 피자와 햄버거는 천대받는다. 먹을 수는 있으나 그것을 즐기지는 않는다. 한국인이 한국인의 옷과 음식 등을 소중히 여기지 않으면 일본인이 중국인, 미국인이 소중히 여기겠는가?

우리나라는 사대주의사상으로 우리의 것은 하찮게 여기는 분위기가 사회 전반에 만연해있다. 이것은 매우 잘못된 생각이다. 뿌리 없는 나무가 없듯이 뿌리에 해당하는 우리 민족과 나라의 전통을 소홀히 여겨서는 안 된다. 기독교가 이러한 잘못된 분위기를 오히려 주도하지 않았는지 반성해 봐야 한다. 그렇다고 하여 폐쇄적 민족주의를 지향해서는 안 될 것이다. 다른 이들의 것을 소중히 여기지만 자신의 것을 귀히 여기고 발전시킬 줄 모르는 나라와 민족의 미래는 없다.

이상을 종합해보면, 유대인의 내적 품성과 외적 열매의 관점이 매우 중요하다고 보며 큰 틀이 되어야 한다고 생각한다. 그 토대 위에 성경이 말하는 인성의 각 요소들을 우선순위를 정하여 배치해야 할 것이다. 그리고 한국적 전통 속의 효, 예절의 부분이 어우러져 온전한 인성의 부분이 만들어져야 한다. 인류 보편적 인성과 우리 민족만이 갖는 고유한 인성의 영역 둘 다를 놓치지 않고 균형을 이룰 때 온전한 인격을 갖춘 인물을 세울 수 있을 것이다.[102]

---

102) 현용수, 「현용수의 인성교육 노하우 1권」, 동아일보사, p.54-59.

인성교육은 신학적으로는 칭의, 성화, 영화의 부분에서 성화에 해당되는 매우 중요한 부분이다. 한국 교회와 세계 기독교가 십자가와 부활의 복음을 강조하면서 모세오경의 율법과 예수님의 새 계명을 제대로 강조하지 않았다. 의롭다 칭함을 받고 믿음으로 구원 받았으므로 말씀은 지켜도 되고 안 지켜도 되는 선택사항으로 간주해버린 것이다. 이러한 접근이 현재 전 세계 기독교의 도덕성과 윤리성을 땅에 떨어지게 만들었다.

　유대인들은 예수님의 십자가와 부활을 아직 믿지 않는 이들이 많지만 천만 기독교인을 자랑하는 한국과 비교해볼 때 윤리와 도덕성의 수준이 비교가 되지 않는다. 훨씬 높은 윤리와 도덕 수준을 지니고 있다. 이것은 한국 뿐 아니라 대부분의 기독교 국가들이 그렇다. 구약을 넘어 복음을 담고 있는 신약을 가진 기독교가 보다 수준 높은 윤리와 도덕성을 지녀야 함에도 불구하고 왜 그렇지 않는가? 예수님께서는 산상수훈과 복음서에서 그러한 부분을 공생애 기간동안 분명히 가르치시지 않았던가? 오늘날 예수님의 가르침과 삶과는 동떨어진 기독교를 보고 비판하고 교회를 떠나는 경우가 얼마나 많은가?

　복음과 구원은 삶과 분리될 수 없다. 온전한 구원을 위해 야고보의 고백처럼 행함 없는 믿음이 죽은 것임을 기억해야 한다. 예수님의 가르침처럼 '주여 주여 하는 자가 천국에 들어가지 않고 하나님의 뜻대로 행하는 자가 들어간다' 는 사실을 명심해야 할 것이다. 본장의 12가지 인성교육 내용을 통해 자녀들이 하나님의 온전한 사람이 되고 모든 선한 일을 행할 능력을 갖추기를 원한다. 바울이 디모데에게 명령한 것은 교육의 지표로 삼아야 할 중요한

말씀이다.[103]

하나님의 사람으로 온전케 하며 모든 선한 일을 행할 능력을 갖추게 하는 인성교육이 이루어지기 바란다(딤후 3:14~17).

---

103) 디모데후서 3장 14절-17절 말씀을 살펴보자. [14] 그러나 너는 배우고 확신한 일에 거하라 너는 네가 누구에게서 배운 것을 알며 [15] 또 어려서부터 성경을 알았나니 성경은 능히 너로 하여금 그리스도 예수 안에 있는 믿음으로 말미암아 구원에 이르는 지혜가 있게 하느니라 [16] 모든 성경은 하나님의 감동으로 된 것으로 교훈과 책망과 바르게 함과 의로 교육하기에 유익하니 [17] 이는 하나님의 사람으로 온전하게 하며 모든 선한 일을 행할 능력을 갖게 하려 함이라.

7」
성경적 지성교육

자녀가 신앙도 좋고 착한데 공부를 못해서 안타까워하는 경우를 종종 본다. 하나님은 모든 사람이 탁월한 지혜와 지식을 갖기를 원하신다. 그래서 뇌를 창조하시고 인간에게 동물과는 다른 두뇌를 주셨다. 성경적으로 어떻게 탁월한 지성을 갖출 수 있을지 유대인 교육에서 그 원리를 찾을 수 있다. 또한 하나님이 주신 뇌과학적 측면에서 유대인교육과 홈스쿨 교육법의 탁월성을 발견할 수 있다. 신앙과 인성의 바탕 위에서 지성교육이 이루어져야 한다. 교과학습이 교육이 아니라는 전제를 잊지 말자. 믿음 위에 덕을, 덕 위에 지식을 쌓기를 원한다. 주 안에서 지성교육도 내 마음대로 된다.

1. 유대인 교육법

1) 유대인 교육 전제

⑴ 탁월한 유대인들만의 학습법 – 유대인의 학습법은 토라와 탈무드를 교과서로 하여 이루어진다. 아이들의 마음에 말씀

을 새기기 위해 자녀들이 태어났을 때부터 부모가 암송한 내용을 들려주는 것으로 학습은 시작된다고 볼 수 있다. 태어났을 때만 비교하면 유대인보다 한국 사람이 IQ가 훨씬 높다. 그런데 이러한 암송법을 통해서 13세 전에 모세오경을 다 외우고 나면 그들의 IQ는 월등하게 높아진다. 미국에서도 유대인 학생들은 다른 고등학생들에 비해 10분의 1정도의 학습시간으로 탁월한 결과를 이루어 내고 있다. 그들은 입시생인 고3도 하루 절반(4~5시간) 수업을 토라와 탈무드로 한다. 유대인 고등학생에게 적은 학습 시간이 부담되거나 불안하지 않은지 물었다. 그런데 그들이 대답하기를 이 정도만 공부해도 다른 아이들보다 훨씬 좋은 결과가 있다고 답했다. 그들은 이미 일찍부터 학습에 자신감을 갖고 있다. 영유아 때부터 시작된 암송 교육법이 탁월한 차이를 만들어 내고 있는 것이다.

(2) 성경적 가치관으로의 무장 – 그들은 13세 이전에 오직 토라를 중심한 구약성경과 그것을 해석해 놓은 주석인 탈무드를 가르친다. 이러한 성경의 가치관으로 먼저 철저히 무장시킴으로 성경적 사상교육이 이루어진다. 철저히 성경적 가치관으로 무장되니 13세 이후 세속주의나 인본주의적 가치를 분별할 수 있는 힘을 일찍부터 기를 수 있게 되어 그들은 타락하거나 배교하는 일이 거의 없다.

2) 지혜와 슈르드교육

유대인 교육의 가장 우선되면서 중요하게 다루는 것은 지혜교육이다. 잠언 4장 7절을 기초로 한다. 지식을 가르치기 전 먼저 하드웨어 형성을 위해 지혜를 형성시킨다. 지혜는 인생의 문제를 해결하는 도구가 된다. 지혜의 근본은 하나님을 경외하는 것이다. 지식을 학교에서 배운다면 지혜는 부모로부터 배운다. 지혜는 지식을 담는 그릇과 같다.

지혜교육과 조금 다르긴 한데 '슈르드교육'은 '슬기로운, 현명한, 영리함'이란 뜻이다. 예수님은 뱀같이 지혜롭고 비둘기같이 순결하라고 하셨다. 예수님은 당대의 율법에 능통한 똑똑한 유대인들이 쳐 놓은 덫에 한 번도 걸리지 않으셨다. 지혜롭게 생활하셨다. 우리는 예수님을 닮아 마음은 순결하되 머리는 슈르드 해야 한다. 유대인 교육은 토라와 탈무드를 통해 슈르드교육에 초점을 둔다.

한국에서 교육이라고 하면 그냥 교과공부로 이해하는데 유대인들은 다르다. 토라와 탈무드 공부를 교육이라고 본다. 교과공부는 수준이 낮은 것으로 취급한다. 그리고 이미 학습능력을 갖추었기에 교과는 어렵지 않게 해낸다. 문제는 배움을 즐거워하고 공부할 마음이 형성되어 있느냐이다.

한국에서는 교과공부는 뛰어난데 올바른 신념과 가치관, 인성이 갖추어지지 않아 심각한 문제들이 많이 발생하고 있는 것을 볼 수 있다. 2011년 5월에 있었던 고대 의대생 성추행사건이 그 단적인 예라고 볼 수 있다. 경기 가평 용추계곡 한 펜션에서 박씨 등 동기생 3명에게 A씨는 성추행을 당했다. 이들은 성폭력범죄의처벌등에 관한 특례법상 특수강제추행 등 혐의로 구속기소 돼 1년 6월~2년 6월 확정 판결을 받고 복역중이다. 이들은 한국에서 0.1%

안에 드는 IQ를 지닌 탁월한 학생들이다.[104] 그런데 이들에게서는 지혜도 훌륭한 인격도 찾아볼 수 없다. 부디 이 사건이 그들 개인들에게 약이 되기를 바라나 이 사건은 한국 사회의 도덕불감증이 얼마나 심각한지를 보여주는 대목이다. 한국교육의 문제점을 생각하지 않을 수 없다. 입시위주의 교육이 낳은 폐해라고 할 수 있다. 유대인들의 지혜와 슈르드교육을 보면서 한국교육의 방향을 다시 생각하게 된다.

유대인들의 힘의 원천이 되는 곳이 있다. 그곳은 '미드라쉬의 집'(토라와 탈무드를 공부하는 교실)이다. 미드라쉬의 집은 어른과 아이 구분 없이 밤낮으로 붐빈다. 이곳에서는 밤낮으로 청소년들이 토라(성경)와 탈무드를 연구한다. 이스라엘에는 이런 곳이 많다. 대학을 졸업 후 이곳에서 1년~5년 동안 머물기도 한다. 하루 5~6시간 외에는 하루 종일 토라와 탈무드를 자율적으로 연구한다. 이들을 지도하는 랍비는 사명에 불타서 교육한다.

이 과정을 지나고 나면 그들은 세상을 보는 안목과 삶의 방식이 달라진다. 선악을 구별하게 되고, 내면적 자신감이 생긴다. 이곳이 유대인의 무서운 힘을 생산하는 근원지인 것이다. 이곳에서 지혜와 슈르드 그리고 IQ 계발교육이 이루어진다. 명문대가 그들의 힘의 근원지가 아니라는 것이다. 세상에 나가기 전에 부모들은 이곳에 보낸 자녀들을 하나님의 가치로 철저히 무장시켜 세속에 물들지 않고 이방인과의 경쟁에서 앞서가도록 만든다. 세상을 이기는 힘은 일반 학문을 가르치는 일반 학교가 아니라, 하나님의 지

---

104) 고대 의대생 성추행 피해자 손해배상 패소, 〈뉴시스〉, 2012.12.24 (월), 오전 8:48.
http://news.naver.com/main/read.nhn?mode=LSD&mid=sec&sid1=102&oid=003&aid
=0004895633(접속시간: 2013/5/14)

혜와 슈르드를 토라와 탈무드로 가르치는 미드라쉬의 집임을 그들은 알고 있다.

3) 모세오경 암송교육

유대교육이라고 할 때, 으뜸으로 여기는 것은 암송이다. 구두교육의 기초가 되는 암송(repetition)을 통해 교육한다. 미쉬나는 암송과 교육이라는 뜻이다. 박스는 바빌로니아의 창조서사시를 인용한다. "그들이 나서게 하라. 장로가 가르치게 하라. 지혜 있고, 노련한 자가 서로를 중개하게 하라. 아버지가 암송하여 아동을 이해시키라. 목자와 인도자(왕)가 귀를 열지어다." 모든 교육은 육성(肉聲), 부단한 반복과 예민한 청각으로 이루어졌다. "암송은 학문의 어머니"라는 말은 유대교육의 좌우명이다.[105]

13세 이전의 정통파 유대인 아이들은 모세오경을 암송한다. 보통은 5권을 다 암송하나 때로는 그중에서 한 권을 암송하기도 한다. 제사장 집안 출신들은 모세오경 뿐 아니라 이사야 등 다른 구약의 성경을 암송하기도 한다. 많은 이들이 질문한다. 어떻게 그들이 이렇게 암송할 수 있는지, 아이들은 힘들어하지 않는지 묻는다. 우리 가정의 딸들이 잠언과 요한계시록, 로마서를 통으로 암송한다는 말을 들을 때도 사람들은 동일하게 질문한다. 어릴 때부터 세상적 유희와 즐길 거리를 배제시키고 책과 성경을 가까이 하며 자란 경우는 암송을 그렇게 힘들어하지는 않는다. 오히려 즐거워한다.

---

105) Fletcher H. Swift, 앞의 책, pp.209-211.

랍비의 손자가 한국에 방문했을 때 그와 이야기를 나눈 적이 있다. 암송 뿐 아니라 수많은 율법이 있는데 그것을 지키는 것이 힘들고 무거운 짐이 되지 않느냐고 질문했다. 그때, 18살이었던 그 소년은 이렇게 대답했다. "자전거를 처음 탈 때는 힘이 들지만 후에는 자전거를 타는 것이 걸어 다니는 것보다 더 쉬운 일입니다. 그래서 별로 어렵지 않고 도리어 율법을 따라 사는 것이 더 쉽고 편합니다"라고 했다. 어린 시절부터 어떤 환경에서 어떤 습관을 만드느냐가 얼마나 중요한지를 매우 잘 보여준다.

필자는 유대인 소년의 말에 공감한다. 11년째 홈스쿨링을 하고 있는 우리 집에는 TV가 없다. TV를 없앨 때도 TV에 물든 내 자신이 가장 괴로웠지 아이들은 별 어려움이 없었다. 미국 소아과학회에서는 2세 미만의 아이에게 TV를 보여주지 말 것을 강력하게 경고하고 있다. 소아과 의사에게 진료를 받을 때도 아이의 TV와 인터넷 접촉 경력을 말해야 한다고 한다.[106] 우리 막내는 7살인데 태어나면서부터 TV가 없는 집에서 태어났고, 책이 가득 놓여진 거실에서 자랐다. 그 아이에게 재미있는 놀이는 책읽기와 가족끼리의 대화이다.

유대인들은 하나님의 말씀인 토라와 탈무드를 그들에게 각인시키기 위해 13세까지 교과로 그것만 사용하고 가정에서는 부모가 학교에서는 랍비가 가르치는 이러한 교육 방식은 매우 바른 접근이라고 본다. 뇌 과학적으로도 13세 이전 아이에게 무엇을 교육하느냐는 그 아이의 평생을 좌우한다.

앞에서 언급한 것처럼 부적절하고 불필요한 것들로부터 분리가

---

106) 신성욱, 「뇌가 좋은 아이」, 마더북스, p.22.

이루어질 때 원하는 내용을 제대로 교육할 수 있음을 기억해야 한다. 경쟁력이 떨어지거나 사회성과 융합력이 상실되지 않고 도리어 더 탁월한 결과를 보이는 것도 분리교육이 갖는 힘이다. 초등 고학년이나 중학생만 되어도 이미 물든 것들을 제거하는 것은 쉬운 일이 아니다. 우리집 딸들은 매일 1시간 가량 암송을 한다. 좋은가족교회가 운영하는 기독교 학교에서도 1교시는 암송하는 시간으로 보낸다. 30분에서 1시간 동안 암송하는 소리가 울려 퍼진다. 6~7세가 다니는 유아학교의 첫 시간도 암송이다. 영유아 때부터 암송을 진행해 온 아이들은 갈등과 고민없이 암송하지만 그렇지 않은 경우에는 이 시간이 고통의 시간이 된다. 교육의 시기는 어리면 어릴수록 좋다는 것이 증명이 된 셈이다.

앞에서 언급했듯이 유대인들은 암송을 하지 않는다. 그냥 암송이 되어진다는 말이 더 정확하다. 삶의 습관으로 자리해 저절로 이루어진다. 다만 지속해 오던 것을 반복하여 잊지 않도록 하는 것이다. 그리고 암송한 그 말씀으로 씨하흐(묵상)한다. 암송한 그 말씀을 반복하여 씨하흐하며 내면화 시키고 삶으로 말씀이 열매 맺도록 지속적으로 노력한다.

한국에서는 주제 성구를 뽑아서 암송하지만 유대인은 책 한권을 암송한다. 쉐마(신 6:4~9)의 말씀은 매일 두 번씩 암송하고, 다른 말씀들도 매일 암송하는 것이 습관이 되어 있으며, 회당예배 중 암송으로 긴 시간을 보내기도 한다. 암송이 그들의 삶이 되어 있다. 랍비의 교훈에서는 "백 번 복습하는 것보다 백한 번을 복습하는 게 더 낫다"[107]라는 말로 성경암송 뿐 아니라 모든 것을 반복

---

107) Fletcher H. Swift, 「고대 이스라엘의 종교교육 발생부터 AD 70년까지」, 유재덕역, 소망, p.132.

하여 외울 것을 권고하고 있다. 이렇게 암송함으로써 말씀을 마음에 새긴다.

　이러한 암송으로 영유아, 유치와 초등을 보낸 유대인 아이들이 초등 고학년이 되면 그때부터는 다른 민족의 아이들이 따라올 수 없을 만큼 앞서가는 것을 본다. 교육의 대부분이 토라와 탈무드를 중심으로 한 암송으로 이루어졌는데도 불구하고 나중에는 아무도 따라 올 수 없는 독보적인 탁월함을 지니게 된 것이다.

　신앙과 인성과 학습이 분리되어 있지 않고 하나로 이루어진 이러한 유대인 교육은 히브리적 사고에 기반한 성경적 교육이다. 초대 교회 성도들의 가정교육이기도 하다. 한국이 연구하고 배워야 할 부분이다. 특히 한국 기독교가 신앙교육의 붕괴로 95%의 믿는 집의 자녀가 떠나고 있는 이때 깊이 반성하며 유대인 그리스도인들의 교육에서 귀한 아이디어를 얻을 수 있을 것이다.

4) 탈무드 디베이트 교육

　탈무드 디베이트 교육이 학습과 어떤 연관성이 있는지를 살펴보고자 한다. 한국인 어머니는 초등학교 입학할 때, "선생님 말씀 잘 들어라"고 한다. 유대인 어머니는 "수업시간에는 질문을 해라"라고 한다. 유대인 부모가 중시하는 것은 암기나 필기가 아니라 이해하는 능력이다.

　한국 아이들이 학교에서 돌아오면 부모는 오늘 학교에서 무엇을 배웠느냐고 묻는데 유대인 부모는 선생님께 무엇을 질문했느냐고 묻는다. 그만큼 그들은 질문하는 것을 중요하게 여긴다. 매일 저녁 또는 안식일 저녁 식탁에서는 몇 시간 동안 질문과 답변 형태의 디베이트가 이루어진다.

 탈무드에는 다음과 같은 가르침이 있다. 교사 혼자서만 학생들에게 이야기해서는 안 된다. 만약, 학생들이 말없이 듣고만 있다면 앵무새를 기르는 것과 무엇이 다르겠는가. 교사가 이야기를 하면 학생은 거기에 대한 질문을 해야 한다. 교사와 학생의 대화가 활발해질수록 교육 효과는 상승한다.[108]

 요즘 한국에서도 디베이트 교육이 새롭게 시도되고 있다. 교과서를 바꾸고 수업 방식을 바꾸고 있다. 한국에서 이제서야 도입하는 이런 것들이 유대인들에게는 이미 2~3천 년 전부터 내려 오고 있는 저들만의 고유한 교육방법이다. 탈무드 디베이트라는 말은 하나의 고유명사로 만들어져 이제는 타민족들도 아는 용어가 되었다.

 그럼에도 불구하고 여전히 한국의 탁월한 인재들이 미국 명문 대학에 가서 적응하기 어려워 하는 것도 디베이트 수업이라고 한다. 한국에서는 그러한 수업을 거의 해본 적이 없고, 디베이트 수업은 그 자체가 방대한 독서를 요구하는데 학생들이 이 모든 것을 제대로 따라갈 수 없어 중도에 포기하는 경우가 50%이상이라고 한다. 이 같은 사실은 매우 충격적이다.

 유대인은 자연스럽게 유치과정 때부터 부모와 함께 질문을 주고 받으며 자라서 디베이트가 삶이 되어 있다. 매주 가정에서만 진행되는 디베이트만 해도 2~3시간은 된다. 매 저녁마다 이루어지는 토론까지 포함한다면 그 시간은 더 늘어날 것이다. 한국에서

---

108) 루스 실로, 「유태인의 천재교육」, 은영미 역, p.22.

전문적으로 디베이트를 배운다고 하더라도 고작 일주일에 1~2회 정도일 것이다. 이에 비해 유대인들은 가정과 학교에서 디베이트에 많은 시간을 이미 할애하고 있다.

유대인들은 디베이트 텍스트로 법조문을 갖고 연구한다. 한 사건에 다양한 경우의 수를 두고 법을 어떻게 적용할 것인지 열띤 토론을 펼친다. 그래서 그들의 도서관은 세상에서 가장 시끄럽다. 세상에서 제일 시끄러운 도서관 예시바에서는 2명씩 탈무드 디베이트로 정신이 없다. 그들은 조용한 곳에서 혼자 공부하지 않는다. 디베이트 파트너와 함께 열띤 토론을 한다.

몇 년 전부터 대구의 홈스쿨 모임에서 선생님을 모시고 디베이트 수업을 했다. 홈스쿨 아이들과 디베이트 수업을 한 뒤 선생님께서 이런 말씀을 하셨다. "학교에 다니는 아이와 많이 다르네요. 학교 아이들은 지쳐서 디베이트 수업할 때 거의 말을 하지 않고 축 처져있고 생각을 하지 않아 할 말이 없는데, 홈스쿨 아이들은 누가 얘기하기도 전에 앞 다투어 자신의 의견과 생각을 자유롭게 이야기하는 모습에 놀랐어요." 이 말씀을 듣고 교육적인 분위기가 중요함을 새삼 깨닫게 되었다.

교과서와 주입식 수업에 익숙해진 아이들에게 디베이트는 매우 낯선 것이며, 외우기만 잘 하면 되던 아이들이 스스로 생각을 한다는 것은 그들에게 무척 어렵고 힘든 고통의 과정임을 알게 되었다.

주일 가정식탁예배가 1시간 반에서 2시간 가량 진행된다. 이 시간의 대부분은 성경 디베이트 시간이 차지한다. 눈과 얼굴빛이 살아서 거침없이 질문하고 답변하는 자녀들의 모습을 보는 것은 참 행복한 시간이다. 이런 디베이트를 통해 생각의 폭을 넓혀가고,

자신이 생각지 못한 다양한 견해와 주장을 듣고 반응하며 이해의 폭을 확장해 간다.

지혜와 슈르드를 통해서 학습자의 마음의 토양을 만들고, 그 위에 암송과 디베이트를 통해서 학습적 능력을 갖추는 것이 유대인 교육법이다. 어느 것 하나 잃어버리지 않고 신앙, 인성, 지성 모두를 얻을 수 있는 가장 효과적인 방법이다.

2. 뇌 과학 학습법

1) 뇌 구조와 기능 이해[109]: 하나님이 만드신 뇌를 알면 교육이 즐거워진다.

뇌는 하나님이 주신 최고의 선물이다. 사람이 생각하고 감정을 느끼고 의지로 결단하는 모든 것을 관장하는 곳이 뇌다. 심지어 신앙 생활을 하는 과정도 뇌가 한다고 해도 과언이 아니다. 이 뇌를 하나님이 선물로 주신 것이다. 사람은 뇌를 가지고 있으며 뇌를 매일 사용하며 살아가지만 뇌에 대해 전혀 알지 못한 채 지내는 경우가 많다. 뇌를 알고 사용하는 법을 알면 좀 더 효과적이고 풍요로운 결과를 얻어 낼 수 있다. 모든 것에 사용법이 있듯이 하나님이 주신 뇌도 유용하게 사용하는 사용법이 있다.

---

109) 한국정신과학 연구소 부설 교육센터에서 진행한 뇌교육사 양성과정에 제공된 교재를 요약 정리하였다. 그 외 자료는 한국정신과학 연구소 사이트의 자료와 도표를 발췌했다.
http://www.neuro21.co.kr/

(1) 뇌의 구조와 기능

뇌는 크게 세 부분으로 나눈다. 첫 번째 부위는 뇌의 가장 밑바닥에 있는 후뇌로, 생명 중추와 레이더 장치가 있는 부위이다. 두 번째는 후뇌 바로 위에 있는 중뇌이다. 세 번째는 대뇌피질부가 있는 전뇌로 고도의 정신, 창조 기능을 관할하는 인간만이 가진 고등의 뇌이다.

인간의 뇌에서 가장 큰 부분이 바로 이 대뇌인데, 다른 동물의 뇌는 대뇌가 작을 뿐 아니라 주름이 적어서 표면적이 작다. 반면 인간의 대뇌 피질부는 모든 동물들 가운데 주름이 가장 많이 져 있는데 이곳에서는 인간만이 발휘할 수 있는 창의력을 관장한다. 인간에게 있는 이 대뇌피질의 연상 영역을 얼마나 잘 발전시키는 가에 따라서 우리의 미래가 좌우된다고 하겠다. 오랫동안의 연구 결과를 보면, 근육처럼 뇌도 어떤 자극을 받거나 좋은 경험을 하면 성장한다. 보다 자세히 살펴보면 다음과 같다.

- 대뇌 : 뇌중에서 가장 늦게 완성된 대뇌는 머리의 대부분을 차지하고 있으며, 좌뇌와 우뇌로 이루어져 있다. 이 두 반구는 뇌량을 통해 연결되어 있으며 긴밀한 상호협력 체계를 갖추고 있다.
- 소뇌 : 좌우에 한 쌍씩 있으며, 표면에는 가로로 난 흠이 많고, 몸의 평형을 유지하는 역할을 한다.
- 중뇌 : 안구 운동, 홍채 수축 등 눈에 관련한 업무와 호르몬 분비, 체온 조절, 식욕조절 등을 담당한다.
- 연수 : 심장박동, 호흡, 소화 등 생명 유지에 필수적인 활동을

맡고 있다. 대뇌나 소뇌를 다쳐도 생명에 지장이 없으나 연수를 다치면 뇌사가 일어나 치명적이다.

- 척수 : 뇌간에서 연속적으로 이어지며 뇌의 가장 아랫부분을 이루고 있는 척수는 운동신경과 감각신경, 그리고 자율신경이 지나가는 통로이다.
- 간뇌 : 대뇌와 소뇌의 사이에 위치한다. 간뇌의 약 4/5를 차지하는 시상은 감각의 대기실과 같은 역할을 해 모든 감각적 정보가 일단 이 간뇌에서 모여 다음 행선지를 기다린다.
- 대뇌피질: 대뇌피질에는 신경세포가 140억 개나 모여 있으며, 인간이 만물의 영장이라고 자부할 수 있는 것도 모두 이 대뇌피질이 다른 포유류보다 월등히 발달했기 때문이다. 꼬불꼬불한 고랑처럼 홈이 파여 있고, 표면에 굵직하게 나 있는 몇몇 홈을 기준으로 앞 쪽이 전두엽, 위쪽의 두정엽, 뒤쪽의 후두엽, 양 옆의 측두엽으로 그 영역을 구분할 수 있으며 각 부위에 따라 다른 일을 한다.
- 전두엽 : 가장 넓은 부위로 사고와 언어, 인간성에 대한 일을 관장한다. 뇌가 활동하는 동안 여러 부위에 저장된 기억정보들을 불러내어 작업하는 곳으로 전두엽 장애로 정신병이 나타나게 된다. 전전두엽은 인간의 고도의 정신 활동을 담당하는 영역이라고 할 수 있다. 다른 동물과 비교할 때 가장 크게 발달한 부분이다. 전전두엽은 창조력을 발생시키는 곳으로 즐거움과 관계가 깊다. 전전두엽에 있는 신경전달 물질인 세라토닌이 부족하면 우울증, 자살, 폭력, 알코올 중독과 함께 다른 심리병리학적 영향도 미친다.

- 두정엽: 신체를 움직이는 일과 입체공간적 인식 기능을 한다. 외부로부터 오는 정보를 조합하는 역할을 한다. 두정엽에 장애가 발생하면 무인식증이 나타난다.
- 측두엽 : 언어와 귀(청각)에 관련된 일을 한다. 고도한 정신 작용에 중요한 역할을 한다.
- 후두엽 : 시각의 중추로서 뇌 뒤쪽에 위치한다.

뇌에서 일어나는 학습행동의 근간은 시냅스활성의 변화에 따른 뉴런 간 네트워킹이라고 할 수 있다. 신경계는 뉴런들 간의 상호작용을 통해 정보를 처리하고 종합화 하는 기능을 갖고 있다.

(2) 뇌 기능의 발달

뇌의 부위들은 각각 다른 시기에 발달하기 때문에 뇌발달에 따른 교육과 학습이 이루어져야 효과적이다.

우뇌는 4~7세 사이에 발달한다. 좌뇌는 7~9세에 발달한다. 뇌량(좌우반구를 연결하는 기능)은 1세부터 시작되고 4~5세 무렵이 되면 안정기에 이른다. 3세부터 앞부분에서 뒷부분으로 발달해간다. 전전두엽 피질은 가장 늦게 발달하는데 생후 4~7세에 이르러서야 성숙된다. 하등동물에게서는 찾아볼 수 없는 것으로 사람에게만 나타난다. 상중하위 뇌는 태내에서부터 발달한다. 상위내 피질은 고차적 사고나 계획을 담당한다. 성인기까지 지속적으로 발달한다. 중위뇌는 변연계로 정서, 수면, 호르몬, 성욕 및 냄새를 담당하며 15개월부터 4세 무렵까지 활발하게 발달한다. 변연계의 중요한 구성요소중 하나는 해마인데 기억력과 관련하여 성숙 시기는 역시 4세 전후이다.

　이 무렵부터 기억력이 증대된다. 하위뇌는 가장 먼저 발달한다. 수정 후 15개월까지 왕성하게 발달하고 신생아도 생존하는데 필요한 호흡이나 체온조절과 같은 기능을 수행하는 역할을 한다.

　뇌의 발달단계[110]는 〈그림 1〉과 같다.

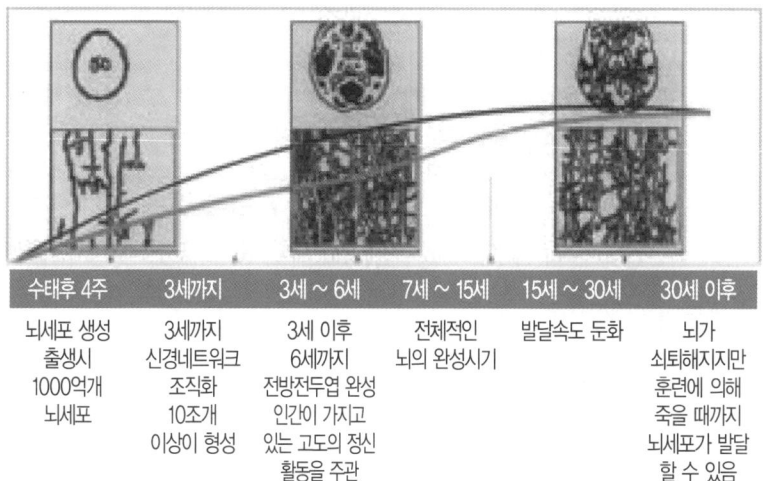

그림 1. 뇌의 발달단계

(3) 정리

뇌의 발달 과정을 종합하여 정리하면 다음과 같다.

① 태아의 뇌 발달

---

110) 한국정신과학연구소(http://www.neuro21.co.kr/)에서 발췌함.

뇌는 정자가 난자를 관통한 후부터 발달한다. 초기의 수정란은 수백 개의 세포가 될 때까지 세포분열이 일어난다. 뉴런은 신경계 안의 신경세포를 의미하는데, 임신 후 5주에서 20주까지 뉴런이 초당 5만개에서 10만개의 놀라운 속도로 생성되며 뇌는 임신 후 8주부터 세 부위로 발달한다. 뉴런이 형성되고 이동 및 제거되기도 한다. 5개월부터는 약 2천억 개의 뉴런이 생성되고 이동하는 이때 상당한 거리를 이동하는 것으로 나타난다. 이동을 방해하는 요소가 생기면 문제가 된다.

뉴런이 이 이동을 통하여 최종 목적지에 도달하면 그 다음 부터는 다른 축색돌기 및 수상돌기와 교류를 하기 위하여 축색돌기와 수상돌기를 뻗어내고 이어 시냅스에 신경전달 물질이라는 화학적 전력을 보냄으로서 축색돌기와 수상돌기가 교류하게 된다. 일단 축색돌기가 자기와 동일한 파장의 뉴런을 발견하게 되면 수상돌기가지를 뻗어 함께 발화되는 뉴런은 두뇌 자체 내에서도 서로 연결되고 신체와도 연결된다.

② 뇌 발달 과정

연령에 따른 뇌 발달 과정을 살펴보면 〈표 1〉과 같다.

표 1. 연령에 따른 뇌 발달 과정

연령	과정
0–3세	이 시기에는 고도의 정신활동을 담당하는 대뇌 피질을 이루는 부분 즉 전두엽, 두정엽, 후두엽이 골고루 발달한다. 따라서 이 시기에는 오감을 통한 다양한 정보를 최대한 많이 전달해 주는 것이 좋다.
5–6세	이 시기에는 종합적인 사고기능과 인간성, 도덕성, 종교성 등을 담당하는 전두엽이 발달한다. 따라서 이 시기를 잘 보내야 예의 바르고 인간성이 좋은 아이로 성장 할 수 있다.
6–12세	이 시기에는 뇌의 가운데 부위인 두정엽과 양옆의 측두엽이 발달한다. 두정엽은 공간 입체적인 사고기능 즉 수학과 물리학적 사고를 담당하는 뇌이고, 측두엽은 언어 기능을 담당한다.
12–15세 (30세 성인까지)	12세 이후에는 시각기능을 담당하는 후두엽이 발달한다. 자신의 외모에 신경을 쓰고 보기에 멋진 연예인 등에 관심을 갖게 되는 것도 이런 이유 때문이다. 이렇듯 앞에서 뒤로 두뇌가 발달하고 두뇌의 각 부위에 따라 담당 영역이 다르다는 것을 알 수 있다. 아이 두뇌를 효과적으로 계발 시키려면 두뇌발달 순서에 맞게 적절한 자극과 교육, 생활습관을 길러 내는 것이 소위 머리 좋은 아이로 만들 수 있는 비결이기도 하다.

가. 1~2세가 되면 충분한 수의 뉴런이 존재하며 발달이 진행된다. 2세 무렵이면 시냅스는 성인 수준으로 발달하고 3세가 될 때 뇌에서 1000조개의 시냅스가 존재한다. 출생 시 뇌의 무게가 350그램인데 2세 될 무렵 1000그램이 된다. 30개월 후에는 3배 증가한다. 짧은 시간에 놀랍도록 발달한다. 3세를 전후한 시기가 너무 중요한 것도 이 때문이다. 1세 무렵부터 전두엽이 정서적 행동을 조절하기 위해 서서히 전문화되면서 전두엽은 해마나 편도에서 온 정보와 두정엽과 측두엽에서 온 정보를 통합하여, 의도적인 동작 시작, 청각계의 성장 및 발달, 평생 사용할 신경세포의 발달, 해마의 발달을 통하여 경험한 내용을 기억하는 등 전두엽이 급속히 성장한다.

나. 2~4세 시기인 3살이 되기 전까지는 우반구가 더 크게 발달함으로 첫 3년은 우반구가 뇌를 지배한다. 뇌 성장의 가장 급속한 시점은 만 2세 전후, 만 4세 전후, 만 6세 전후, 만 12세 전후이며 주로 만 6세 전후에 집중적으로 성장한다.

다. 2~5세 사이에 유아가 풍부한 자극을 제공하는 환경에 놓이게 되면 대뇌피질의 두께가 두꺼워지고 역으로 부적절한 환경에 처하면 얇아진다.

라. 3세에서 6세까지 전두엽회로의 시냅스 형성이 활발하고, 7세에서 15세까지는 측두엽과 두정엽부위의 시냅스 형성이 활발이 이루어진다.

마. 4~6세: 전두엽과 두반구의 리듬, 동작, 정서를 담당하는 부분이 발달한다. 시각령과 청각령과 운동에 연결되기 시작하여 척수의 운동연결들이 전두엽에 도달한다. 뇌량의 발달.

좌우반구를 연결한다. 아동기에 계속 발달하며 인지, 사고, 연설, 쓰기, 감정 등을 포함한 활동이 가능해진다.

2) 뇌 과학 교육원리 : 뇌 특성 7가지

서활원 박사는 뇌 연구를 바탕으로 7가지 뇌가 좋아하는 원리를 제시한다.

(1) 반복

뇌는 반복할 때 잘 기억하는 특성을 갖고 있다. 이것을 뇌가 좋아한다고 볼 수 있다. 오랜 시간 붙들기보다 짧지만 반복하는 것이 중요하다. 뇌가 부담 없이 기억하도록 해주어야 한다. 뇌는 즐겁게 학습하고 싶어 한다.

뇌는 처음에, 어떤 정보를 접할 때 15~20개의 세포가 작동한다. 두 번째는 150~200개가 작동하고 세 번째는 1500~2000개 세포가 입력을 돕는다. 10번 정도를 반복하여 보면 영구기억하게 된다. 이런 관점에서 무엇을 하나 공부할 때 오랜 시간 붙들고 있기보다 반복하여 10회 정도 하면 대부분 기억하게 되어 있다.

이러한 반복훈련이 연속되고 몸에 익혀지면 속도는 빨라진다. 뇌 기능이 좋아지는 것이다. 뇌는 반복을 통해 확실히 각인이 된다. 입력횟수에 따라 세포와 회로가 발달되는 두뇌 특성을 고려할 때 중요한 정보나 지식일수록 여러 번 반복하여 숙지할 필요가 있다. 보다 많은 세포 속에 입력된 지식은 검색이나 출력이 매우 용이할 뿐 아니라 장기적으로 저장되기에 그 활용범위가 한층 넓다. 연구결과에 따르면 9회 미만인 경우에는 단기기억이 된다. 9회를 반복하면 세포나 회로 확장이 매번 10배 확장되어 15,000,000,000(150억)개의 세포 속에 정보를 저장하게 된다. 그렇다고 하여 무작정 반복하면 안 된다. 그러면 쉽게 질려버리게 된다. 재미있고 부담 없이 반복하는 요령이 필요하다.

예를 들면, 만약 시험을 앞두고 있다면,

a. 처음에는 그냥 읽고
b. 연필로 중요한 단어들을 체크하면서 읽고
c. 세 번째는 체크한 것을 노트에 한번 필기해보고
d. 필기해 놓은 것을 다시 훑어 보고
e. 책으로 돌아가서 형광펜이나 색연필로 핵심어가 들어있는 문장에 줄을 그어가며 확인하고
f. 어느 정도 자신이 생겼다 싶을 때엔 문제집을 펼쳐서 핵심 요약을 먼저 읽어본 다음 자신이 놓친 부분이 없는지 살펴보고
g. 문제집을 두 번 정도 풀어보고
h. 시험 직전에 다시 한 번 그 내용을 확인하는 식으로 할 수 있을 것이다.

반복하여 읽되 지루하지 않게, 같은 내용을 거듭 보되 부담이 적도록 이끄는 것이 중요하다. 부담이나 스트레스 없이 편하게 반복하라. 원하지 않아도 어느새 외워지고 있는 것을 볼 수 있다. 보통 우리가 외우고 있는 대부분은 이런 반복을 통

해 기억된 것이다.[111]

(2) 예습

뇌는 미리 본 것을 더 잘 기억한다. 후두엽에서 눈을 통해 본 것을 다시 기억하고 찾는 것을 쉬워한다. 보통 어떤 정보가 들어오면 입력하고 분석하여 판단한 후 저장장소를 결정한다. 운반, 저장, 표시, 출력한다. 7단계를 걸쳐 정보를 입력하고 때로는 출력한다. 그런데 뇌가 7단계 중 세 번째인 저장장소를 결정하는데 꽤 오랜 시간을 보내고 에너지의 75%가량을 사용한다. 좀 더 자세히 살펴보면 정보나 지식을 입력 → 분석(불필요한 것은 걸러내고 분석, 판단, 내용구분, 걸러냄, 내용종합, 분류의 과정) → 저장장소 결정 → 운반 → 저장 → 표시(특징적인 것을 표시해둔다.) → 출력(표시한 것을 필요할 때 출력한다)을 한다. 3번째 단계가 가장 에너지 소모가 크다.

이 특징을 잘 이해한다면 어떤 것을 암기하려고 할 때, 처음에는 대강 한번 훑어 본 후에 암기하는 것이 좋다. 여러 번 후두엽을 통해 익숙해지게 하면 뇌가 이미 저장장소를 결정하기에 입력하는 것이 한결 수월해진다. 복습보다 예습이 4배나 중요한 이유도 뇌의 이런 기능 때문이다. 사전에 미리 훑어보는 예습이 필요함을 알 수 있다. 정식 수업을 듣기 전 먼저 예습을 한번 한 경우는 수업에 집중하여 더 많은 내용의 정보를 입력할 수 있다.

---

111) 데이브 엘리스, 「세계 최고의 학습법」, 펍협번역그룹 역, p.149.

(3) 마음

뇌는 마음과 긴밀한 관계를 갖고 있다. 마음이 어떠한가에 따라 뇌의 작동이 달라진다. 하나님은 사람의 뇌가 단지 기계적인 부분이 아니라 사람의 감정과 생각과 긴밀하게 관계를 갖도록 두셨다. 성경은 아무것도 염려하지 말고 감사와 기도로 하나님 앞에 나아가라고 한다. 항상 기뻐하고 쉬지 말고 기도하고 범사에 감사하라고 한다. 이러한 것들은 모두 뇌의 기능을 상승시키는 효과를 낸다.

감사하며 기뻐하고 기도하고 긍정적인 마음을 가지면 뇌의 기능을 극대화하는 호르몬들이 뿜어져 나온다. 그렇지 않고 갖가지 스트레스로 염려와 걱정이 쌓였거나 친구와 다투었거나 충격적 사건이 있었거나 할 때는 뇌 기능이 현저히 떨어져서 활동을 하지 않는다.

원래 보통 때, 뇌의 기능이 100이라고 한다면 긍정적인 마음을 가지면 뇌기능이 상승하여 200으로 뇌를 사용할 수 있게 된다. 이렇게 되면 보통 때, 1시간 해야 할 것을 30분 안에 완료할 수 있다는 말이다. 그렇지 않고 충격과 부정적인 마음 등을 갖고 있으면 100이 아닌 50이나 25로 떨어진다. 보통 때 1시간이면 끝날 것이 이렇게 되면 2시간 내지 3시간을 해도 잘 안 끝날 수 있다.

뇌는 우리의 마음과 관련되어 있고 마음에 따라 민감하게 반응한다. 그래서 삶의 의욕이 없고 부정적인 마음을 갖고 있으면 우울해지는데 그것은 바로 뇌에 필요한 성분이 제대로 나오지 않아 생기는 것이다. 인생사가 마음먹기 달렸다는 말이 있는데 이 말은 뇌 과학적으로 볼 때 일리가 있다. 한 연구 결과에 따르면 마음의 상태와 관계없이 억지로 웃게하는 검사를 했는데 이때 뇌에서 기뻐서 자연스럽게 웃을 때처럼 몸에 매우 좋은 호르몬들이 뿜어져 나오고 뇌에 긍정적이면서 상승효과를 일으키는 물질들이 나왔다고 한다.

뇌는 억지로 웃는 것인지 아니면 정말 즐거워 웃는 것인지를 구분을 못한다고 한다. 하나님은 뇌를 기가 막히게 만들어 놓으셨다. 인생의 어려움과 힘든 것이 있어도 그래도 웃고 긍정적으로 반응할 때 뇌는 기적을 만들어낸다는 것을 잊지 말아야 한다.

(4) 부담

뇌는 부담을 느낀다. 그래서 무엇이든지 단계별로 부담을 줄여주는 접근이 매우 중요하다. 보통 영어 책을 본다고 할 때, 5% 정도 모르는 단어나 내용이 있을 때 매우 큰 자신감을 갖고 즐거워한다.

10% 정도 모르는 내용이 있을 때 어느 정도 관심을 갖고 잘 따라간다.

15% 정도 모르는 내용이 있을 때 약간 걱정한다.

20% 정도 모르는 내용이 있을 때 적잖이 부담을 느낀다.

25% 정도 모르는 내용이 있을 때 어려워하기 시작한다.

30% 정도 모르는 내용이 있을 때 저항하고 기피한다.

모르는 내용이 25%정도만 되도 부담스러워한다. 그래서 공부에 흥미를 잃고 싫어한다. 전혀 모르는 것이 아니라 75%를 알지만 뇌는 이미 포기해버린 것이다.

이럴 때, 그냥 학습을 시작하기보다 먼저 한번 훑어보고 모르는 단어들을 찾아 익숙해지게 한 후에 다시 그 내용을 본다면 뇌는 큰 무리 없이 다 받아들이려 한다. 뇌의 저항력을 줄여주는 것이 좋다. 앞에서 언급한 예습 즉 미리 보는 것은 이러한 저항력(부담감)을 줄여준다.

(5) 균형

뇌 검사를 하거나 뇌 훈련을 하다보면 사람들은 자신이나 자녀가 좌뇌, 우뇌형으로만 인식하고 있는 것을 본다. 좌뇌 또는 우뇌가 조금 더 발달한 부분이 있다. 그러나 뇌에 있어 중요한 것은 좌우뇌가 균형을 이루는 것이 중요하다. 좌우뇌의 기능을 살펴보면 〈그림 2〉와 같다.

그림 2. 좌우뇌의 기능

종합능력
시공간능력
직관능력
추상적,
감성적 능력

언어능력
수리능력
추리능력
이성적,
분석적 능력

좌뇌	우뇌
말하기, 읽기	시각, 공간지각능력
작문	얼굴에 대한 인지
언어 기억통합	형태 기억통합
세밀성	은유적 이해
추상적 분류	음악적 감각
수학적, 과학적 활동	창의력, 예술적
개념적	기하학적, 도형적
분석, 직선	직관, 상상, 우연적
논리적, 필연적	종합, 곡선

좌우뇌가 균형을 잃게 되면 정서적으로나 정신적으로 심각한 문제를 발생시킨다. 좌우뇌는 균형 있게 자라기를 원한다. 7세나 13세 이전 아이들의 경우 좌뇌나 우뇌 중 자신이 좋아하는 부분으로만 집중이 되면 도리어 정신적인 문제를 발생시킬 수도 있음을 기억해야 한다. 좌뇌가 발달한 아이에게는 우뇌훈련을 하고 우뇌가 발달한 아이는 좌뇌훈련을 할 때, 뇌는 전체적으로 발달하고 성장한다.[112] 그래서 그림과 글을 동시에 활용한다든지 음악, 미술, 운동 등을 균형 있게 수업하는 것이 좋다.

(6) 재미

뇌의 또 다른 특징은 재미를 추구한다는 것이다. 뇌는 재미있을 때 더 잘 기억한다. 재미와 관련하여 뇌가 어떻게 반응

---
[112] 두뇌학자 홍양표 교수의 BGA두뇌상담사과정 교안중에서 발췌.

하는지 조사를 했다. 이런 질문을 참가자에게 했다고 한다. 연구조사 결과가 기사로 실린 내용을 아래에 옮겨보면 다음과 같다.

...

'지네가 내기에 져서 심부름을 갔다. 한참이 지나도 지네가 돌아오지 않았다.' 다음으로 어떤 문장이 올 때 가장 재미가 있을까?
① 지네의 걸음이 워낙 느렸다. ② 지네는 스물세 번째 신발끈을 묶고 있었다. ③ 지네는 다리를 꼬고 앉아 있었다. 단순한 유머 퀴즈 같은 이 이야기는 사람이 어떤 상황에서 재미를 느끼고 재미를 느낄 때, 뇌가 어떻게 반응하는지 파악하는 연구에 쓰인 예다. 또 이런 연구로 재미있게 공부하는 비결을 알아낼 수 있다. 고려대 교육학과 김성일 교수(심리학박사)는 "고려대, 서울대, 성균관대 공동 연구팀이 1년 여의 연구 끝에 글을 이해하는 과정에서 재미를 느끼는 때와 그렇지 않은 때 뇌의 반응 영역이 크게 다르다는 사실을 발견했

▲부산영재과학고 학생들이 재미있게 토론하는 모습 - 동아일보 자료사진

다"고 밝혔다. 연구팀은 대학생 자원자 10명의 뇌를 양전자 방출단층촬영(PET) 영상으로 찍었다.

인지적 재미는 이공계 공부를 하는 데 중요한 동기로 작용할 수 있다. 추리를 통해 새로운 지식을 배워 나가는 과정에서 계속 재미를 느낄 수 있기 때문이다.

지네의 걸음이 워낙 느렸다는 내용은 재미가 없다. 실험 참가자들의 뇌에선 기대했던 보상이 적을 때 반응하는 영역인 전대상회 뒷부분이 활성화됐다. 예상과 맞아떨어지는 문장이 제시되자 재미도 떨어지고 보상을 받지 못했다고 느낀 것이다.

지네는 스물세 번째 신발 끈을 묶고 있었다는 내용과 지네가 다리를 꼬고 앉아 있었다는 내용은 나름대로 재미가 있다. 사실, 재미에는 인지적 재미와 정서적 재미의 2종류가 있다. 예상과 다른 무언가를 발견하며 놀랄 때 이를 추리로 설명할 수 있으면 만족감을 느끼는데 이 느낌이 인지적 재미다. ②가 추리로 재미를 얻을 수 있는 경우다.

반면, 단순하게 어떤 상황을 떠올리며 '낄낄' 거리게 되는 재미가 정서적 재미이다. ③은 지네가 다리를 꼬고 있는 모습을 상상하며 재미있다고 느낄 수 있다. 연구팀은 인지적 재미와 정서적 재미를 느끼는 경우에도 서로 다른 뇌 반응을 보였다는 점을 알아냈다.

②의 문장에 실험 참가자들의 뇌에서는 측두엽과 두정엽이 만나는 부분과 우측 전두엽이 격렬히 반응했다. 측두엽과 두정엽이 만나는 부분은 예상과 다른 정보를 찾아내고 우측 전두엽은 추론을 통해 일치하지 않는 간격을 적절하게 메우는

역할을 함으로써 인지적 재미를 가져온다. 다리가 많은 지네가 아직 돌아오지 않은 이유를 신발을 여러 켤레 신어야 한다는 예상치 못한 정보와 연결해 추리함으로써 재미를 느낄 수 있다.

재미를 느낄 때 뇌의 반응

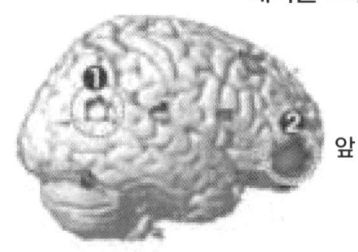
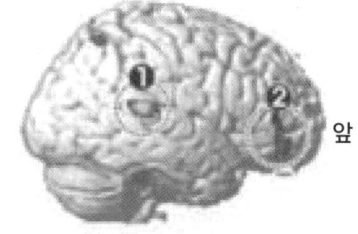

인지적 재미를 느낄 때
측두엽과 두정엽이 만나는 부분(①)에서 예상과 다른 정보를 탐지하고 우측 전두엽(②)에서 추리를 통해 기존 지식과의 간격을 적절히 메워 재미를 느끼게 된다.

정서적 재미를 느낄 때
1차 시각영역(①)과 갈등을 찾아내는 전대상회(②)가 활발히 반응한다. 이어지는 문장이 논리적으로 충돌을 일으키는 탓에 마지막 문장만으로 구체적 영상을 떠올려 재미를 느낀다.

③의 문장에는 뇌에서 1차 시각영역과 갈등을 탐지하는 전대상회가 활성화됐다. 이는 마지막 문장이 앞의 두 문장과 논리적으로 충돌을 일으키기 때문에 대신 마지막 문장에서 구체적 영상을 떠올린다는 의미다. 지네가 어떻게 다리를 꼴지는 모르지만.

재미 연구는 단순히 재미의 본질을 밝히는 데 그치지 않고 학습 연구와 연결될 수 있다. 어떻게 하면 재미있게 공부할 수 있을지 알아 낼 수 있다는 말이다. 김 교수는 "인지적 재미를 계속 느끼다 보면 특히 이공계 공부에 대한 동기를 얻을 수 있을 것"이라며 "학습과정에서 예상과 다른 정보를 만났을 때 기존 지식과의 간격을 추리로 채우는 과정에서 인지적 재미를 느낄 수 있기 때문"이라고 설명했다.

동전을 손가락으로 튕겨서 돌리는 상황을 예로 들어 보자. 앞면과 뒷면으로 넘어질 확률이 어떻게 될까. 보통은 5 대 5라고 말할 것이다. 하지만 그렇지 않고 7 대 3이라는 사실을 들려주면 놀라게 된다. 그 이유가 앞뒷면이 안쪽으로 파인 정도가 다르기 때문이라는 사실을 추론할 수 있으면 재미있다고 느끼게 된다.

김 교수는 "재미는 단순히 스트레스 해소용이 아니라 공부에 몰두하는 동기가 되고 결국에는 뇌 구조를 변화시켜 학문하는 즐거움에 빠지게 만들 것"이라며 "학생들의 재미를 불러일으킬 수 있는 학습 환경을 설계해야 한다"고 밝혔다.

서울대 핵의학과 강은주 교수는 "이번 연구는 교육 현장에서 필요한 뇌 기반 학습에 장기적 목표를 두고 심리학, 교육학, 의학 전문가가 함께 '재미를 느낄 때의 뇌 기능 영상'을 최초로 조사했다는 데 의의가 있다"고 말했다.(이충환 동아사이언스 기자 cosmos@donga.com)

...

이 기사를 통해서 재미있게 접근하는 것이 뇌에 주는 긍정적인 영향을 다시 한 번 확인 할 수 있다.

(7) 저장

컴퓨터를 사용할 때도 저장하지 않은 자료는 잃어버리듯 뇌도 저장하는 기능이 있다. 뇌는 휴식과 수면을 통해 저장이 이루어진다. 규칙적이면서 적절한 수면시간을 유지하는 것은 매우 중요하다. 수면과 기억과의 관계에 대한 연구에서 미국 하버드대학 의과대학 브리검 부인병원 신경과전문의 제프리 엘렌보겐 박사는 수면이 특정사실, 에피소드, 경험적 사건 등을 기억하는 능력인 서술적 기억(declarative memory)을 향상시킨다는 사실이 밝혀진바 있다. 서술적 기억이란 간단히 말해서 단순 사실(what)에 대한 기억이며 비서술적 기억은 방법(how)을 학습한 기억을 말한다.

엘렌보건 박사는 수면습관이 정상적이고 건전한 18~30세의 남녀 48명을 두 그룹으로 나누어 20쌍의 단어를 보여주고 12시간 후에 이를 기억해내도록 하되 한 그룹은 아침 9시에 보여주고 그날 밤 9시에 기억해내게 하고 또 한 그룹은 밤 9시에 보여주고 다음날 아침 9시에 기억해 내도록 했다. 또 각 그룹을 다시 반씩 나누어서 한 조에게만 기억테스트 전에 또 다른 20쌍의 단어(경합정보)를 보여주고 외우게 함으로써 간섭(interference) 상태에서 기억력을 테스트했다. 결과는 단어를 외우고 잠을 잔 그룹이 잠을 자고 나서 단어를 외운 그룹에 비해 간섭이 있었던 없었던 상관없이 훨씬 많은 단어를 기억해 낸 것으로 나타났다.

간섭이 없었던 그룹은 기억성공률이 단어를 외우고 잔 그룹이 94%, 자고 나서 외운 그룹이 82%로 나타났다. 간섭이 있었던 그룹의 기억성공률은 외우고 잔 그룹이 76%, 자고 나서 외운 그룹이 32%로 크게 차이가 났다.

이에 대해 독일 뤼베크 대학 의과대학 신경내분비과전문의 얀 보른 박사는 기억한 것을 뇌에 저장하는 데 수면이 얼마나 중요한지를 보여주는 것이라고 논평했다. 앞의 기사를 통해 확인할 수 있는 것은 기억하기를 원한다면 적절한 수면과 휴식을 취해야 한다는 것이다. 심지어 기억하려면 자라는 말이 있다. 이것은 뇌의 특성을 생각을 할 때 아주 적절하다고 하겠다. 수면과 휴식은 기억 재생시간이다.

앞에서 살핀 7가지 뇌의 특징을 바탕으로 학습법을 정리해보면 다음과 같다. ① 반복을 습관화하는 학습을 해야 한다. ② 무엇이든지 미리 보는 훈련을 해야 한다. ③ 뇌가 상승할 수 있는 마음을 가지고 생각, 감정 관리가 매우 중요하다. ④ 뇌가 부담을 덜 수 있는 단계별 접근이 필요하다. ⑤ 좌뇌와 우뇌를 골고루 사용하라. ⑥ 재미있게 공부하고 ⑦ 규칙적이면서 적절한 휴식과 수면을 유지하라.

물건을 사서 사용할 때도 활용법을 모르면 100% 효과를 보지 못하듯이 뇌도 동일함을 기억하여 뇌의 기능을 숙지하고 뇌를 사용할 필요가 있다. 늘 들고 다니지만 가장 모르는 것이 자신의 뇌일 수 있다.

3) 뇌 과학으로 검증된 12가지 학습법[113]

---

113) 서활원 박사의 마이돌편학습법(양지사) 1, 2권과 한경철 박사의 내 아이의 천재성을 깨우는 통공부법(생명의말씀사) 내용을 재편집하여 정리였고 홈스쿨가정과 학교 등지에서 적용하여 임상을 거친 내용들이다.

서점에는 수많은 학습법 관련 책들이 넘쳐난다. 그런데 살펴보면 뇌 과학적으로 적절하지 않은 학습법이 꽤 많다. 그래서 서활원 박사와 한경철 박사의 자료를 토대로 오랫동안 임상을 거쳐 확인이 되었고, 앞의 뇌과학적 이해를 바탕으로 하여 제시한 학습법을 소개하고자 한다. 그 중에서 연구자가 정리한 12가지를 제시하면 다음과 같다.

(1) 반복암기법

13세 이전에 토라를 암송시키는 유대인 교육은 역사 속에서 천재적 교육을 이루어 낸 아주 중요한 부분임이 검증되었다. 방대한 양의 암송을 함에도 불구하고 특별한 방법이 없이 그저 반복하는 것이 가장 중요하다는 사실을 유대인은 일찍부터 알고 있었다. 유대인들에게는 학가다교육이라는 말이 있다. '학가다'란 '반복교육'이란 뜻이다. 뇌의 특징 중 첫 번째가 반복이다. 반복하면 가능하다. 아무리 긴 분량이라도 되풀이 하면 자연스럽게 암기가 가능해진다. 무언가 외우고 싶은 것이 있다면 단순하게 반복 암송법을 사용하라.

특히 소리 내어 읽게 되면 눈과 귀 두 감각기관이 동시에 작용하기에 훨씬 잘 기억된다고 링컨은 말한다. 오감을 모두 쓴다면 훨씬 더 좋을 것이다. 또한 숫자나 무의미한 단어를 외워야 할 때 효과적인 것은 한 자리에서 70회 정도를 반복하거나 며칠에 걸쳐 주의를 기울이면 가능하다. 연상법도 좋은 방법이다.

(2) 예습법

뇌에 대해 이야기할 때 학습에 있어 미리 저장 장소를 결정하는 것이 중요하다고 앞에서 언급했다. 스스로 예습하여 사전에 미리 보게 하는 것은 뇌의 부담도 줄이고 뇌의 에너지 소모를 최소한으로 줄이는 역할을 한다. 예습을 하면 모르거나 이해가 안 되는 것을 발견하게 된다. 사전에 먼저 자료를 찾아보는 수고를 한다면 더 좋을 것이다. 되도록 예습에 너무 긴 시간을 사용하여 지치지 않도록 해야 한다. 그리고 학습 뿐 아니라 예습하는 습관은 인생의 무엇을 하든지 먼저 생각하고 계획하는 영역에 속한다. 성인이 되어서도 예습하는 습관이 안 된 이들은 사회에서도 곤란한 경우가 발생하고, 상사로부터 책망을 듣는 경우도 많다.

(3) 목차암기법

먼저 한 학기를 시작할 때 교과서의 목차를 외운다. 앞에서 제시한 것처럼 반복하여 자연스럽게 외워지게 한다. 목차의 내용을 이해하면서 목차를 외운다. 이후에는 보지 않고 큰 단원을 중심으로 말할 수 있도록 하라. 목차는 나름의 연관성을 갖고 있다. 목차를 외우고 있을 때 유익한 점은 보지 않고도 그날 배운 내용이나 아니면 그 단원 전체를 짧은 시간에 요약하여 정리할 수 있다는 것이다.

(4) 새벽공부법

두뇌 기능은 언제 가장 활발하고 좋을까? 학자들은 기상 후 1~2시간대라고 한다. 정상적인 생활습관으로 한다면 새벽시간이다. 두뇌의 활동성은 육체적 건강과 비례한다. 건강한 상태일 때 두뇌의 기능도 원활하다. 몸이 아프거나 예민한 상태에서는 기억력이 현저히 떨어진다. 그래서 아침에 일어나자마자 세수하고 가볍게 몸을 풀어주는 경우에 두뇌는 가장 잘 운용될 수 있다. 그런데 많은 학생들이 오전 수업에 졸고는 저녁이나 밤에 공부를 한다. 이는 절대로 좋은 공부습관이 아니다. 지나치게 몰아서 공부하는 것도 두뇌 기능을 떨어뜨리는 결과를 낳는다. 게으름이 가장 큰 적이다. 귀찮아도 평상시에 꾸준히 공부한다면 에너지 고갈로 허덕이는 경우는 없을 것이다. 오후에 잘 풀리지 않던 수학 문제가 새벽시간에는 쉽게 풀리는 경우가 있다. 그것은 두뇌의 상태가 최상이기 때문이다. 그래서 새벽에 가장 어렵고 부담스러운 과목을 공부하는 것이 유익하다. 나의 큰 딸아이는 수년째 새벽에 말씀암송과 묵상의 시간을 가진 후 첫 과목으로 수학을 공부하고 있다. 새벽 1시간이 오후 3~4시간과 같다. 공부는 밤이 아닌 새벽과 오전에 하는 것이 유익하다.

(5) 2분 복습법

에빙하우스의 망각곡선이론에 따르면 인간의 기억은 시간의 흐름에 반비례하므로 점차 알고 감소하는 기억을 장기적으로 기억하기 위해서는 주기에 따라서 적절한 시점에 복습(4회)이 필요하다고 한다. 독일의 심리학자 에빙하우스(1850~1909)는 한 번에 몰아쳐서 하는 벼락치기 식의 공부보다는 일정한 시점을 나누어 반복하는 학습법이 기억하는 데 훨씬 더 효율적이라고 주장한다.

이 연구는 그 이후 다른 연구자들에 의해 다시 검증되는데, 사람은 1시간 후 45% 망각하고 8시간 경과 후 15%를 망각한다고 한다. 24시간이 지나면 10%도 남지 않고 2~7%정도만 남는다고 한다. 때로 잊어야 할 것은 잊는 것이 필요하지만 잊지 말아야 할 것까지 잊어버리는 것은 문제다. 인간은 망각의 천재다. 그런데 그의 연구에서 학생에게 수업 직후 2분 복습을 하게 하자 24시간이 지났는데도 수업내용의 60.2%가 남아 있음을 발견했다. 정식 복습까지 하니 24시간 후 91~98%가 남는 놀라운 결과가 나왔다. 2분 복습으로 이런 결과가 있다는 것은 놀라운 일이다. 물론 건성으로 무성의하게 한다면 이런 효과가 떨어질 것이다. 열정을 갖고 한다면 가능한 일이다.

2분 복습을 하게 되면 정식 복습하는 시간도 줄어든다. 예습한 후 집중하여 수업을 듣고 2분 복습을 하고 정식 복습을 해준다면 91~98%이상의 기억을 할 수 있다. 예습과 더불어 복습이 중요하다. 2분으로 얻는 효과는 매우 크다.

(6) 동영상 학습법

동영상 학습법은 수업을 할 때 교재나 칠판의 메모를 눈으로 읽고 머리 속에 영상으로 다시 재생시켜 보는 것을 말한다. 2분 복습을 활용한 후 학교를 다니는 학생이라면 하굣길에 수업시간의 내용을 동영상을 재생하듯 머리 속으로 재복습을 하는 것이다. 그리고 동영상을 재생하듯이 집에 돌아와서는 부모님 중 한분에게 그날 배운 것을 다시 설명해보는 시간을 가진다. 동영상을 보여 주듯 배운 내용을 자신이 말하고 가르쳐보는 것이다. 동영상 훈련은 초기에 힘들지만 반복하여 훈련하면 뇌의 용량이 매우 커진다. 사진보다 동영상이

용량이 매우 크듯이 뇌의 용량이 커져서 많은 양을 한꺼번에 입력할 수 있게 된다.

(7) 반복연독법

반복연독법은 먼저 책을 끝까지 읽는다. 한 권의 책을 끝까지 읽는 것은 인내심이 필요하다. 그리고 자신감도 생긴다. 먼저 한 권의 책을 끝까지 읽고 다시 그 책을 반복하여 읽는다. 다시 읽을 때 처음 읽을 때보다 40%의 시간이 단축된다. 반복하여 읽을 때마다 40%의 시간이 절약되어 처음에는 한 달 걸려 읽은 책을 10회가 넘어서면 1시간에 읽는 결과가 생기고 그 내용이 대부분 외워지는 효과가 있게 된다. 모든 책을 다 이렇게 볼 수는 없지만 이렇게 반복하여 연구하고 공부해야 할 책은 이런 식으로 읽으면 매우 유용하다.

(8) 누진복습법

복습을 하는 방법 중 하나인데 앞에서 보았던 2분 복습 이후 1일 후에 한 번 더 복습을 하고 그 내용을 1주일 후에 다시 복습을 한다. 또한 한 달 후에 다시 복습을 하여 4회 복습을 하면 단기기억에서 장기기억으로 넘어가게 된다. 누진복습은 장기기억으로 정보를 6개월 이상 지속시키는 효과가 있다. 이것도 뇌의 기능 중 첫 번째인 반복 특징을 고려한 복습법이다.

(9) 녹음암기법

이 방법은 한경철 박사가 직접 체험하여 사용한 방법으로 많은 양의 정보와 지식을 짧은 시간에 암기해야 할 때 사용하면 유용하다. 먼저 자기 목소리로 암기할 내용을 녹음한다.

그 후 그것을 하루 중 길을 걸을 때도, 차를 타고 갈 때도, 잠시 쉴 때도 계속 들려주는 방법이다. 뇌는 무의식중에도 그것을 듣고 기억을 한다. 자투리 시간을 활용할 수도 있다. 이때 중요한 것은 그저 듣기만 하지 말고 그 내용을 같이 중얼거리며 외우면 더 효과적이다. 특히 영어공부에 큰 도움이 된다.

(10) 녹음속청법

『듣기만 해도 머리가 좋아지는 책』(해바라기)에서 일본의 다나카 다카아키 씨는 속청이 베르니케 중추를 자극해 두뇌를 발달시킨다는 이론을 주장했다. 속청을 할 때 장점은 집중이 잘되고 시간을 절감한다. 청취력에 도움이 된다. 특히 외국어 공부에 도움이 된다. 먼저 평상시 속도로 한번 듣고 속도를 조금 빨리하여 다시 듣는다. 이렇게 몇 번 반복하다 보면 2~4배까지의 내용도 집중하여 들을 수 있다. 집중력 훈련에도 도움이 된다. 되도록 속도는 30% 이상 빠르게 하지 않는 것이 효과적이다.

(11) 수면학습법

앞에서 보았듯이 수면과 휴식이 학습한 것을 뇌에 저장하는 역할을 한다. 잠을 잘 자야 기억력이 좋아진다는 말이기도 하다. 그런데 이때 수면의 양보다 더 중요한 것이 얼마나 깊은 잠을 잤느냐 하는 수면의 질이다. 세계적인 과학 전문지 뉴사이언티스트 인터넷 판에서 다음과 같은 글이 실렸다. "수면에 인색하면 뇌에 나쁜 영향을 준다. 기획력, 문제해결능력, 학습능력, 집중도, 기억력, 경계능력 모두에 타격을 끼치는 것이다." 잠은 인간의 생활 능력 전반에 두루 관계한다. 수면에 도움이 되는 활동으로는 낮 시간에 약간의 운동을 하는 것이다. 일조량이 적으면 수면장애가 온다고 한다. 적절한 일조량이 필요하다. 체온을 떨어뜨리면 잠이 쉽게 들므로 잠들기 2시간 전쯤 반신욕을 하는 것도 좋다.

잠은 하루에 4~5번의 주기로 렘수면(REM)과 논렘수면(non-REM)의 반복으로 형성된다. 렘수면 때는 뇌가 활발히 움직인다. 잠에서 깨어 활동하는 시기보다 렘수면 시에 두뇌 활동이 보다 역동적이라는 연구결과가 있다. 렘수면 시에 낮의 상황이나 기억해 두었던 것들을 뇌로 전달해 주는 신경 전달 물질을 만들어 놓는다. 하루 동안 입력한 기억을 정리하는 작업도 실행한다. 렘수면이 없이 잠을 자는 사람은 기억력과 학습능력 등이 극히 저하될 수 있다. 따라서 잠자기 전에 공부한 내용을 되새겨 본다면 더할 나위 없이 좋은 효과를 발휘할 수 있다. 잠들 때 적당한 크기의 소리로 암기할 것을 틀어두고 잘 때 렘 수면 상태에서 2~3시간의 공부 효과를 낼 수 있다.

(12) 33학습법

공부할 시간을 3등분으로 나누어 공부하는 것인데 3등분으로 나누어 공부하고 그 안에 본론을 다시 3등분으로 나눈다. 1시간을 공부한다면 10분 - 40분 - 10분으로 3등분한다. 중간의 40분을 또 다시 7분 - 26분 -7분으로 나눈다. 처음 10분은 오늘 공부할 부분이 있으면 전체 목차를 보고 오늘 할 파트가 어느 위치에 있는지 생각한다. 그리고 40분을 집중해서 공부한다. 그 후에 다시 공부한 부분은 전체에서 어디를 차지하는지를 생각한다. 40분을 집중하여 공부할 때도 오늘 다룰 내용의 큰 흐름을 다루어본다. 6~7분정도를 다루고 내용을 차근차근 정독하며 공부한다. 26분 동안 그리고 7분 동안 공부한 내용을 다시 정리한다.

어릴 때부터 뇌의 특징과 기능을 알고 제대로 학습법을 훈련하여 습관화 한다면 유용할 것이다. 본인이나 자녀에게 훈련할 수 있는 것을 한두 가지부터 시작하여 습관화한다면 유용할 것이다.

유대인들은 하나님의 말씀을 암송하고 연구하는 것이 곧 하나님을 사랑하는 것이라고 여긴다. 평생 어떤 형태로든 공부해야 하는데 뇌의 기능과 특징을 알고 합당한 학습법으로 훈련해둔다면 성경을 연구하는 일 뿐 아니라 모든 것에 큰 유익이 있을 것이다. 33학습법과 고공학습법을 병행할 때 아주 유익하다.[114]

4) 뇌 과학으로 본 유대인 교육

유대인 연구를 하기 전에, 뇌 과학과 관련하여 공부를 한 것은 큰 유익이 있었다. 뇌 과학을 연구하면서 하나님이 주신 뇌가 얼마나 놀라운지 발견할 수 있었다. 유대인 교육을 연구하면서 유대인들이 왜 천재적인 능력을 나타내는지 이해가 되었다. 뇌 과학적

---

114) 원동연, 「5차원 전면교육 학습법」, 김영사, p.70-88. 고공학습법이란 숲을 보고 나무를 보는 학습법으로 비행기를 타고 전체를 고공하여 보듯 본 후에 부분으로 들어가는 학습법이다. 숲과 나무를 번갈아가며 보는 공부법이다. 역사공부에 큰 도움이 된다. 목차암기법, 33학습법과 함께 활용하면 더욱 더 유익한 학습법이다. 암기법과 관련하여서는 11가지를 제시하며 다양한 학습방법을 소개하는 에드워드 J. 스완의 「하우투스터디」를 참조하면 도움이 될 것이다.

으로 볼 때 유대인들의 단순한 학습법이 모두 과학적임을 발견했기 때문이다.

뇌는 반복을 아주 중요하게 여기는데 유대인들은 태교에서부터 아버지가 암송한 성경을 자녀에게 반복하여 들려주고 있으며, 13세 이전에 이루어지는 모든 학습법 역시 반복암송법이다. 그것도 성경이 그들의 텍스트가 된다. 창세기와 출애굽기, 레위기, 민수기, 신명기를 늘 들려주고 함께 암송한다.

최고의 텍스트로, 가장 과학적인 학습법으로 3천년 이상 교육해 오고 있는 것이다. 하나님이 주신 방법이 참으로 탁월함을 발견하다.

결과적으로 보면, 유대인들은 이미 수천 년 전부터 인간의 뇌를 만드신 하나님이 가르쳐주신 반복암송법을 통해 성경을 암송하고 지혜와 슈르드 교육을 통해서 지식을 얻기 전에 지혜와 명철을 얻어 마음을 다스릴 줄 알게 된 것이다.

마음을 잘 다스리고 절제할 수 있는 사람의 뇌는 남다르다. 태어날 때부터 장애를 갖고 있지 않는 경우에 모든 뇌는 다 뛰어나다. 유대인들은 어릴 때부터 마음을 다스리고 긍정적인 상승효과를 갖도록 훈련하여 뛰어난 뇌로 발전시켜 갔다. 하나님께서 주신 뇌를 최고의 뇌로 만드는 것이 유대인 교육이다.

뇌 과학적으로 볼 때, 뇌에 있어 중요한 것은 반복하는 것이다. 유대인들은 암송과 묵상, 연구 그리고 토론하는 시간을 통해 끊임없이 반복한다. 무서울 정도로 반복한다. 훈련하지 않으면 교육되지 않는다. 유대인은 가장 기본인 반복을 가장 충실히 실천하는 민족이다. 주입식교육과 생각을 자극하고 토론하는 디베이트 교육이 조화를 이루면서 뇌를 활성화한다. 유대인의 모든 것은 좌우 뇌의 균형적 접근을 하게 한다. 가정예배만 보아도 좌뇌적 지식과 가르침과 더불어 오감을 작동하는 우뇌를 사용하여 이루어진다. 가정예배 조차 균형감 있게 좌우 뇌를 사용하도록 디자인되어 있다. 상징을 통해 메시지를 전달하고 있다. 논리적인 글로만 이루어지지 않고 여러 구체적인 상징들을 사용한다. 메노라의 초, 포도주 세트, 세수식, 빵과 포도주 등은 좌우뇌를 균형있게 만든다. 유대인 교육이 이루어지는 가정과 회당, 학교를 들여다보면 볼수록 그들에게 이미 자연스럽게 녹아 있는 부분들이 과학적인 측면에서 볼 때, 가장 탁월한 방법들임을 발견하게 된다.

맺는 말

한국 기독교와 세계 기독교는 심각한 문제에 직면해 있다. 유럽, 미국, 한국 그리고 중국마저 믿는 가정의 자녀들이 교회와 하나님을 떠나고 있다. 나라마다 정도만 다를 뿐 동일한 현상이다. 유럽국가의 많은 교회들을 보면 노년층의 성도들 일부만 남았을 뿐 젊은 세대들은 없다. 매년 8천 교회씩 없어지던 영국교회의 다음세대는 찾을 수 없다. 한국교회도 교단마다 다음세대에 대한 심각성을 인식하고 심포지움과 세미나를 개최하지만 뾰족한 대안을 찾지 못하는 것이 현실이다. 더 큰 두려움으로 다가오는 것은 길이 보이지 않는다는 것이다. 정말 길이 없단 말인가.

저자는 앞에서 그 해답을 성경에서 찾아야 한다고 외쳤다. 또한 성경의 배경 특히 초기교회(예수님 당시-4세기) 가정과 학교, 교회에서 그 해답을 찾아야 한다고 주장했다. 성경은 우리 인생과 사회, 국가, 인류의 문제에 대한 실제적인 답을 준다. 주안에서 해결 되지 않을 일이 없다. 교육도 마찬가지다. 유대인 그리스도인들은 2천년이 지난 지금도 유래 없이 성장하고 부흥하고 있다. 한때 꽃 폈다가 지는 것이 아니라 더딘 것 같으나 2천년이 지나서도 여전히 시냇가에 심은 나무처럼 성장하고 부흥하고 있다. 유대인 그리스도인 공동체가 문제가 없는 것이 아니다. 그러나 우리가 고민하는 다음세대의 문제에 있어서만은 그들은 자유하다. 반면 한국교회는 130년 만에 자녀들을 잃어버렸다. 다음세대를 2천년 동안 잃어버리지 않은 유대 그리스도인과 130년 만에 완전히 무너져 내린 한국 그리스도인이 대조된다. 왜 그러한지 연구한 결과 초기교회가 가진 교육 철학과 교육주체의 역할 그리고 실제적 지침을 4세기 이후부터 잃어버렸기 때문이다.

다음세대인 자녀들이 지옥으로 내몰리는 상황에서 주의 말씀을 근거로 하여 외친다. "주안에서 자식농사가 된다". 아브라함 이후 3500년의 역사 그리고 초기교회가 가졌던 그 아름다운 교육의 유산을 회복한다면 전 세계는 지금도 늦지 않았다. 복음 전도와 선교에 최선을 다해 달려온 한국 교회를 하나님은 매우 기뻐하실 것이다. 더 나아가 다음세대의 단절이라는 대재앙 앞에 다시금 자녀들에게 마땅히 행할 것을 가르침으로 반전을 이룰 수 있다. 교육이 무너질 뿐 아니라 교회와 믿는 자들 그리고 그들의 자녀들의 배교와 도덕적 타락이 깊어지는 이때 성경에 기반한 교육원리는 온전한 해답이 될 것이다. 한국교회 지도자들이 놓치는 것 중 하나가 바로 '가정'이다.

과연 세상 철학의 바탕 위에 세워진 교회와 가정의 교육 방법들로 우리 다음세대 아이들을 지킬 수 있겠는가? 이미 목회자, 선교사, 중직자 자녀들의 성적, 물질적 타락이 만연해 있다. 통회하는 심정으로 하나님께 나아가야 한다. 세상 철학을 바탕으로 자녀교육을 행했던 교회와 그리스도인들이 먼저 회개하고, 다시 하나님의 말씀으로 돌아가 가정에서부터 자녀를 믿음으로 양육하고, 성경적 기반 위에 신앙과 인성, 지성교육이 이루어져야 한다. 그리고 교회가 초기교회처럼 성경적 학교를 세우고 가정을 지원해야 한다. 가정이 해답임을 명심 또 명심해야 한다. 그렇게 한다면 한국교회의 명성을 다시 회복하고 주님의 재림 때까지 칭찬 듣는 교회가 될 것이다.

무너진 영국교회의 회생 가능성도 '가정'에 있음을 기억해야 한다. 교회나 학교, 국가가 이 문제를 절대로 해결 할 수 없다. 오직 '가정'을 중심으로, '교회'와 '교회중심의 학교'가 교육의 자기역할을 감당하고, 가정을 지원하는 형태를 취하게 될 때 하나님이 원하시는 올바른 교육이 이루어 질 수 있다.

그리고 앞에서 제시한 아브라함 때부터 내려오고 예수님과 그 이후 계승해 온 초대교회 교육을 중심으로 성경적 원리를 가지고 와서 한국교회에 맞는 원리들을 찾아 적용해야 한다. 2천 년이 넘는 시간동안 검증되고 임상으로 자리한 교육을 통해 더 큰 열매를 맺을 수 있을 것이다. 제시한 실제적 교육내용은 시작에 불과하다. 나라 없이 오랜 방랑생활에도 신앙을 수천 년 동안 전수하고 전 세계에 우뚝 선 예루살렘 초대교회의 교육의 비결을 연구하여 오늘날 기독교가정에 적용해야 한다.

본 책에서 제시한 원리들은 계속 연구되고 검증되어야 한다. 이 지침들은 저자의 가정과 교회에 적용하면서 많은 열매를 맺고 있으며, 전국의 수많은 가정들이 이 지침을 따라 자녀를 양육하며 참여하고 있다. 세계 곳곳이 한국교회가 직면한 문제와 동일한 문제를 안고 있다. 세계의 많은 그리스도인 가정들이 대안 없는 상황에서 저자에게 문을 두드리곤 한다. 세계의 많은 가정들이 '부모훈련대학' 과 '토브교육의 원리'로 변하고 있다. 어머니들의 감사의 편지와 눈물의 고백 그리고 웃음이 넘쳐난다.

성경적 교육철학을 바탕으로 성경적 신앙교육과 인성교육, 지성교육을 이루어 온 초대교회의 교육을 통해 신앙전수에 성공한 그들의 기적을 오늘날 우리도 재현 할 수 있을 것이다. 우리 역시 접붙임 받은 아브라함의 후예로서 참 아브라함의 자손들을 교육하자. 놀라운 믿음의 기적들이 일어날 것이다. 한국 교회와 가정들이 복음 전도와 선교 뿐 아니라 소홀했던 복음 전수를 통해 주님 다시 오실 때까지 자손만대 시냇가에 심은 나무처럼 열매 맺기를 기대한다.

교육 사례
간 증 문

| 암송교육 간증문 |

재미가 붙으니 하루 종일 영어로 잠언을 중얼거리기 시작했습니다

이선희(좋은가족교회 / 3년 동안 세 아들을 약 5천절 암송시킨 어머니)

암송을 본격적으로 시작한 지 3년이 넘어가고 있습니다. 쉐마말씀 신명기 6장 4~9절을 목사님 설교를 통해 알게 되었습니다. 그 말씀을 본문으로 이스라엘 사람들이 말씀을 얼마나 사랑하는 민족인지 들었을 때, 전 충격을 받았습니다. 그 날의 기억이 아직도 생생합니다.

저도 대학때부터 말씀을 무척 사랑한다 자부했습니다. 제 성경은 너무 많이 읽어 너덜너덜했습니다. 물론 신약에 국한된 것이었습니다. 성경공부 시간에 가장 열을 올렸고 말씀을 나눌 때가 너무도 행복했습니다. 그랬던 제 마음에 쉐마 말씀의 비밀과 그들의 말씀에 대한 사랑은 너무도 큰 감동으로 다가왔고, 그런 이스라엘 백성을 하나님이 얼마나 사랑하셨는지..말씀을 사랑하는 사람을 하나님께서 얼마나 사랑하시는지 들으면서 저는 흥분되고 가슴이 뛰었습니다.

그래서 그날부터 아이들과 쉐마말씀을 암송하기 시작했습니다. 그 다음에 출애굽기 20장 1~21절 말씀인 십계명 말씀을 함께 암송했습니다. 암송의 부담을 줄이기 위해 벽에 써 붙이곤 매일 같이 아침저녁으로 읽었습니다. 때로는 말씀에 음률을 붙이기도 하고, 손동작도 함께 하면서 그렇게 즐겁게 암송이 시작되었습니다. 그 다음은 창세기, 그렇게 아이들과 함께하는 암송이 정말 즐거웠습니다.

어느날 목사님께서 암송캠프를 열거라고 하셨습니다. 2주간 밥만 먹고 암송만 할거라고 하셨을 때, 조금 놀라긴 했지만 한치의 망설임 없이 등록을 했습니다. 아이가 힘들어하든, 암송이 좋든 싫든 사실 그때는 그런 것들이 전혀 고려되지 않았습니다. '하나님의 말씀을 암송하는 일에 내 아이가 참여하는 것이 당연하다. 나처럼 아이도 말씀을 사랑하는 사람으로 자라주기를' 바라는 마음이 전부였습니다. 그때가 첫째가 9살때입니다. 그렇게 잠언암송을 시작으로 요한계시록, 로마서, 잠언 영어...그리고 지난달 마친 토다의 삶 본문이었던 민수기...그렇게 암송한 구절들을 세보니 5,000절에 가까웠습니다. 절수는 그렇지만 아마 반복한 횟수로 계산한다면 10,000절이 훨씬 넘을 것입니다.

집에서 잠깐씩만 하던 암송을 하루종일 하는 캠프는 아이에게 쉽지는 않았습니다. 첫째는 지난 여름 6번 암송캠프를 모두 참가했고, 3회때부터 동생들도 참여해 세 아들 모두 잠언, 요한계시록, 로마서, 민수기를 끝냈습니다. 저희 집의 일상의 반은 암송으로 보내는 시간이 가장 많았습니다. 하루에 9절, 때로는 6절 혹은 3절, 그렇게 절수가 달라지긴 했지만 하루도 빠지지 않고 무조건 암송을 진행했습니다.

아침에 일어나서 다른 것보다 암송을 가장 먼저 했습니다. 그 날의 암송분량을 마치고 나서야 아침 식사를 했습니다. 그래서 저희 집의 아침은 늘 브런치가 됐습니다. 암송을 하다가 "어머니, 배에서 천둥이 쳐요~~" 그러면 "물 한 컵 마시고 마저 해라."가 저의 답이었습니다. 요즘은 아침에 아이들이 저보다 먼저 일어나면 미리 암송을 다 해서 저희들끼리 서로 검사해주고 확인해 줍니다.

잠언을 암송하면서 가정예배 때도 잠언 말씀을 가지고 나누었습니다. 아버지가 뒤늦게 함께 잠언을 암송하기 시작했을 때 아이들이 확인을 해 주었습니다. 자신들은 다 아는 말씀을 아버지가 틀리는 걸 보면서 너무도 즐거워하고 좋아했습니다. 그런 광경을 지켜보는 건 정말 말할 수 없는 행복이었습니다.

어떤 분들이 물었습니다. 암송의 비법이 뭐냐구요. 그건 꾸준함이었습니다. 많든 적든, 매일 꾸준히 하는 것을 당할 방법이 없었습니다. 매일매일 한 암송이 잠언을 끝내고, 요한계시록에 이어 민수기까지 끝내게 됐습니다. 절수를 세보니 민수기는 1,200절 가까운 분량이었습니다.

온 교회가 함께 암송을 하는 것이 더 시너지 효과를 냈습니다. 한주간 집에서 암송한 구절을 주일에 목사님 앞에서 확인을 받을 때면 아이들은 서로 얼만큼 암송을 해 왔는지 진도는 어느 정도인지 서로 확인하며 선의의 경쟁을 해간 것이 많은 도움이 되었습니다. 주일에 일이 있어 한 주 목사님께 확인 사인을 받지 못한 날은 정말 섭섭해했습니다. 경쟁심이 강한 큰애는 어릴적부터 암송을 잘한다는 칭찬을 늘 들어왔었습니다.

방학 때마다 열리는 암송캠프도 큰 역할을 했습니다. 잠언을 암송하게 된 것도 그렇고 요한계시록, 로마서를 끝내게 되고, 암송 교재가 있고 확인을 해주는 캠프 덕분에 결과를 얻어 낼 수 있었습니다.

무엇인가 한 가지 일을 지속한다는 것은 대단한 인내와 결심을 요구하는 것 같습니다. 암송도 마찬가지였습니다. 말씀에 대한 사모함이 컸지만 그것이 매일매일 같은 일을 반복하도록, 그것도 오랫동안 그렇게 하기엔 충분한 동기가 되지 못했습니다. 무엇보다 어미인 제가 마음이 힘들어질 때면 그것을 지속한다는 것이 더욱 어려웠습니다. 정말 쉽지 않은 시간이었습니다. 아이들은 암송한다고 힘들었다고 하겠지만 그 아이들을 매일매일 3명 모두 암송을 지속할 수 있도록 확인하고 격려하고 훈계하는 일은 다름 아닌 저와의 싸움이었습니다.

그런 상황과 형편에도 저를 지탱해 온 것이 암송캠프입니다. 일 년의 두 번 캠프기간은 제가 refresh되고 다시 동기부여를 받는 시간이었습니다. 홈스쿨을 하니 때때로 아이의 상태를 객관적으로 볼 수 없을 때가 많았습니다. 그런데 캠프에서 다른 아이들과 섞여 생활하는 모습을 통해 아이의 인성과 학습능력 신앙 등 여러 가지를 진단받는 시간이 되기도 했습니다.

김형종 박사님의 말씀에 의하면 2,000절이 넘으면 아이가 천재가 되고 3,000절이 넘으면 머리에 고속도로가 뚫려서 보는 것마다 읽는 것마다 듣는 것마다 사진찍듯이 찍힌다고 하셨습니다. 최근 아이에게 암송을 하니 다른 공부에도 도움이 되는지 물었습니다. 생각해보더니 지금 듣고 있는 인터넷강의 내용을 처음 듣는 내용이라도 한번 들으면 다 기억이 나고 이해가 간다고 했습니다. 암송을 본격적으로 시작하면서 독서량도 많아지고 천페이지가 넘는 책의 내용도 한번 보곤 다 설명할 수 있다고 말했습니다. 처음에는 그렇지 않았지만, 요즘 첫째는 두세번 정도 읽곤 3~4절의 말씀을 암송하곤 합니다. 그리고 그건 한글성경 뿐 아니라 영어성경도 그렇습니다. 모르는 단어가 나오는 구절도 몇 번 반복 후 곧잘 암송합니다.

한 가지 일화가 생각이 납니다. 아이들이 산상수훈을 암송하던 시기였습니다. 그때 저는 관계에서 어려움을 겪고 있었습니다. 관계에서 오해와 억울함 때문에 힘들어하며 기도하고 있는데 그날 아이들을 암송시켰던 그 말씀이 감동이 왔습니다. 그리곤 제가 먼저 사과하고 용서를 구할 것에 대해 그 말씀을 통해 주님이 말씀하시는 것 같았습니다. 그래서 남편에게 함께 사과하러 가자고 했습니다. 그랬더니 남편이 버럭 화를 내며 왜 우리가 먼저 가냐고 했습니다. 그때, 그 말씀을 이야기하며 이 말씀에 이렇게 이야기하니 사과하는 것이 마땅하지 않겠냐고 했습니다. 그 말에 남편이 더 이상 말을 못하고 함께 다녀왔던 기억이 납니다. 그 날로 인해, 그 관계의 오해가 풀어지게 되었습니다. 나중에 남편에게 물으니 말씀을 듣는 순간 따라야겠다는 마음이 들었다고 했습니다. 아이들을 암송시키기 위해 반복하던 말씀이 실제 제 삶과 남편의 삶에도 역사를 일으킨 사건이었습니다.

영어 성경암송에 대하여서는 정말 하고 싶은 말이 많습니다. 세 아이 모두 집에서 영어공부는 시작하지 못하고 있었습니다. 남들이 읽히는 쉬운 영어동화책도 DVD도 … 시작해야 한다는 부담만 있고 엄두를 못내고 있었던 터에 잠언 영어 암송캠프에 참가했습니다. 첫째도 그랬지만 밑에 두 아이는 고생이 이만저만이 아니었습니다. 알파벳 배열도 정확하지 않은 아이들이 읽고 암송하려니 두 주간의 시간이 얼마나 힘들었을까 싶습니다. 그렇게 읽는 것이 아니라 한마디의 의성어를 소리내듯 어렵사리 몇 구절을 암송하고 두 주간의 시간을 마쳤습니다. 그 암송한 몇 구절도 무슨 소리인지 알아듣기가 힘들었습니다. 그렇게 시작된 영어 캠프 후 집에서 함께 한절, 한절 익혀 나갔습니다.

어느새 재미와 탄력이 붙어갔습니다. 두 아이는 그렇게 힘들던 영어 잠언말씀이 한 절 한 절 익숙해지고 아는 단어들이 눈에 들어오기도 하며 재미가 붙으니 하루 종일 그 영어 잠언말씀을 중얼거리기 시작했습니다. 잠들 때도, 일어나서도, 놀 때도, 심지어 밥을 먹으면서도 자신의 입에서 나오는 영어를 신기해했습니다. 그렇게 엄두가 나지 않던 영어를 캠프 덕분에 시작해서 지금은 한글보다 더 빠른 속도로 한 장을 암송해 내려갑니다. 가끔 암송발표를 시키면 한글보다 영어로 하고 싶다고 영어로 암송하는 것이 좀 더 쉽다고까지 합니다. 매일 반복하다보니 읽을 수 있는 단어도 생기고, 단어를 읽게 되기 시작하면서 따로 가르치지 않았던 파닉스도 스스로 깨우쳐가고 있습니다.

얼마 전에 잠언 영어를 사람들 앞에서 발표할 기회가 있었습니다. 그때 세 아이가 잠언 영어를 암송해 나가는 모습을 보며 지금껏 암송시키고 처음으로 정말 잘했다라고 칭찬해주었습니다. 늘 암송해왔지만 그날만큼은 정말 잘하는구나 싶었고 기쁜 날이었습니다.

앞으로 제 목표는 만절이상 암송을 시키는 것입니다. 모세오경, 사복음서, 로마서, 요한계시록... 할 수만 있다면 영어로도 같이 하고 싶습니다. 암송을 처음 시킬 때 그랬던 것처럼 지금도 여전히 저의 동기는 동일합니다. 말씀을 사랑하는 아이, 삶의 모든 문제의 답을 말씀에서 지혜를 얻고 잠언말씀처럼 어릴 적 새겨진 말씀이 늙어서도 떠나지 않아 아이의 평생을 말씀에 이끌려 살게 하는 것입니다. 다윗 왕이 고백한 것처럼 이 말씀이 내 입에 송이 꿀보다 더 달다라는 고백도 더불어 있기를 소망합니다.

| 토브가정교육 |

토브한 삶!
하나님 보시기 좋은 우리 가정!

진주원(여의도순복음교회)

토브교육을 받고 저희 가정에 참 많은 변화가 있었다.

1. 가정을 작은 천국으로 만들어 준 토요 가정식탁예배

토요일 오후 6시. 깔끔히 정돈된 집안 한 쪽에서는 향초 몇 개가 켜져있고, 부엌에서는 고기 굽는 냄새가 진동을 하고. 그리고 오디오에서 흘러 나오는 찬양.

"아버지 토요 예배 드려요~ 오세요!" 6살 큰 딸이 소리친다. 2살, 3살, 6살 딸들과 남편. 가족이 모두 모여 앉는다. 가족들을 위한 간절한 나의 기도로 예배를 열고, 남편이 나와 딸 셋에게 순서대로 안수하여 축복기도를 해준다. 어머니를 위한 축복송, 남편의 대표기도 그리고 이어지는 저녁식사. 이 날, 식사는 가족들이 모두 좋아하는 메뉴로 준비해서 즐겁게 식사를 한다. 식사가 끝나고 과일을 먹으며, 아버지 무릎에 앉아 아이들은 한주간 동안 외운 암송도 보여주고, 장기자랑도 하고 조잘조잘 이야기를 나눈다. 평일에는 회사일로 늘 바쁜 남편의 표정도, 아이들의 표정도 더없이 행복해 보인다.

아이와 부모가 온전한 주일성수를 위해 주일을 준비하며 예배 안에서 살아있

는 신앙교육을 하고 교제하는 것이 너무 행복하다. 부모대학에서 토요예배가 있다는 것을 배우고 시행착오를 거치며 실천해 왔던 10개월. 전에 느끼지 못했던 참 기쁨이 마음에 흘러넘친다. 하나님께서 가정을 작은 천국으로 지으신 게 아닐까 하는 생각이 들 정도로 말이다.

2. 믿음의 한 걸음, '빛과 소금' 홈스쿨

큰 아이와 성경암송을 하며, 하나님의 말씀대로 교육하고 싶은 소망이 있었다. 그러던 중에 부모훈련대학을 알게 되고 일년 동안 부모대학 4학기를 열심으로 수강하면서 나의 가치관에 많은 변화가 있었다. 교육은 교과학습이 아니다. 신앙과 인성 위에 지식을 세워야 하는 것이며, 하나님은 가정을 교육에 중심에 두셨고, 부모는 최고의 선생님이고 가정은 최고의 학교라는 것을 시작으로 해서 성경적인 자녀교육, '토브교육의 실제'를 알게 된 것이다. 온라인으로 부모대학, 컨퍼런스, 세미나 등을 통해서 이게 정말 맞는 것인가 성경적인가 끊임없이 고민하고 살펴보았는데 토브교육이 정말 너무나 명확한 성경적 교육이라는 것이 시간이 지날수록 가슴으로 느껴지고 분명해졌다.

토브교육에서 말하는 신앙교육 7가지, 인성교육 12가지, 지성교육 5가지 대로 아이들을 양육하고 싶은 소망이 솟아났다. 그래서 내 자식 잘 먹고 잘 사는 것이 목적이 아닌 하나님의 나라와 이웃을 위해 사는 말씀의 사람으로 키우고 싶었다. 큰 아이는 유치원에 다니고 있었는데, 유치원의 생활이 중심되어 신앙과 인성을 다루기에 시간이 너무 부족했다. 올해 2학기. 그와 맞물려 아이의 시력교정 문제로 유치원을 퇴소하며 '빛과 소금' 홈스쿨이 시작됐다. 기대 반 두려움 반으로 시작한 홈스쿨이 두 달여 정도 지난 지금, 계속 하고 싶은 마음이들 정도로 유익이 많다.

1) 아이들이 달라졌어요.

정신없이 등원하던 아침문화가 사라지고 6살, 3살 두 아이는 제일 먼저 하나님의 말씀을 먹는다. 암송을 하고 키즈토다를 하며, 성경말씀을 배운다. 그리고 쉐마북을 통해 성경이야기를 나눈다. 쉐마북의 토라, 효도, 지혜, 경제, 품성교육은 아이는 물론 나도 새롭게 성경을 배우고 깨닫게 해주었다. 가인과 아벨의 이야기를 하며 형제우애를 하지 않는 것은 불효이며, 저주를 받는다는 것을 성경말씀을 읽어주며 알려주었다. 그러면서 큰 아이의 행동에 변화가 먼저 생기고, 동생과 부쩍 다툼이 줄어드는 것을 느낀다. 부모대학에서 배운데로 효도, 권위, 질서교육을 칭찬과 훈계로 한다. 물론 쉽진 않다. 그렇지만 분명한 건 엄마가 공을 들여 마음을 다루어주면 아이들은 변한다는 것이다. 나는 아이들이 변했다고 해도 늘 부족한 면만 보이는데 반년 만에 집에 다니러 오신 시어머니께서 아이들의 행동을 보고 의젓해졌다며 놀라신다. 불과 몇달 전까지만 해도 할머니 화장품을 가방에서 꺼내 장난치던 아이들이 버젓이(?) 탁자에 올려져있는 화장품도 전혀 만지지 않는다고 하신다. 아침에 일어나서 성경공부를 하고 암송하는 모습, 어머니가 부르면 하던 일을 멈추고, '네 어머니, 네 아버지' 하고 대답하고 달려오는 모습을 보시고 말이다. 남편도 아이들이 인사도 깍듯이 잘 하고, 암송도 잘하고 자기 뜻에 안 맞을 때마다 고집 부리던 것도 많이 없어지니 가정교육 잘 시켰다고 칭찬한다.

2) 집안 분위기가 달라졌어요.

일 이년 전부터 말씀암송을 하다보니 TV를 보는 것이 아이들에게 유익이 없음을 깨닫게 되어 TV를 켜지 않게 되었고, 많이 사주던 장난감도 구입을 자제했다. 방문학습지도 그만두고 효율적인 시간활용을 위해 덜 소중한 것들을 가지치기를 시작했다. 오전 시간에 성경공부 후에 남은 시간은 책을 보거나 교육용 DVD를 잠깐씩 보거나 영어 오디오를 듣거나 한다. 물론 뛰어 놀기도 하고 외출도 자주한다. 하지만 아이들이 좋아하는 것이 중심에 있던 삶이 하나님의 말씀을 중심에 두고, 우선순위를 두어 살게 되었다.

3) 어머니가 달라졌어요.

가장 큰 변화는 나에게 있다. 자녀에게 성경을 암송하고 묵상하고 연구하고 전수, 전파하게 하는 것이 사명이라는 것을 깨닫게 되니 육아에 대한 마인드가 바뀌게 되었다. 아이를 돌보는 것이 힘들지만 소망있는 일이라는 것을 마음으로 깨닫기까지는 오랜 시간이 걸렸다. 하지만 깨닫고 나니 시간이 아까웠다. 아이들과 토다를 하고 성경공부를 하다보니 나의 성경지식이 얼마나 얕은가 깨닫고 성경통독을 시작하고, 가르치다보니 말씀만 있고 실천하지 않는 삶을 깨닫고 실천하는 삶을 살려고 매일 노력한다. 3개월 전부터 매일 감사일기를 쓰며 삶에 대한 감사의 기쁨도 함께 누리고 있다. 365일 24시간 세 아이와 함께 있는 삶이 몸은 좀 피곤하지만 다듬어져가는 아이들을 보며 마음에 소망을 품고, 내 자신도 하나님과 더 깊이 만나는 생활이 되니 얼마나 행복한지 모른다.

토브교육을 통한 홈스쿨의 키맨은 아이도 남편도 아닌 결국에는 어머니이다. 어머니의 영성이 가정의 분위기고 홈스쿨의 질을 결정한다는 목사님 말씀이 너무나 이해된다. 기도할 때마다 신앙의 명문가가 되게 해달라고 기도했는데 신앙의 명문가는 그냥 이루어지지 않는다는 것을 깨달았다. 세상에 공짜는 없다. 자녀를 제자 삼고 남편을 말씀 맡은 자로 설 수 있게 도우며 눈물로 기도하는 사명자의 삶을 살아갈 때, 기쁨으로 단을 거둘 것이라는 확신이 든다.

| 토브가정교육 |

1년만에 우리 집, 암송가정이 되었어요

성기봉(좋은가족교회 / 아버지가 암송모범을 보이며 세 딸을 암송시킨 말씀의 가장입니다)

저희 가족이 좋은가족교회에 온 지, 1년이 조금 넘게 지났습니다. 짧다면 짧고 길다면 긴 이 시간 동안에 저와 저희 가족에게는 많은 변화가 있었습니다. 좋은가족교회에 오기 전, 저는 무늬만 크리스천이었습니다. 가정 안에서 저의 모습은 아이들에게 그다지 본이 되지 못하는 아버지였습니다. 그러다가 죽어 가고 있는 저의 모습을 깨닫게 되면서 살아야겠다는 마음으로 저를 살릴 수 있는 교회를 찾게 되었습니다.

그렇게 해서 알게 된 좋은가족교회는 하나님께서 저에게 주신 생명의 선물이었습니다. 처음에 교회에 왔을 때, 목사님의 말씀을 들으면서 그리스도인이 믿음으로 사는 것이 무엇인지, 어떻게 살아야하는 것인지 가슴 깊이 새기게 되었습니다. 매주 들려지는 목사님의 말씀은 저에게 믿음의 소망과 행할 수 있는 힘을 주었습니다. 1년이 조금 넘게 지나면서 저와 저희 가정에 많은 변화가 있었는데 그 중에 가정안에서 일어난 변화를 나누기 원합니다. 특히 암송과 관련하여 큰 변화가 있었습니다.

먼저 온 가족의 입을 통해서 암송이 끊이지 않고 흘러나옴에 감사드립니다. 제 개인적으로도 암송이 삶의 기본이 된 것에 감사합니다. 좋은가족교회오기 전, 저는 암송에 대해 시큰둥했습니다. 한번씩 암송하려고 암송카드를 사서 해 보기도 했지만 얼마 못가서 포기했었습니다. 몇 번의 실패 속에서 저는 암송은 아무나 하는 게 아니고 머리 좋은 사람만 가능다고 생각하며 저는 해봐야 소용 없다고 생각했습니다. 그래서 아내와 아이들이 암송모임에 나가 암송을 할 때도 저는 지켜보기만 했습니다. 그러다 좋은가족교회에 와서 암송의 중요성을 알고 시작을 하게 되었습니다. 그때서야 깨달았습니다. 제가 이제까지 암송을 못한 건 머리가 나쁜 게 아니고 마음도 노력도 부족했다는 것을……

암송을 하지 않던 저까지 암송을 하면서 저희 가족은 모두 암송을 하는 암송 가족이 되었습니다. 처음 암송할 때, 잠언 암송을 먼저 시작한 첫째 아이를 따라 잡으려고 정말 열심히 했습니다. 그리고 잠언 6장쯤 할 때, 드디어 제가 가정의 암송왕이 되었습니다. 그런데 하루에 3절씩 암송하던 첫째가 저에게 따라 잡히자마자 하루에 6절씩 암송하면서 얼마 못가 다시 따라 잡혔고 이제는 첫째와의 격차가 너무 나서 2등으로 만족하고 있습니다.

저는 요즘도 매일매일 암송을 합니다. 아침에 출근하는 길에 암송을 시작해서 일하는 틈틈이 퇴근해서 집에 올 때까지 1장부터 외운 절까지 거의 하루도 안 빠지고 암송을 합니다. 그리고 다 암송하고 나면 새로운 말씀으로 암송해 나갑니다. 퇴근하여 집에 와서 샤워를 하면서도 스마트폰으로 잠언 말씀을 듣습니다. 암송한 말씀을 한 절이라도 잊지 않으려고 하니 계속 반복하여 암송하고 반복하여 듣게 됩니다.

암송을 하면서 누리는 유익이 많지만 최근에 경험한 한 가지를 나눈다면 회사에서 상사에게 억울한 일을 당했는데, 예전에 저는 이럴 때 하루 종일 몇날 며칠을 그 생각으로 가득 차서 저의 억울함을 속으로 토로하고 변론하며 원망, 증오의 싹을 틔워 더욱 저를 괴롭게 만들었습니다. 그러다 보니 하루도 속이 편한 날이 없어 배가 계속 아파 내시경까지 받았지만 아무 이상이 없이 깨끗하다는 진단만 내려질 뿐이었습니다.

하지만 지금은 저의 반응이 많이 바뀌었습니다. 마음이 많이 힘들었지만 그 생각을 끊고 그래도 암송은 해야 하니까 하는 생각에 암송을 시작하였습니다. 순간순간 억울한 마음이 들어 그 생각에 빠지기도 했지만 그 때마다 다시 암송을 이어갔습니다. 그러다 보니 예전에는 며칠을 갔던 안 좋은 마음이 그 날로 사라짐을 경험했습니다. 틈나는 시간에 암송을 하다 보니 암송을 하는 시간이 많아질수록 저를 지배하던 안 좋은 생각들은 그 만큼 적어짐을 봅니다. 말씀은 살아있습니다. 그 살아있는 말씀을 매일 제 안에 새김으로 하나님께서 그 말씀을 통해 저를 지켜주시고 새롭게 하시는 은혜에 감사드립니다.

또한 감사한 것은 온전한 주일성수를 지킬 수 있게 하심을 감사드립니다. 다른 어떤 것보다 주일성수를 통한 은혜는 큰 것 같습니다. 목사님의 가르침 전까지 저는 주일예배만 드리면 주일을 제대로 지킨다고 생각하였습니다. 그래서 주일예배는 절대로 빠지지 않았습니다. 친척 중에 주일에 결혼식을 하게 되면 꼭 가야 되는 곳이 아니면 축의금만 냈고 꼭 가야하는 결혼식에는 예식장 앞에 있는 교회를 찾아서 예배를 드리고 결혼식에 참석하였습니다. 한동안 신앙이 바닥일 때에도 주일 아침마다 꼭 가야 되나 하는 생각을 하면서도 하나님이 명령하신 것이기에 억지로라도 예배를 드리러 갔습니다.

저는 그렇게 주일예배를 드리면서 나름 주일을 잘 지킨다고 생각하였고, 많은 사람들이 그렇듯이 예배드린 이후에 시간은 개인적인 시간으로 생각했습니다.

대부분의 시간은 하나님과는 상관없는 저의 쉼과 즐거움에 포커스가 맞추어져 있었습니다. 하지만 목사님의 주일성수에 대한 가르침을 들은 이후에 저희 가정은 완전히 바뀌었습니다. 토요일 저녁부터 주일 저녁까지는 하나님께만 드려지는 시간임을 가족 모두가 동의하고 주일성수에 대한 말씀을 들은 그 주 토요일에 처음으로 온전히 주일성수를 지키는 시간을 가졌습니다.

그렇게 토요일 가정예배를 시작으로 온전한 주일성수를 한 지 8개월 정도 된 것 같습니다. 사실 좋은가족교회에 오기 전에도 가정예배를 드려야 된다는 것은 알고 있었기에 하려고 시도는 많이 했었습니다. 하지만 가정예배를 드릴 때마다 항상 시간에 쫓기어 드리다 보니 가정예배를 드린 것에 의미를 둘 때가 많았습니다. 그러다보니 항상 그 시간이 부담이었고, 은혜를 깊이 누리기가 어려웠던 것 같습니다. 가정예배시간만 되면 안 하면 안 되나 하는 생각에 아내가 잊고 있으면 알면서도 아무 말도 안하고 그냥 지나갈 때도 많았습니다. 그리고 시간이 갈수록 더욱 힘들어져 결국 가정예배를 드리지 않게 되는 때가 많았습니다. 하지만 지금은 시간이 가면 갈수록 은혜가 더 커짐을 느낍니다. 요즘은 가정예배 때 기도하면서 찬양하면서 마음에 감동이 옵니다. 디베이트를 하면서도 말씀이 살아 움직이는 것을 체험합니다. 어떻게 이렇게 말씀이 오묘하고 달콤한지……. 아이들 또한 주일 가정예배를 기다립니다. 시간이 되면 아이들이 먼저 "가정예배 드려요" 하고 달려옵니다.

일주일 중에 가장 즐거운 시간이 언제냐고 물으면 가정예배라고 합니다. 가정예배 중에 아이들의 입을 통해 지혜의 말이 나옵니다. 어떻게 이런 말을 할 수 있는지 신기합니다. 그런 아이들을 보며 저와 아내는 이런 크나큰 은혜를 허락하신 하나님께 감사하게 됩니다. 아이들이 자라서 하나님께서 태초에 계획하셨던 온전한 가정을 세울 것에 대한 기대와 소망이 생깁니다. "반드시 이루리라" 말씀하시는 하나님의 음성을 신뢰하며 저희 가정은 지금도 한 발 한 발 하나님께서 이끄시는 길로 나아갑니다. 이 귀한 걸음을 시작할 수 있게 하신 하나님의 은혜를 어찌 말로 다 표현 할 수 있을지 저의 입술의 짧음이 너무도 안타깝습니다. "하늘을 두루마리 삼고 바다를 먹물 삼아도 한없는 하나님의 사랑 다 기록 할 수 없겠네"라는 찬송가 가사가 생각이 납니다.

마지막으로, 10년에 가까운 방황의 시간을 참고 기다려주며 항상 옆에서 지켜준 사랑하는 아내에게 고마운 마음을 전하고 싶습니다. 그리고 저와 저희 가정에 세상 어떤 보화보다 더욱 값진 것을 찾아내어 아낌없이 선물하여 주신 목사님과 사모님의 헌신과 사랑에 깊은 감사를 드립니다. 그리고 저희 가정이 목사님의 가정과 함께 귀하고 값진 삶에 동참할 수 있도록 인도하신 하나님께 감사드리며 모든 영광과 찬송을 올려드립니다.

| 토브가정교육 |

토브교육으로
미혼에서부터 가정을 이루기까지

김은주(좋은가족교회)

제 인생의 변화와 신앙의 성장은 우리 교회의 변화와 성장에 따른 것이었습니다. 그 중 하나가 가정에 대한 소망이었습니다. 미혼이었을 때, 저는 결혼에 그리 마음을 두고 있지 않았습니다. 한때는 독신으로 사는 것도 생각했습니다.

그런데 교회에서 홈스쿨과 자녀교육에 대한 이야기를 듣고 가정에 대한 하나님의 계획이 어떤 것인지 들으며, 가정에 대한 소망이 생겼고 지금의 남편과 결혼하게 되었습니다. 서로 너무나 달랐기 때문에 많이 싸우며 크고 작은 갈등을 많이도 넘겼습니다.

목사님의 설교를 통해 끊임없이 성경적인 남편과 아내의 모습에 대해 말씀을 듣고, 때로는 개인적으로 사모님이나 리더에게 조언을 구하며 갈등을 잘 넘겨 왔습니다. 무엇보다 가정예배가 저희 가정에 정착되면서 부부 사이에 갈등을 해결하는 힘이 더 길러졌던 것 같습니다.

서로에게 마음이 상해 있어도 가정예배 시간이 되어 예배를 드리다 보면 저절로 마음이 풀어지기도 하고, 때로는 예배시간에 서로에게 용서를 구하며 화해하기도 했습니다. 무엇보다 완벽한 남편상을 가지고 남편을 그것대로 만들려는 욕심이 제 안에 있는 것을 깨달았습니다.

그것은 광야에서 아론과 이스라엘 백성이 황금으로 우상을 만드는 것과 같은 불신앙이었습니다. 그러니 완벽해야 하는 우상이 뭔가 늘 성에 차지 않아 화가 나고 불만스러웠고 그 화와 불만을 남편에게 그대로 표현했습니다.

이것을 깨닫고서는 황금 우상을 만들고 있었던 제 마음에 대해 하나님께 회개했습니다. 그리고 남편에게 감사할 줄 몰랐던 제 마음도 회개했습니다. 요즘은 밤늦도록 일하고 들어오는 남편에게 늘 감사하며 토요일도 오후까지 회사에서 일하고 집에 와서 푹 쉬지도 못하고 피곤한 몸을 억지로라도 일으켜 가정예배를 드려야겠다고 마음 먹고 준비하는 것을 보며 또 감사하게 됩니다. 예전에는 남편에게 감사보다는 불만과 원망이 더 많았는데, 이제는 남편에 대해 감사할 때가 많은 저를 보며 저 스스로 많이 달라졌다 생각됩니다.

가정 안에서 또 다른 변화가 있다면 어머니로서 부르심에 대한 확신과 기쁨으로 자녀들을 기르고 있는 것입니다. 부모대학 강의를 들으며 자녀들에 대해 청지기적인 마음으로 아이들을 기르겠다고 다짐했지만 아이들로 인해 스트레스를 받거나 불편이 있으면 화가 나고 아이들에게 소리를 지르게 되었습니다.

때로는 쳇바퀴 도는 것 같은 삶이 지겹고 싫기도 했고 하루 종일 집에 있기를 몇날 며칠을 하다보면 무기력해지기도 하고 난 뭐하고 있나라는 생각이 들기도 했습니다. 아이들을 기르는 것이 하나님께서 저에게 맡기신 귀한 사역이라는 생각보다는 그저 하루하루 힘겹게 일상을 굴리는 지겨운 일처럼 느껴질 때도 있었고 아이들과 실랑이가 지긋지긋해질 때도 있었습니다.

그런데 사모님께서 자녀들을 결혼시킨 후에 편안한 노후를 보내는 것이 아니라 손자들을 말씀으로 기르는 할머니가 되어 그때도 홈스쿨을 하겠다고 고백하신 글을 읽었을 때 저는 생각지도 못했던 것이라 살짝 충격과 감동을 받았습니다.

그런데 큰 아이가, 자기는 커서 엄마가 되고 싶고 엄마가 되면 아이를 낳을 거라고 하는 말을 들으며, 저도 사모님처럼 그런 멋진 할머니가 될 수 있도록 준비해야겠다는 생각이 들었습니다. 그러면서 지금 제가 아이들을 성경말씀 대로 훈육하고 있는 것이 얼마나 중요하고 훌륭한 사역인지 새삼 깨닫게 되었습니다. 아이 엄마, 그냥 아줌마가 아니라 가정사역자라 생각하니 별다른 변화가 없던 일상을 대하는 태도도 달라졌습니다. 모든 날이 새롭고 기쁜 날로 다가왔고 이 하루를 잘 살아내는 것이 감사할 뿐입니다.

타 지역에 사시는 우리 교회를 아는 어떤 분은, "목사님 말씀 좋지, 목사님께 계속해서 배우는 게 많지, 자녀교육에 관련된 것도 직접 보고 배우며 도움을 얻을 수 있지…" 우리 교회 성도들은 복 받았다고 했습니다. 맞는 말입니다. 현실에 안주하고 싶은 마음이 들 때마다 주일에 듣는 진정한 복음에 대한, 깨어있어야 할 것에 대한, 입술의 고백만이 아닌 삶의 열매에 대한, 진실된 회개에 대한, 거룩하고 구별된 삶에 대한 설교를 들을 때마다 정신을 차리게 되고 그리스도인다운 생각과 마음으로 무장하게 됩니다.

목사님께서 가르쳐 주시는 대로 성경적인 방법으로 자녀들을 기르니 제 능력으로 맺을 수 있는 것보다 훨씬 더 훌륭한 열매가 아이들에게 맺혀지는 것을 보게 됩니다. 순종하고 절제하며 기쁨과 행복이 넘치는 아이들을 볼 때마다, 암송이 힘들지만 애쓰고 말씀을 대하는 것을 즐거워하는 아이들을 볼 때마다 여기까지 순종하여 따라오기를 잘 했다고 생각합니다.

제 인생에서 이렇듯 기대하지도 못했던 열매를 허락하시고, 부어주신 하나님께 감사드립니다. 그리고 본인이 먼저 깨어서 성도들도 깨어있도록 가르치시는 목사님께도 감사하고, 서로 사랑하는 셀 지체들이 있어 그들을 통해서도 끊임없이 저의 모난 부분이 다듬어지고 은혜 받게 되어 또 감사합니다.

제 인생에서 십여년이라는 시간 동안, 우리 교회를 통해 많은 열매를 맺었듯이 또 다른 많은 성도들의 삶에도 그런 열매들이 있는 것을 봅니다. 우리 교회가 주님께서 오실 때까지 계속해서 영혼의 열매, 삶의 열매가 넘치는 그런 교회가 되어 주님의 칭찬을 받는 교회가 되기를 소망합니다.

| 토브가정교육 |

토브교육으로 세 아들, 이렇게 홈스쿨하고 있어요!

배소영(좋은가족교회)

토브교육을 바탕으로 가정교육(홈스쿨링)을 하면서 하나님께서 주신 은혜를 나누겠습니다.

뱃골이 3주나 작게 태어나 의사 걱정을 많이 시켰던 큰 아들은 벌써 10살, 내내 잠만 자고 가끔 깨면 무거운 머리를 지탱하느라 우아한 손으로 턱을 괴고 엎드려 이모들을 지긋이 바라보던 둘째는 8살, 튼튼한 다리, 좋은 먹성을 자랑하는 사랑스런 셋째는 5살입니다. 벌써 아이들이 이만큼이나 자랐습니다. 오늘 이 글을 쓰려니... 괜히 아이들의 나이가 참으로 의미있게 다가옵니다. 하나님께서 이 세월동안 내 손으로 어찌할 수 없는 귀한 생명들을 책임져주시고 키워오신 것이 너무나 감사합니다.

처음, 홈스쿨에 대해서 생각했던 때는 세월을 11년 정도 거슬러 오른 시점인 것 같습니다. 목사님께서 지우를 홈스쿨링 하기로 결정하시면서... 언제나 그렇듯 좋은 것은 저희에게 권하시고 함께 하시는 분이시기에 홈스쿨링 세미나를 권하셔서 청년인 교회 식구들은 아무것도 모른 채 목사님을 따라 각 곳으로 다니며 많은 강의도 듣게 되었고 홈스쿨링으로 자란 미국 아이들과 그 가정을 여러 차례 만날 수 있었습니다.

    자녀교육에 대해 아무것도 모르는 때였으나, 권하신 강의 테이프들을 차 안에서 들을 때면 너무나 은혜가 컸던 기억이 나고... 하나님을 거슬러 역주행하고 있는 이 시대에 아이들을 순결하고 파워있는 믿음의 다음 세대로 세상에 세워 하나님의 뜻을 이룰 수만 있다면 얼마나 좋을까... 가슴뛰는 소망을 마음에 품었던 것이 기억납니다.

    그래서 남편과 저는 자연스레 홈스쿨링을 결정하게 되었습니다. 첫 아이가 태어나고 순종훈련을 하겠다고 작은 매를 들고 밥상을 덮치려는 아이를 살짝 때리며 '안돼' 훈련을 했던 기억도 납니다. 손을 못대게 하니 뒷짐지고 허리를 숙여 밥상에 입을 갖다대던 모습을 생각하면 아직도 웃음이 납니다.

    순종훈련을 일찍부터 시작한 큰 아이는 바닥에 드러눕는 법 한번 없었고, 놀이터에서도 남에게 큰 해를 끼친 적도 없습니다. 어머니가 말씀하시면 불평하지 않고, "네~" 하는 아이로 자랐고 어딜 데리고 다녀도 순한 아이라는 소리도 많이 들었습니다. 사실 원래 성향은 전혀 그런 아이가 아니었지만... 훈련을 통해 아이의 거친 성향의 일부가 일찍 다스려지고 아이도 그로 인해 덜 힘들게 자라게 아닌가 생각합니다.

    둘째 아이는 어릴 때 너무 많이 자서 다스릴 일이 거의 없었습니다. 집에서 하는 일은 늘 자고 베시시 웃고 또 자고 ... 그게 다이다 보니 다룰 일이 별로 없었습니다. 첫 아이로 인해 더 여유가 없어서 순종훈련 등 아무 훈련도 제대로 못했는데, 걷기 시작하면서 잡히지 않은 고집이 아이와 저를 괴롭히는 것을 알게 되었습니다. 가끔 한번씩 부리는 고집은 드러눕고 악을 쓰는 모습으로 드러나 셋째를 임신하고 부른 배에, 또 신경이 눌려 절룩거리는 다리를 하고도 이 아이를 놀이터에서 집까지 질질 끌고와야 될 정도로 고집을 부리는 때도 있었습니다.

이때, 일찍부터 순종훈련을 하는 것의 가치에 대해 절감할 수 있었습니다. 어느 날은 부모대학을 마치고 집에 가야하는데 아이가 집에 가지 않겠다고 또 드러누웠습니다. 이 날이 목사님께서 말씀하시는 '둘째 아이가 목사님께 매로 훈계받은' 그 날입니다. 목사님께서 보시더니 두고 가라십니다. 교회 앞에 살 때라 저도 그냥 집에 갔습니다. 어느 정도 시간이 지나고, 아이를 데리러 내려오라셔서 교회쪽으로 가니 아이는 언제 그랬냐는 듯 안정된 모습으로 목사님의 손을 잡고 걸어와서 엄마를 반겼습니다. 순종을 위한 매는 엄마가 편한 것이 아니라 아이를 괴롭히는 고집에서 아이를 자유케 하는 것임을 느낄 수 있었습니다.

유겸, 민성이는 어릴 때 늘 어머니를 따라 많은 훈련 모임을 다닌 탓에, 또 우리 교회에 불어온 두날개 성령 바람의 영향으로 늘 방언기도를 따라하며 놀았고, 어린 유겸이 눈에 가장 위대해 보이는 목사님을 흉내내며 공원을 가다 강대상처럼 세워진 나무 이름판 같은 것만 봐도 멈춰서서 한참을 설교놀이를 하고, 집에서는 안되는 발음으로 '주 예수 보혈로'를 목청껏 외치며 찬양인도놀이로 한참을 보내곤 했습니다. 지금 생각해보면 그런 작은 것 하나도 다 아이가 하나님을 믿고 신앙심을 갖게 된 데 큰 역할이었다는 생각이 듭니다.

아주 힘들었던 때도 있었습니다. 큰아이가 자라면서, 까칠함에 예절훈련을 한 것은 온데간데 없는 태도로 인사를 하지 않고, 표정관리도 제대로 못하고... 욕심스런 면모, 승부욕이 너무나 강한 태도로 아이들과의 놀이를 모두 승부의 장으로 만들려고 하니 다른 아이들과 잡기놀이 하나를 해도 너무 과격하게 해서 피해를 주고 다른 부모에게 사과해야할 일들이 자꾸 생겼습니다. 그런데... 나중에 알았습니다. 아이가 나빠서 그런 태도를 보이는 것이 아니라 원래 아이의 성향에 대한 이해와 배려, 가이드 없이 처음 보는 어른을 향해 인사를 못하는 것을 야단치고, 아이의 입장을 들어보기보다는 조금만 저의 기대에 어긋나도 나쁜 아이로 정죄하는 듯한 훈계가 이어지니 아이는 주눅들고 늘 어머니의 사랑을 갈구하고, 베푸는 넓은 마음이 아니라 이기적인 태도로 스스로를 보호하는 문제 상태였던 것입니다.

　이 모든 것을 깨닫기까지 눈물의 기도와 인내의 시간이 있었습니다. 이 시기에 교회를 통해 주어지는 말씀은 제게 생명줄이었습니다. 아이의 변화보다 저의 변화가 절실했습니다. 말씀은 밝은 빛이 되어 저의 판단하는 모습, 아이보다 나를 향한 평가를 중요하게 여기는 모습, 교만함, 외식하는 모습 등을 비추셨습니다. 성급함을 교정해 나갔고 하나님을 의지하지 못하는 불안함과 두려움을 계속 기도로 내려놓고 진리의 말씀을 붙들고 안정된 심령을 찾는 시간들이 이어지면서 저도 아이도 변화되어갔습니다.

　교회의 훈련과정에 참여하면서 저의 영적인 힘이 탄탄해진 것이 큰 도움이 되었고, 무엇보다 홈스쿨 모임을 통해 책나눔으로 사모님의 현명한 가르침으로 얻게 되는 지혜와 여러 실제적인 조언들이 매우 큰 도움이 되었습니다. 또, 홈스쿨 예배의 짧지만 강력한 말씀, 쉐마북과 토다의 삶, 교회의 설교 말씀 등으로 절묘하게 이어지는 구약의 은혜가 또한 아이의 마음에도 저의 가르침과 비교할 수 없는 진리로 새겨지는 것을 보았습니다. 오홀리압, 비느하스라는 믿음의 인물들도 처음 알았고, 성막의 구조도 처음 알았습니다. 성막 덮개의 색깔 중 하얗고 붉은 색들을 설명하며 예수님께서 우리 죄를 대속하신 사건을 설명할 때는 둘째 아이가 울먹이며 자신의 구체적인 죄된 부분을 고백하고 회개하는 시간도 가졌습니다.

　비느하스처럼 하나님의 속을 시원케하는 사람이 되어 믿음의 가문을 빛내라는 도전을 할 때면 아이의 눈도 반짝이고 저의 마음도 뛰었습니다. 은혜와 도전이 되는 시간이면 첫째 아이는 쉐마북 공부한 것을 바탕으로 한참 성경을 뒤적이며 스스로 구약의 계보를 정리하기도 했고 디베이트시간에 첫째와 둘째 아이가 서로 앞다투어 대답하고 질문하고 했던 시간들도 참 행복했습니다. 예배시간에 아이들이 함께 예배드리는 유익도 큽니다. 안 듣는 것 같아도 아이들이 다 듣고 있다는 그 말이 맞습니다.

어느날은 둘째 아이가 싸구려복음 이야기를 계속하면서 싸구려복음을 가지고는 절대 천국에 갈 수 없다고 이야기를 하는 것을 들었습니다. 열린모임 즈음에는 둘째 아이가 전도지 몇장을 들고 있다가 놀이터에서 노는 친구에게 전해주려고 애쓰던 것도 보게 되었습니다. 그리고는 제게 저 친구는 교회에 다니지 않는다고... 전도지를 전해주고 싶다고 하던 모습을 보면서 나보다 낫다는 생각도 했습니다.

제가 10살 때, 예수님이 어디 계신지조차 몰라 어릴 때 잠깐 다니던 교회의 주일학교에서 '예수님은 지구밖 어디쯤 계시나요...' 라는 글짓기를 했던 기억이 납니다. 진심으로 예수님이 어디 계신지, 그분은 나와 무슨 상관이 있는지 아무것도 몰라, 교회도 다니다 말다 했던 것에 비하면 우리 아이들은 말씀의 구석 구석을 알아가고 하나님 뜻대로 살기 위해 고민하는 아이로 자라게 하셨으니 감사하고 또 감사합니다. 가끔 아이의 토다의 삶을 뒤적여보면 자신들의 죄된 모습을 알고 분노, 성급함, 욕심의 죄들을 고쳐야 될 것으로 기록하고 기도제목을 적어놓은 것을 보게 됩니다. 제가 입력한 지식이 아니라 아이의 신앙이 되어가는 대목이 아닌가 생각하니 참 감사합니다. 아이가 성경통독을 하다가 궁금한 것이 있어서 질문을 할 때면 그 말씀을 흥미있게 보는 것도 감사하고 때로 은혜되는 구절을 외워서 저에게도 은혜되는 구절이 무엇인지 묻고 함께 그 이유를 나눔하는 것도 너무 행복합니다. 첫째 아이는 '아멘 주예수여 어서 오시옵소서' 라는 구절의 말씀을 예전부터 가장 좋아하는 말씀으로 꼽습니다. 사모하는 대로 주님 오실 날을 기다리며 잘 준비하여 천국잔치에 신부의 자리를 누리는 아이가 되기를 소망합니다. 또 어느날에는 자기는 빨리 어른이 되고 싶다고 합니다. 이유를 물으니, 어른이 되면 지금 받는 욕심의 유혹, 죄의 유혹을 잘 다스릴 수 있는 힘이 생기고 천국가는 신앙을 굳건히 할 수 있기 때문이라고 하는 것을 들으면서 저처럼 영적 고민을 하는 흔적들을 볼 수 있어서 감사했습니다.

홈스쿨링을 하면서 누리는 유익 중에 다른 한가지는 아이만 변하는 것이 아니라 부모도 변한다는 것입니다. 아이의 연약함은 부모의 죄된 모습과 연관이 있는 것을 보게 됩니다. 아이의 성급함은 저의 성급함과 재촉에서 비롯된 부분이 있고, 아이의 게으름에는 저의 죄된 습관의 영향이 있으며 아이가 허탄한 것을 사랑하는 욕심에서 헤매는 것은 저의 세속적인 마음이 영향을 주고 있는 것이 아닌가 생각하게 됩니다. 아이의 문제를 해결하기 위해 하나님께 매달리다보면, 결론은 늘 내가 변화되는 것이 그분의 뜻임을 깨닫게 됩니다. 그래서 저의 목소리를 낮추고 부드럽게 말하는 부분들이 훈련되었고, 분노를 절제하고 온유하게 매사에 임하기 위해 애쓰다보니 지금은 많이 변화되었고, 다른 아이를 이해하라고 요구하면서 저 또한 다른 지체들을 판단하지 않고, 있는 모습 그대로 받고 나보다 낫게 여기는 마음을 계속 심게 되었습니다. 가장 큰 수확은 집에서 아이를 함부로 대하는 모습과 교회에서 부드럽게 대하는 모습의 차이로 저의 외식하는 모습도 깨닫게 되었습니다. 집안과 집밖, 저의 앎과 행실의 차이를 좁혀 가느라 부단히 애쓰고 있는 요즘... 집안과 밖의 문제는 일단 해결되어가고 있는 것 같아 감사합니다.

이 모든 문제를 해결 해 올 수 있었던 것은 홈스쿨 부모교육 시간에 사모님의 노하우와 현명한 조언들이 큰 도움이 되었습니다. 아이는 영적인 존재라서 부모가 보이지 않는 곳에서 하는 일, 품고 있는 감정들도 아이에게 영향이 될 수 있으니 부모의 영적문제가 있다면 속히 그 문제를 해결하는 것에 집중해야 한다는 말씀을 들으며, 더 제 안의 문제를 해결하기 위해 나를 돌아보고 또 돌아보았는데 주의 은혜로 모순과 교만, 욕심에 이끌리는 두 마음, 불신앙 등을 돌아보고 많이 해결하게 되어 감사합니다.

아이 교육의 한 측면인, 지식이 자라나는 부분에 있어서도 조금씩 발전되는 것이 눈에 보입니다. 홈스쿨링을 하다보면 책을 많이 볼 수 밖에 없습니다. 큰 아이는 책을 보다가 흥미있는 내용들이 있으면 한참을 책 속의 정보를 제 나름대로 조합하고 정리하여 노트에 기록하기도 하고 새로운 사실 한가지를 알게 되면 어김없이 식사시간에 제게 얘기를 해주며 다시 그 내용을 정리하기도 합니다. 둘째 아이는 어릴때부터 동물과 자연에 대한 관심이 컸는데 한 권씩 도감류를 사줬더니 틈만 나면 읽고 또 읽고 저에게 설명하고 형에게 퀴즈를 내고 하더니 동물에 대한 지식이 과학책을 통해 외운 것 보다 더 자세하고 일목요연합니다. 시험이나 스케줄에 쫓기지 않다보니 아이들은 관심사를 충분히 탐구할 수 있는 시간이 있어 정리된 지식을 입력하는 것보다 더 풍성한 앎이 생겨나고 있는 것이 아닌가 하는 생각이 듭니다. 영어와 관련해서도 영어 암송캠프를 하면서 아이들의 어렴풋한 파닉스 개념들이 많이 자리잡히고 이후 집에서 하는 영어공부도 날개를 달아 영어에 대한 스트레스 없이 아이들이 영어 동화책을 통해, 적절한 교육 영상물을 통해 발전하고 있습니다.

홈스쿨링은 부모가 교육을 책임져야 한다는 부담감이 늘 있는 길입니다. 그러다보니 아버지도 헌신할 수밖에 없는 길입니다. 남편은 남자로서 아들들의 좋은 모델, 향수와 추억이 서린 고향 같은 아버지가 되어주려고 부단히 자신을 갈고 닦았습니다. 그 중에, 집에 오면 아이들에게 책을 보고, 말씀보고, 기도하는 본을 보여주는 남편으로 계속 변화되고 있음이 가장 감사합니다.

틈나면 책도 읽어주고 수영, 축구 등을 아이들과 함께 하며 즐거운 시간을 보내주었고, 밤이면 아이들을 양 옆에 뉘여서 시골에서 산과 들로 다니며 보낸 어릴적 추억, 하나님께서 극적으로 만나주신 이야기, 자신이 자라올 때와 지금 아이들이 누리는 풍성함을 비교하며 감사와 자족과 나눔에 대해 가르칩니다. 아이들이 낮동안 있었던 이야기, 책을 통해 알게 된 흥미있는 이야기들에 귀기울여 들어주고 아이들의 고민을 묻고 이해하고 보듬고 조언해주는 자애로운 아버지로 살아갑니다.

가정예배 때는 때로는 목사님께서 가르치신 말씀의 본문을 반복해서 강조하여 아이들의 앎을 단단히 해주고, 때로는 구약의 역사를 아이들이 이해하기 쉽도록 이야기로 풀어 박진감 넘치게 설명해주니 아이들이 너무도 재미있어 합니다. 원래 그런 성향의 삶을 살던 남편이 아니었으나 믿음으로 아이들을 잘 키울 것에 대한 소망을 주신 주님께서 남편을 그것을 통해 좋은 아버지로 서게 하시는 것이 너무 감사합니다.

간증문을 쓰기 위해 되돌아보니 홈스쿨링을 해온 지난 10여년의 시간동안 주께서 하신 일과 두 분의 수고와 뛰어난 가르침, 사명을 좇아 한 길을 걸어오신 모든 행보들이 제가 보여드릴 수 있는 열매와는 비교할 수 없는 빛난 보석과 같은 것임을 느낍니다.

최근에, 세 아이를 데리고 어디를 나가면 먼저는 아들 셋이라 엄마가 고생이 많다라는 소리를 들었다가 잠시 지켜보시고는 그런데 아이들이 참 착하다, 참하다라는 소리들도 듣습니다. 그럴때면, 홈스쿨링을 통해 세 아이를 안정된 심령으로 키울 수 있었던 것을 자랑하고 싶어 입이 근질거립니다. 그리고 커보면 남자애들은 문제가 많다, 부모님 말씀에 아랑곳 않는다는 말에 ... 그렇지 않다, 이 아이들은 클수록 더 하나님과 친밀해질 것이고 세상이 어찌할 수 없는 바르고 곧고 빛난 믿음의 사람들이 될 것이다라고 제 속으로 되새깁니다.

하나님께 큰 일을 기대합니다. 목사님께서 늘 말씀하시는 것처럼 내 아이에 대한 큰 일이 아니라, 이 아이들을 통해 다음 세대에 순결하신 예수님의 꽃을 찬란하고 흐드러지게 피우는 역사가 일어날 것이 너무도 기대됩니다. 지금껏 인도해 오신 나의 주인이신 하나님께 무엇보다 감사를 드리고 사명 따라 묵묵히, 그러나 굳건하게 한 길을 걸어오셔서 이제 하나님께서 일으킨 파도를 타고 계시는 목사님과 사모님께 진심으로 감사드립니다.

| 부모훈련대학 |

육아는 진실로 기쁨입니다

진주원(여의도순복음교회)

작년 10월부터 지금까지, 부모대학 2학기를 마치는 시점의 소감 한마디.
"부모대학 안 했으면 어쩔 뻔했어!"

셋째를 임신해서 출산 한 뒤 조리원에서도 부모대학 온라인 수강을 놓치지 않으려고 애쓸 정도로 귀한 강의였다. 부모라는 역할에 대한 제대로 된 성경적 이해 없이 아이 셋을 양육했으면 어쩔 뻔 했을까. 하나님을 사랑하는 마음을 갖고 그 뜻대로 살기 원하는 나였지만, 자녀양육은 딴 세상이었다. 워킹맘으로 큰 애를 낳아 기르며 남들처럼 입히고, 먹이고, 가르치고, 놀러 다니고 하는 것이 전부인 듯 내 경력도 살리며 곁들여 육아를 같이 하는 것이 아주 멋진 엄마나 되는 양 착각하며 살았다. 그런데, 둘째를 낳고 말씀암송을 알고, 셋째를 갖고 부모대학을 알면서 1학기를 마치며, 내가 알고 있는 육아와 성경적 육아가 완전히 다름을 구체적인 성경적 근거를 통해 깨닫게 되었다.

그리고 바로 1학기를 마치기 전 2학기 신청. 만삭으로 아이둘을 돌보며 극심한 허리통증으로 하루 4시간도 채 못자던 작년 겨울. 나의 일정의 가장 우선순위를 부모대학으로 두고, 단 일분의 짬만 나도 부모대학을 들었다.

1학기 강의에서 확실한 성경적 육아관에 대해 이해하고, 성경적으로 칭찬과 매로 다스리는 것에 대한 정확한 지침을 깨달았다. 아이들에게 선과 악을 분명히 알려주고, 죄된 모습에 대해서는 조목조목 책망을 하고 따끔하게 매를 한대 대면 아이들 표정도 자유했다. 엄마가 참다참다 폭발해서 때리는 것이 아니고 아주 이성적으로 그때마다 훈계를 하니 나도 훈계를 한 뒤 평안이 왔다. 대신 평소에 칭찬으로 사랑으로 완전히 아이들을 절여(?) 놓아야 하는 전제가 있기 때문에, 그것도 부모인 내가 훈련하며 아이들의 성품을 칭찬했다. 이 부분은 계속 훈련되어야 할 부분이다. 2학기가 되니 구체적으로 잘못된 훈계법이 무엇인지 (완전 다 내 이야기··) 교육기반의 토대가 되는 성경적 권위와 질서, 그리고 아이들이 권위자 앞에서 요청하는 법, 셀프 리더쉽을 가진 아이로 키우기 등, 너무나 유익한 실제 지침이 좋았다. 목사님께서 홈스쿨로 세 딸을 지금 키우고 계시니, 성경적 지침과 함께 삶에서 나온 그 실제적인 지침이 어찌나 재밌고 와닿는지.

교육은 정말 교과학습이 아니다. 신앙과 마음을 다루지 못하면 교육을 할 수 없다. 셀프리더쉽(자기주도)을 키우는 것도 스스로 통제력을 가질 때까지 부모가 훈련시켜주어야 하는 것이다. 지나친 애정으로 아이의 할 일을 대신 해주다가는 책임감 없는 성인아이로 키우게 된다는 것도, 권위를 공경하고 부모님께 효도하는 것도 아이에게 가르쳐야 한다는 것도. 아, 정말 목사님께 감사드린다. 그동안 읽었던, 지금도 읽고 있는 영적인 자녀교육 지침서들이 하나의 강의로 꿰어지는 느낌. 흩어져있는 퍼즐이 하나씩 맞춰져 그림이 완성되어가는 느낌.

부모대학을 2학기까지 들었다고 자녀교육에 통달했다는 것이 아니다. 자녀교육은 끊임없는 엄마의 희생과 기도와 눈물이 필요한 자리라는 것을 절절히 깨달았다는 것이다. 여전히 부족하지만 이제 안다. 무엇이 옳은 것이고 그른 것인지, 그것만으로도 너무나 감사하고 감사할 일이다. 말을 잘 한다고 어른들 말 할 때 맘대로 끼어들던 큰 애가, "어머니, 여쭤볼게 있는데 말해도 될까요?" 한다. 동생도 그런 언니를 따라 한다. 내 입에서 주야로 하나님 말씀을 암송하니 아이들도 암송하고, 아이와 키즈토다와 토다의 삶을 하며 어떻게 사는 것이 하나님의 뜻에 따라 사는 것인지 나눈다. 육아는 진실로 기쁨이다.

| 부모훈련대학 |

자녀를 위해 아버지의 사생활을 내려놓았습니다

장문원(좋은가족교회)

1. 부모대학을 만나기까지

부모대학을 만나기 전까지는 자녀교육에 대해서 구체적인 계획을 가지고 있지 않았습니다. 단지, 추상적으로 '정말 잘 키우고 싶다'라는 생각만 가지고 있었을 뿐이었습니다. 아이가 조금씩 성장하면서 보여 주는 새로운 모습들 앞에서 약간 당황해하기도 하였고, 생각보다 빠른 시간에 훌쩍 커버리는 모습에 놀라기도 하였습니다.

이러한 상황 속에서 마음만 먹으면 육아와 관련된 많은 책들을 쉽게 접할 수 있었습니다. 하지만 흔히 사람들이 말하는 좋다는 책들은 너무나 많아서 모두 읽어볼 용기가 나지 않았으며, 읽어본 몇몇 책들에서 말하는 '여러 연구들을 통해 검증된 결과'들은 서로 상충되는 내용들마저 있었습니다. 이러한 상황 속에서 자연스럽게 별다른 해결책 없이 시간은 흐르고, 아이는 자라고 있었습니다.

올해 5월부터 좋은가족교회에 출석을 하며 놀란 것 중의 하나는, 예배에 참석하는 아이들의 모습이었습니다. 아이들이 보통 다른 교회들처럼 유아실이라는 독립된 공간에 분리되어 예배를 드리는 것이 아니라 어른들과 함께 예배를 드리는 모습에 놀라웠습니다. 더군다나 그 아이들이 예배시간에 어른들과 함께 자리에 앉아있을 뿐만 아니라 조용히 말씀을 경청하며 예배에 참석하는 것이었습니다.

제가 경험해보았던 다른 교회에서는 아이들은 어리다는 이유로 그리고 다른 어른들이 집중하는 데에 방해가 된다는 이유로 예배실과 분리가 되어 있는 유아실이라는 제한된 공간에서 예배드리는 것이 보통이었습니다. 이러한 아이들의 모습을 보며, 그 부모님들에게서 아이를 양육하는 것에 대한 조언을 받고 싶은 마음이 들었습니다. 그래서 주변분들에게 기회가 될 때에 한 두번 물어보았었는데, 그분들의 대답 속에서 '부모대학'이라는 이야기가 나왔습니다. 부모대학을 듣고 싶은 마음이 있었던 찰나, 때마침 1학기를 개강한다는 공지를 보고 참여하게 되었습니다.

2. 가장 큰 변화, 자녀양육에 대한 가치관의 변화.

부모대학에서 처음으로 들은 내용은 자녀양육에 대한 가치관이었습니다. 가치관 없는 자녀양육방법은 과녁 없는 화살과 같다는 말씀을 들었습니다. 올바른 가치관 속에서, 올바른 목표를 세우고, 그에 따른 올바른 방법을 사용하여 양육하는 것이 올바른 것임을 깨달았습니다. 그리고 놀랍게도 그 가치관이라는 것은 저의 인생의 가치관과 동일한 성경, 하나님의 말씀이었습니다.

저는 부끄럽게도 하나님을 믿는 크리스천임에도, 매주 교회에 나와 예배드리며 내 삶이 하나님이 기뻐하는 삶이 되기를 바라는 사람이라고 고백하면서도 단 한 번도 성경을 내 자녀양육의 기준으로 삼아야겠다는 생각은 못해봤습니다.

인간은 모두 죄인입니다. 아담과 하와로 인해 시작된 원죄로부터 자유로울 수 없으며, 끊임없이 하나님으로부터 멀어지고 싶어 하는 본성을 가진 죄인입니다. 저의 자녀 또한 그럴 수밖에 없는 존재였습니다. 다시 말해, 올바른 자녀교육이란, 인간은 어쩔 수 없는 죄인된 본성을 가지고 있는 존재임을 깨닫고, 하나님께로 돌아갈 수 있는 성품을 가진 아이로 자랄 수 있도록 하는 것임을 깨달았습니다. 모든 구체적인 목표와 방법들은 이러한 가치관하에서 시작되어야 함을 배웠습니다.

3. 부모대학을 통해 변화되는 가정의 모습

1) 가정예배 드리기

매주 토요일 저녁에는 가족이 앉아서 조촐하지만 가정예배를 드립니다. 기도하고, 찬양하고, 서로 축복하고, 축복기도를 하고, 성경공부하는 시간을 갖고 있습니다. 처음에는 첫째 딸이 집중하지 못하고 부산스럽게 돌아다니고 하였는데, 이제는 찬양할 때도 찬양을 외워서 하고, 기도할 때도 집중해서 손 모으고 있고, 따라하려고 하는 모습을 보며 얼마나 사랑스러운지 모릅니다.·· 늘 같이 시간을 보내는 가족끼리 모여서 드리는 예배이지만, 가정예배를 통해 서로 마음을 나누는 시간이 너무나 귀하여, 앞으로 아이가 시집 장가가기 전까지 이 시간 만큼은 양보하고 싶지 않습니다.

2) 매와 칭찬을 많이 하기

"매로 고집을 꺾고, 칭찬으로 기를 살린다." 이 말처럼 매를 사용하여 고집을 꺾고, 칭찬을 사용하여 아이의 기를 살리고자 하고 있습니다. 변화된 영주의 행동들은 다음과 같습니다.

- 예배시간에 자리에 앉아 있기
- 음식 먹을 때, 한 자리에 앉아서 먹기
- 자기 전에 기도하고 자기
- 자기가 본 책은 스스로 책꽂이에 꽂아두기
- 어른들께 인사하기
- 양치할 때 울면서 떼쓰지 않기
- 존댓말 사용하기

3) 가정의 분위기와 환경의 변화
- TV와 영상매체에서 분리하기 : 함께 집에 있는 다른 가족들로 인하여 TV를 아직 치우지는 못하였습니다. 하지만 거실에서 TV보는 문화는 거의 사라졌습니다.
- 책보는 문화 : 눈보다 귀를 발달시켜야하는 것을 알게 되었습니다. 화려한 장난감보다 책을 보는 문화를 위해 노력하고 있습니다. 또한 같은 책이라도 좋은 영향을 미치는 책이 있고, 나쁜 영향을 미치는 책이 있음을 알았습니다. 영주를 위해 성경관련 책들과 책장을 구입하였습니다. 또한 나쁜 영향을 미칠만한 동화책들을 골라내어 치우기도 하였습니다.
- 아버지의 사생활 버리기 : 아버지는 퇴근한 후에는 가정에 집중을 해야 하고, 개인적으로 외부에서 보내는 시간을 최대한 줄여야함을 배웠습니다. 평소 월요일 저녁 6시 ~ 9시까지 축구하는 모임이 있었는데, 9월 말 이후 축구모임을 중단하였습니다.

4. 전체적인 느낀 점과 감사함

무엇보다 부모대학을 통해서 자녀양육이라는 긴 여정에서 목표로 해야 하는 좌표를 찾게 된 점이 너무나 감사합니다. 영주와 영찬이가 하나님을 사랑하는 성숙한 아이들로 자랐으면 좋겠습니다. 이를 위해서 아버지인 저의 역할이 얼마나 중요한 것인지 알게 되었고, 또한 아버지인 제가 변화되지 않을 경우 아이들의 변화에는 한계가 있음을 배우게 되었습니다. 제가 먼저 자기 통제력 있는 사람이 되어서 제 삶을 다스릴 수 있어야 하겠습니다. 앞으로 남은 세 학기를 통해 더욱더 바르게 성장하는 영주와 영찬이를 기대합니다.

무엇보다도 이러한 부모대학을 듣도록 인도해주신 하나님께 감사드립니다. 또한, 밤낮으로 더 성경적이고, 더 전문적이고, 더 구체적이고, 더 새로운 내용들을 알려주시고자 연구하시는 목사님께 감사드립니다. 단순히 이론적인 것에 그치지 않고 이렇게 연구한 것들을 토대로 기도하며, 직접 자녀들을 양육해보시고, 피드백해보시고, 알려주시는 내용들이 큰 도움이 됩니다. 정말 감사합니다.

| 부모훈련대학 |

부모훈련대학 강의는
참 신비롭습니다

박윤희

나는 소경이었다. 소경이 소경을 인도할 뻔하였다. 어머니도 소경, 자녀도 소경이 될 뻔했다. 소경이 눈뜰 때, 이런 기분이겠지...기뻐서 잠을 못자겠지. 이제 실제를 볼 수 있으니 무엇을 얻은들 이보다 더 기쁠까. 아...어떻게, 하나님 아버지께서 이런 은혜를 허락하여 주셨는지... 권창규 목사님을 만나게 된 것이, 이런 강의를 들을 수 있게 된 것이... 아 정말 이 감격을 표현할 단어가 없다.

성경에서 분명히 자녀교육의 실패에 대해 무섭게 경고하고 있다.

삼상 3:13, "내가 그의 집을 영원토록 심판하겠다고 그에게 말한 것은 그가 아는 죄악 때문이니 이는 그가 자기의 아들들이 저주를 자청하되 금하지 아니하였음이니라." 첫 강의때 이 말씀으로 시작하였다. 두려웠다. 자녀교육에 실패할 때 하나님께서 영원토록 심판하시겠다고 엄히 말씀하고 계신다. 지금 우리 자녀를 심판으로 밀어 넣고 있는 교육법중에 하나가 '안돼~'라고 하지 말라는 것이 있다. 자녀의 기가 죽고 할 말을 하지 못하게 된다는 것이다. 이것은 잘못된 정도가 아니라 사단이 주는 것이라고까지 생각되었다. 엘리는 금하지 않았다. '그 죄가 끊어질 때까지 안돼' 라며 고집을 꺾어주어야 하는 것이 부모의 책임이었던 것이다. 십계명을 살펴보아도 아버지이신 하나님이 직접 가르쳐주신 계명 중 하지말라는 계명이 반이 넘는다. 성경을 기준으로 자녀를 가르치지 않는다면 이것은 애가 잘못되는 정도가 아니라 한 집안이 다 망하는 것이다.

부모들이 훈계를 싫어하는 이유 중의 하나는 자녀들을 울리기 싫어서가 아니라 자신들이 옳은 일을 하고 있는 지에 대해서 100% 확신이 없기 때문이다. 사실, 성경에 오직 주의 교훈과 훈계로 양육하라고 분명히 말씀하셨다. 그런데 왜 확신이 없을까? 하나님을 믿지도 않는 교육박사, 교육전문가의 말에 더 권위를 두기 때문이다. 그러니 확신이 없게 된다. 특히 매에 대한 부분이 그러하다. 혹여 밖에서 매를 들어보라. 무슨 천하에도 없는 무식한 사람으로 보여지게 될 것이다. 채찍을 멀리하는 것은 문명화된 사회의 표가 아니라 도덕적 결핍에 대한 표식이다. 하나님의 기준이 없는 사람들과 가치관에서 분리해야 한다. 하나님의 사람들은 하나님의 말씀 앞에 복종하며, 행하며 삶을 살아내야 한다. 하나님이 말씀하신 그 길만을 걷는 것, 그것이 믿는 것이다. 그 길을 걷지 않으면 믿는 것이 아니다. 정확하게 지옥에 간다.

권위자에게 반드시 공손한 태도로 그 마음까지 헤아려 순복하여야 한다. 권위자 앞에 내 고집을 못 꺾어 고통이 올지라도 권위자 앞에 복종하는 것은 하나님의 준엄하신 명령이다. 자기통제력은 성화에 반드시 필요한 덕목이다. 사실, 자기통제력이 없으면 성화되기가 어렵다. 자신의 고집을 통제하지 못하고 제멋대로 해버리는데 어떻게 하나님의 길을 걸을 수 있겠는가? 자기통제력의 열매는 순종, 복종이다. 먼저는 부모부터 자기 통제력을 가져야 할 것이다.

책임감이란 무엇인가? 자기에게 맡겨져 있는 일을 중하게 여기고 실제로 그것을 행하는 능력, 행하는 힘이다. 그런데, 작금 이 시대의 어머니들이 하는 일들을 보면 자녀의 인생을 어머니가 책임지려 하는 것에 사명을 가지고 살고 있는듯하다. 유대인들은 13세가 되면 말씀을 맡은 자가 된다. 13세에 성인으로 사회에서 인정해 준다. 모든 것에 책임을 져야 한다. 이것은 주의 말씀으로 철저한 훈련이 있기에 가능한 것이다. 그런데 주변을 보면 40살, 50살이 넘어도 무슨 일만 있으면 부모님에게 쪼르르 달려가 일을 해결해 달라고 징징대는 경우가 허다하다. 책임감을 훈련시키지 않으면 유약하게 된다. 게으르게 된다. 죄된 습성이 견고하게 자리를 잡게 된다.

예절 바른 아이, 곧 권위를 공경하는 아이로 키워야 한다. 공경은 하나님을 경외하는 것과 연결되어 있다. 공경을 모르는데 어떻게 하나님을 두려워 할 수 있겠는가? 공경은 하나님의 명령이다. 네 부모를 공경하라! 부모를 공경하지 않는 자는 반드시 하나님을 공경하지 않는다. 정확하다. 부모를 공경하지 않고 하나님을 공경한다는 것은 거짓된 것이다. 하나님께서 부모를 경홀히 여기는 자는 저주를 받는다고 분명히 말씀하셨다. 하나님 나라에서 기업을 얻지 못한다. 하나님께서 부모에게 권위를 주셨다. 부모를 거역하는 것은 하나님을 거역하는 것이다. 주 안에서 부모를 따르고 순종하는 것이 곧 하나님께 하는 것이다. 하나님께서 그 권위를 부여 하셨기 때문이다. 하나님께서는 자녀를 효자로 만들 것을 강력히 요구하고 계신다. 예수님도 효자이셨다. 효를 제대로 행하도록 자식을 교육하지 않으면 자식에게 하나님의 저주가 임할 것이다. 출 21:15, "자기의 아버지나 어머니를 치는 자는 반드시 죽일지니라!" 요즘 아이들을 봤을 때 자기 마음대로 안 되면 부모를 때리고 심지어는 어머니 뺨을 치는 아이들도 있다. 하나님의 엄한 말씀을 기억해야 할 것이다. 효자로 키워낼 때 하나님께서 복을 약속하신다. 그 약속의 성취를 받아 누려야 한다. 하나님의 엄한 명령을 가벼이 여기고, 사단적인 교육법들에 권위를 두었던 시간들을 아프게 회개한다. 지금이라도 돌이켜 하나님 아버지가 말씀하신 길로 가게 된 것이 얼마나 감사한지 정말 말로 다할 길이 없다.

이번에 강의를 들으며 특히 효에 대해서 많은 감동이 왔다. 정말 부모님께 효도하며 살고 싶고, 영적 아버지에게 효도하고 싶고, 특히 하나님 아버지에게 효도하는 딸이 되고 싶다. 일평생을 진실하게 그렇게 살고 싶은 마음이 간절했다. 이 자리를 빌려 아무도 모를 어려움 속에 가정, 가정을 살리고 예수님의 피 값인 교회를 살리고자 묵묵히 사명을 감당하시는 권창규목사님께 눈물의 감사를 드리고 싶다. 아버지 감사합니다!

| 토다, 키즈토다 묵상 |

토다의 삶, 키즈토다로 자녀와 함께 말씀하시는 하나님 앞에 서다

최진(울산 대영교회)

부모 세미나를 시작할 즈음에 쉐마교육센터를 통해서 목사님께서 직접 제작하시는 묵상집이 있다는 것을 알게 되었습니다. 목사님께서 만드신 책은 성경의 원어적 의미 풀이 및 히브리적 배경과 사고를 통한 해석 외에는 다른 내용을 덧붙이지 않았다고 말씀하셔서 어떤 책일까 호기심 반 기대 반으로 기존에 하던 큐티책 대신 토다의 삶을 신청하게 되었습니다. 마침 『키즈토다』라는 어린이 묵상집이 있어서 여덟 살이 된 딸아이를 위해 함께 신청을 했습니다.

묵상을 위해 먼저 하나님께 기도를 드리고 책을 펼쳐보았습니다. 목사님께서 안내해 놓으신 대로 본문 말씀을 계속 씨하흐(읊조리며 중얼거리다) 했습니다. 생각을 끊는 것이 필요하다고 하셔서 무언가를 인위적으로 해석하거나 생각을 끄집어내려 하지 않고 계속 중얼거리기를 반복했습니다. 그런데 참 신기하게도 반복할 수록 하나님께서 오늘의 본문에서 제게 무엇을 말씀하시려는지 뚜렷해지는 것을 경험했습니다. 그것을 본문 아래에 바로 간단히 정리해 두었습니다.

그 후에, 눈을 돌려 목사님께서 풀어놓으신 포인트 설명들을 읽어보았습니다. 그 설명들을 통해 생각이 좀 더 분명하게 정리되고 확장되며 묵상이 깊어지는 것을 느꼈습니다. 몰랐던 내용은 새롭게 알게 해 주고, 알고 있던 내용은 더욱 확실히 이해할 수 있도록 해 주는 데 도움이 되었습니다. 그리고 나서 다시 본문을 여러 차례 씨하흐 하며 묵상한 것들을 제 말로 풀어서 내용을 정리하고 기록해 두었습니다. 본문에 대해 깊이 묵상할 수 있는 시간은 정말 행복하고 달콤했습니다. 하나님께서 아주 가까운 곳에서 저와 함께 하고 계시며 말씀해 주시고 있는 것처럼 느껴졌기 때문입니다.

지금까지 계속해서 민수기 말씀을 묵상하고 있는데 죄인 된 인간이 얼마나 뻔뻔하고 끈질기게 악한지 느끼고 있습니다. 그 모습이 제 모습이라 때론 아프고 때론 안타깝고 때론 밉기도 합니다. 하나님께서 기뻐하시는 것, 정말 싫어하시는 것이 무엇인지도 분명히 볼 수 있었습니다. 하나님께서는 이 세상을 하나님의 질서(바라)에 따라 만드셨고, 인간이 그 질서 안에서 하나님과 동행하며 행복하게 살기를 원하셨습니다. 하지만 죄의 뿌리가 너무도 깊고, 질기고도 질겨서 인간은 끊임없이 죄를 반복하고 죄의 열매인 죄악들을 양산해내는 모습들을 보입니다. 원망과 불평은 하나님을 신뢰하지 않는 불신앙에서 나오는 것이기에 하나님께서 너무나도 싫어하시는 것임을 이스라엘을 통해 보았습니다.

하나님의 질서와 권위에 대한 도전과 반역이 얼마나 비참하고 무서운 결과를 가져오는지도 고라 일당을 통해 보았습니다. 원망과 불평을 일삼는 이스라엘에게 염병의 재앙을 내리시자 만사천칠백명이 순식간에 죽는 장면을 보며, 원망과 불평이 염병처럼 이스라엘에 순식간에 번져 그들의 영혼을 병들게 했을 것이고 원망과 불평 그 자체가 이미 그들에게 염병이나 다름없음을 보게 하셨습니다.

이것이 『토다의 삶』이 준 은혜들입니다. 모두 알고 있는 뻔한 내용일 수도 있습니다. 하지만 묵상은 그 내용들을 온전히 제 것으로 만들어주고, 하나님께 나아가 간절히 기도하게 하고, 오늘 내게 말씀하시는 하나님을 '나의 하나님'으로 고백하게 합니다.

무엇보다 자녀와 함께 같은 본문을 묵상하는 것은 매우 큰 유익을 안겨줍니다. 아이들에게는 다소 딱딱하고 어렵게 느껴질 수 있는 본문이지만 아이가 이해할 수 있는 말로 풀어서 내용을 설명해 주다 보면 저와 자녀가 어느 새 성경 속으로 들어가 마치 그 곳에 있는 인물이 되어 이야기를 생생하게 경험하고 있습니다.

원망과 불평을 일삼는 이스라엘에게 매맞는 모세와 아론이 되기도 하고, 땅속으로 삼킴을 당한 고라 일당과 혼비백산 해 도망치는 이스라엘 백성들을 멀찍이 숨어서 보기도 하고, 반역한 무리의 향로를 가져다가 놋제단을 만들어 죄의 기념물(지크론)을 만들라는 하나님의 명령에 부지런히 망치질을 하는 레위인이 되기도 합니다. 생사의 기로에서 두려움을 내려놓고 하나님의 말씀에 의지하여 향로를 들고 선 아론이 되기도합니다.

『키즈토다』는 묵상한 것을 그림으로 표현하고 결심한 내용을 적고 기도할 수 있도록 구성되어 있는데, 위에서 말한 내용들을 그림으로 표현해 보면 됩니다. 물론 그림을 그리기 전에 아이 역시 본문을 충분히 씨하흐 하고 포인트 설명을 읽고 다시 본문을 씨하흐 하는 것을 마친 후에 그림으로 표현하게 합니다. 그림으로 표현하다보니 성경 말씀과 하나님의 뜻은 아이에게서 멀리 있지 않고 좀 더 친밀하고 가깝게 다가와 있는 것 같습니다. 그리고 전날 묵상했던 내용들까지 그림을 통해 살펴보며 반복하여 말씀을 새길 수 있어 잘 기억할 수 있도록 도와줍니다. 아직까지는 아이가 이해할 수 있도록 충분히 설명해줘야 하고 어떤 장면을 그리면 좋을지 의논도 하고 스스로 해 나가기에 부족함이 많지만, 아이가 하나님에 대해 어떤 생각을 하고 있고 본문을 통해 무엇을 느끼고 있는지 함께 나눌 수 있어 함께 키즈토다 하는 시간이 기다려집니다.

그리고 같은 본문을 묵상할 수 있어 좋은 점은 제가 먼저 묵상했기에 훨씬 수월하게 자녀에게 가르치고 설명해 줄 있다는 것입니다. 또 저 역시 자녀를 가르치며 한번 더 말씀을 새길 수 있어 매우 유익합니다. 함께 공부하며 함께 자라고 있습니다.

며칠 전에는 『키즈토다』를 한 뒤에 자신이 기도를 하겠다고 해서 그러라고 했더니 '하나님.. 하나님의 말씀이라면 두려워하지 않고 즉시 순종하게 해 주세요. 오늘은 『키즈토다』를 늦게 했지만 말씀을 배울 수 있게 해 주셔서 감사해요. 『키즈토다』를 하면서 깨달은 게 많아요. 믿음 있는 어린이, 순종하는 어린이가 되게 해 주시고 하나님을 따르지 않는 사람들이 하나님을 잘 따를 수 있게 해 주세요.예수님의 이름으로 기도합니다!' 라고 기도해 저를 조금 놀라게 했습니다.

말씀은 변화를 가져옵니다. 말씀은 능력입니다. 거룩한 습관을 만들어 나갈 수 있는 힘을 주신 것, 아이와 함께 말씀을 나눌 수 있도록 지혜를 주신 것, 말씀 묵상의 시간이 기다려지고 그 시간을 사랑하게 하신 것 그것이 제게 말씀이 가져온 변화이자 능력이며, 이 모두가 하나님의 은혜입니다.

아이가 자라 어른이 되고 제가 늙어서도 자녀와 함께 말씀을 묵상하고 나누기를 원합니다. 자녀와 함께 자신의 하나님에 대해 이야기 하고 하나님을 더 깊이 알아가며, 서로가 하나님 앞에 더 가까이 서게 되기를 간절히 소망합니다.

이 기적 같은 시간을 만들어 주시고 아름다운 시간을 쌓아가게 하실 하나님께 감사합니다.

토다의 삶과 키즈토다를 만들어주신 목사님께도 정말 감사합니다.

| 영어 암송캠프 |

나는 나 자신이 자랑스럽습니다

6기 권세은(중1, 좋은가족교회)

12일 간의 암송캠프는 재미있기도 하고 힘들기도 했습니다. 아이들과 놀고 레크레이션하고 워쉽할 때는 재미있었지만 꾸중을 듣고 슬럼프에 빠져있을 때는 힘들기도 했습니다. 하지만 전보다 나이가 많은 때 와서 그런지 많은 것이 감사하고 재미있고 많은 깨달음도 얻었습니다.

암송캠프를 5번째 참가하여서 뇌 과학에 나오는 내용들은 대부분 아는 내용이었지만 아침과 저녁에 하는 예배는 저희들에게 꼭 필요한 내용이었습니다. 믿음은 행동이 더해져야 살아있는 믿음이라는 것, 죄는 자기 마음대로 하고 자신이 자신의 주인이 되는 것이라는 말씀은 저의 허를 찌르는 말씀이었습니다. 어릴 때는 이런 이야길 들으면 '그래 아는 건 행동으로 옮겨야지, 자기마음대로 하지 말아야지' 하고 생각만 했는데 그것은 모순이었다는 것을 알게 되었습니다. 잘못하고 진짜로 거듭나지 않으면 아무리 교회를 다녀도 사탄의 자식이라는 것을 들을 때는 매우 무서웠습니다. 믿음은 신뢰이자 의존이라는 것을 깨달았습니다. 참고로 예배 때마다 하는 찬송은 매우 좋았습니다.

뇌 과학 강의에서는 공부에서 상위권에 있는 사람들은 말을 하는 사람에게서 눈을 떼지 않고 계속 집중력을 가지는데 하위권의 아이들은 집중력이 매우 떨어진다는 것, 웃음을 짓고 웃으면 병원에서 80만원 주고 받아야 하는 좋은 호르몬을 거저 얻을 수 있다는 것을 듣고 매우 신기하고 놀라웠습니다.

뇌가 좋아하는 것:
1. 반복   2. 예습
3. 긍정적인 마음가짐   4. 부담 줄여주기
5. 균형잡힘   6. 재미있는 것.

중 1이 되어서 꼭 깨달아야 하는 것을 깨닫게 되었고, 공동체 생활하는 법을 배웠습니다. 사람을 대하는 법, 암송을 열심히 하는 법을 깨달았습니다. 가족과 우리 집, 바깥의 신선한 공기 당연하다고 생각했던 것들의 중요함을 알게 되어 감사했습니다. 또 누구에게든지, 무엇이든지, 언제든지, 어디서든지, 무엇 때문에든지, 감사할 수 있는 법을 배우게 되어서 감사하고 또 감사합니다.

캠프를 마무리하면서 나는 나 자신이 자랑스럽습니다. 잠언을 다 끝내지 못했지만 24장까지 할 수 있어서 매우 감사했습니다. 또 좋은 친구들을 많이 사귈 수 있어서 매우 감사했습니다. 아무런 사건사고 없이 캠프가 진행됨과 이 캠프에 보내주신 부모님께 더 감사드립니다. 다음에도 꼭 오고 싶습니다. 그리고 매우 허전하고 아쉽습니다. 캠프의 아이들이 매우 보고 싶을 것입니다.

캠프는 내일로 끝납니다. 그 후론 일상으로 돌아갈 것입니다. 일상으로 돌아가서 내가 캠프 기간 동안 깨달은 것을 실천하고 부모님 말씀을 잘 들어야겠습니다. 일상으로 돌아가면 "네 선생님" 할 것 같습니다. 암송캠프 동안 내가 한 다짐들을 꼭 내 스스로에게 지켜주고 싶습니다.

끝으로, 내 옆에서 미운 정 고운 정 들어가며 함께 있어준 언니, 오빠, 동생과 친구들에게 사랑하고 고맙단 말해주고 싶고, 날 위해 캠프 내내 기도해주셨을 자랑스러운 목사님과 사모님이신 부모님께 감사드리며, 2주 동안 힘드셨을 텐데도 우리를 너무나 열심히 도와주시고 생각해주신 목사님과 멋지고 이쁜 선생님들께 너무너무 감사드립니다.

  제일 마지막으로, 우리를 사고 없이 인도해주시고 똑똑히 지켜주시고 암송을 열심히 하도록 도와주신 하나님께 이 모든 영광을 다 돌립니다.

| 영어 암송캠프 |

정말 즐겁고
다음에도 또 오고 싶다

6기 최승현(중1, 울산대영교회)

매일 아침 6시에 일어나서 설교 듣고, 밥먹고, 외우고, 밥먹고, 외우고 하는 것이 힘들긴 했지만 보람찬 12일이었고 은혜로운 설교, 선생님들, 착한 애들과 함께 12일을 지내고 나니 집에가고 나면 아쉬움도 많이 남을 것 같다. 하루하루가 정말 즐거웠고, 많은 것을 깨달을 수 있는 12일이었다.

선생님들이 좋았다. 늘 나에게 친절하게 해주시고 칭찬해주시는 이선희 선생님, 발음을 교정해주시고 항상 밝은 마리오 선생님, 항상 우리를 위해 헌신해주시는 좋으신 김태균 선생님, 가장 많이 노력하시고 수고해주신 장수철 선생님, 아픈 애들 돌보아주시고 암송할 때마다 모르는 게 있으면 가르쳐주시는 김은화 선생님, 장수철 선생님과 함께 수고하신 양신안 선생님, 그리고 엄격하게 암송 검사해주시고 가르쳐주신 이혜진 선생님, 마지막으로 늘 좋은 말씀 전해주신 권창규 목사님까지 모든 선생님들이 좋았고, 선생님들 덕분에 더 즐거웠던 것 같다. 정말 너무 좋았다. 친구들, 선생님, 아이들, 형, 누나들… 돌아가서도 기억에 남을 것 같다. 정말 즐겁고 다음에도 또 오고 싶다. 비록 선생님도 목사님도 친구들이 없더라도 집에서도 열심히 암송하면서 하나님 말씀을 마음에 새기고 하나님 말씀을 지키면서 열심히 살 것이다.

깨닫게 된 말씀을 정리해보면 다음과 같다.
율법을 지켜야 한다. 하나님의 말씀에 언제나 순종하는 사람이 되어야한다.

1. 창조 - 인간은 하나님에 의해 지음받았다. 하나님 말씀에 순종해야 한다.
2. 죄 - 행함이 없는 믿음은 죽은 것이다. 셋의 족보에는 하나님과 함께한 사람의 이름이 나오지만 가인의 족보에는 제일 위에 사단이 있고 그 밑에는 마귀의 자식들이 적혀 있다.

    죄 = 자기 생각대로, 마음대로 하는것.
    죽을 마귀의 자식은 지옥.

3. 십자가 - 이제 더 이상 내 마음대로 하지 않는 것. 하나님의 말씀대로 살겠다는 것.
4. 부활 - 우리는 예수님이 십자가에 돌아가심으로 말미암아 죄 용서받고 구원받아 부활할 때 천국에 간다. 하지만 주여주여 입으로만 말하지 않고 하나님의 말씀대로 행해야 한다.
5. 회개 - 회개를 하고도 죄의 마음을 가지면 예수님이 다시 십자가에 달리셔야 하는것과 같다. 하나님을 믿고 하나님의 뜻대로 행해야 한다.

6. 신뢰 - 하나님을 신뢰하고 하나님의 뜻대로 행해야 한다.

깨달은 것은 테필린처럼 하나님의 말씀을 내 머리, 내 심장에 새기고 하나님의 말씀을 하야, 쇠난되게 해서 하나님의 뜻대로 살아야겠다 것이다.
다니엘은 죽을 수도 있었지만 하나님의 율법에 순종하여 10배의 지혜를 받고 하나님께 은총을 받았다. 하나님의 말씀을 지켜 행해야 한다.

| 영어 암송캠프 |

이 방법이면
누구나 다 암송할 수 있어요

6기 최다혜(중2, 영광교회)

암송캠프 정말 들뜬 마음으로 왔다. 그러나 기대한 것만큼 미치진 못했다. 실망도 조금 했었다. 하지만 실망할 수도 있는 것에 대해 생각지 않았던 건 아니어서 많이 실망하지는 않았다. 둘째 날 처음 암송을 시작했을 때 나와 같이 온 쌍둥이 언니들은 10분도 채 안 되어 몇 절씩 외운 것 같은데 나는 아직 시작도 못하고 있었다.

원래 암송이라면 아니 외우는 거라면 진짜 못한다. 원래 외우는 것을 싫어해서 잘 안 외운다. 하지만 처음 목사님께 가서 암송한 것을 확인 받으며 나도 느꼈다. 진짜 이 방법이면 누구나 다 되는구나 싶었다. 교회에서 암송하라며 주보에 쓰여 있는 말씀도 암송하려해도 잘 되지 않아 안 하는 게 일상이었는데 여기 와서 암송이 돼서 놀랍고 신기했다. 그게 처음으로 이 곳에 와서 받은 느낌이다. 암송하는 날이 점점 더해 갈수록 3절은 기본이고 4절, 5절, 6절, 7절까지 시도하여다 검사를 맡게 되었다. 잘되니까 계속 하게 되는 것 같았다.

그리고 하면서 정말 마음가짐에 따라 하는 생각과 행동이 달라진다는 것을 깨달았다. 내가 힘들다 생각할 땐 정말 힘들고 지치지만 그래도 해보자 하면 정말 힘든데도 신기하게 성공하게 된다. 중간 중간에 암송 말고 선생님들께 훈계도 받으며 열심히 듣고 깨달은 게 많다. 암송보다 먼저인 게 인성이라는 것. 그

걸 듣고 깨달아 마음가짐과 생각도 고쳐 먹을 수 있었고 잘못된 습관도 고치고 정말 감사하다.

그리고 한 선생님께서 말씀하시던 것 중에 기억나는 것이 '여기서 느끼는 고통을 세상에 나가면 또 맛보게 될텐데 여기서 이겨내야 네가 이겨낼 수 있다' 라며 나를 훈계하시는데 마음에 엄청 와 닿았다. 정말 여기 계시는 선생님 한 분 한 분 모두 감사드린다. 이 암송캠프가 끝나고서도 모두 잊지 않을 것 같다. 암송, 선생님, 아이들, 12일, 살아가면서 좋은 경험이라 생각하고 이제 다시 일상으로 나가 많이 변한 모습으로 부모님께 그리고 주위 사람들에게 보여줄 것이다. 감사했습니다!

암송캠프를 통해 새롭게 깨닫거나 발견한 것이 많다. 목사님의 설교를 들으며 내가 몰랐던 사실을 다시 알 수 있었고, 목사님이 물으시는 질문에 나는 대답을 못했는데, 내 옆에 있던 나보다 더 어린 아이들이 대답해서 내가 15년 동안 신앙생활하면서 진짜 주님과 동행해 살아온 것이 맞나, 세상 유혹에 너무 빠져든 것이 아닌가 싶었다. 목사님의 설교를 들으며 여기를 떠나 다시 집에 가면 주님과 동행하며 우선순위가 주님이며 주님만 생각하며 주님이 우선이 될 수 있도록 하는 다혜가 되어야겠다 생각이 들었다.

그리고 지옥이 얼마나 무섭고 가기 싫은 곳인지 다시 깨닫게 되었고, 내가 지금 사는 것처럼 살게 된다면 심판도 안 받고 바로 지옥으로 보내시고 하나님께서 네가 누구냐 하시며 모른 체 하실 것 같다는 생각이 들었다. 항상 잘못된 짓을 하지 않으며 했더라도 그냥 넘기지 말고 꼭 회개해야겠다며 마음먹었다. 열심히 설교해주신 목사님께 매우 감사드린다.

그리고 뇌 강의를 들으며 뇌는 반복을 좋아하고 재미있는 것을 좋아하고 마음가짐에 따라 뇌가 달라지고 부담을 느끼며 부담을 줄여주는 게 좋고 좌뇌 우뇌

사용을 균형있게 사용해야 된다는 것을 깨닫게 되었다. 뇌를 어떻게 사용해야 되는지 잘 알게 되었으니 앞으로 공부할 때 적용해야겠다.

| 영어 암송캠프 |

처음에 진짜 하기 싫었는데
이제는, 암송이 당연한 것이 되었어요

6기 곽준호(중1, 서울성현교회)

장수철 선생님, 저에게 가르침을 주시고 끝까지 사랑을 주셔서 감사합니다.

이선희 선생님, 처음에는 선생님이 애들한테 벌도 심하게 주시고 소리도 지르셔서 조금 싫었어요. 그런데 내가 마음을 바꿔 선생님께 예의 바르게 하고 선생님을 존경하니까 어느새 선생님이 좋아졌어요. 선생님 감사합니다. 우리 김태균 선생님, 정말 착하시고 현명하신 것 같아요.

애들 끼리 싸움이 나도 '넌 이걸 잘못했고 넌 이걸 잘못했어' 이렇게 공평하게 해주시고 저희 걱정해주셔서 감사합니다. 김은화 선생님이 암송할 때마다 '준호 점점 잘하네' 이렇게 계속 칭찬해주신 것 감사합니다. 양신안 선생님, 제가 제일 좋아하는 선생님인데 제가 검사받으러 갈 때마다 정색하고 계셔서 무서웠어요. 이혜진 선생님, 항상 제가 다치면 먼저 치료해주시고 웃는 모습이 너무 예쁘세요. 선생님 지금까지 감사했습니다. 목사님 오늘 칭찬해 주신 것 감사하고 존경합니다.

처음엔 선생님들과 많이 싸우고 사이가 좋진 않았지만 시간이 지나면서 내가 조금 더 먼저 인사하고, 처음에는 하지 않던 '네, 선생님'도 하게 되었다. 그러면서 점점더 부끄러운 것도 사라지게 되었다. 그리고 여기 오기 전의 생활은 조금, 아니 아주 많이 나쁜 짓도 하고 PC방도 다니고 다른 사람이 하지 말라는 짓은 다하고 다녔다. 그리고 그 무엇보다 관계에 대해 많이 깨닫게 되었다. 원래 진짜 엄마랑 사이가 좋지 않았다. 지금 생각해보면 내가 무조건 잘못한 것인데도 짜증내고 화내고 집을 나가고 그랬던 것이 여기 와서 생활해보니깐 잘못했다는 것을 하나하나 알게 됐다. 처음에 여기 오고 싶어서 오진 않았다. 엄마랑 형이 사춘기가 심하다고 해서 억지로 온 것이다. 처음에 진짜 하기 싫었는데 이제는 암송이 당연하다고 생각된다.

잠언 영어하고 한글 암송을 하루에 한 절씩 외울 것이다. 엄마한테 어머니라고 부르지는 못하지만 다른 건 존댓말을 쓰도록 노력할 것이다. 윗사람한테 공경하고 엄마 아빠한테 순종할 것이다. PC방에 가는 것, 욕, 나쁜 짓을 자제할 것이다.

할아버지와 손자가 함께 성경을 읽는 모습

"**순종**하는 3살! **복종**하는 7살! **효도**하는 10대!"
"**자식농사** 주안에서 **내 맘**대로 됩니다."

부모훈련대학 | 토브 영어 하야(암송) 캠프 | 유니스학교
토브 홈스쿨 아카데미 | 코헨대학교KLC

토브미션은 성경적으로 자녀 및 학생들을 교육하는 원리와 실제를 가지고 가르치며 돕고 있고 조국교회와 세계에 복음전파와 더불어 복음전수사역으로 주의 재림을 예비하는 단체입니다.

미국기독교청교도홈스쿨과 유대인 그리스도인 교육법인 권창규 박사의 토브교육론에 기초하여 부모와 자녀를 돕는 부모훈련대학, 암송캠프, 각종 수련회, 온가족이 함께하는 가족수양회, 성경적 교육전문인을 양성하는(대학, 대학원 학위과정) 테필린 아카데미, 올리브 출판사를 운영하고 있습니다.

▶ 토브미션 SNS
- 모바일 홈피 http://shemaedu.modoo.at
  사역소개, 필독추천도서안내, 공지
- 네이버카페 http://cafe.naver.com/shemahome
- 카카오스토리 https://story.kakao.com/ch/shematove
- 페이스북 https://www.facebook.com/shematovedu

▶ 부모훈련대학
  http://cafe.daum.net/shemaparentedu
  http://cafe.naver.com/shemahome/4143

▶ 코헨대학교KLC(미국학위과정) http://cutsklc.org

▶ 유니스학교 https://www.eiatov.org

Tove Homeschool Academy

프로그램

토브미션에서는 부모와 교사 그리고 자녀와 학생들을 위한 다양한 사역으로 가정과 교회를 섬기고 있습니다. 자녀와 가정, 교회의 필요에 따라 활용하실 수 있습니다.

1. 부모(교사) 교육 프로그램

1) 토브교육 세미나

부모를 위한 자녀교육 입문과정입니다. 자녀를 믿음으로 키우길 원하지만 성경적 원리와 그 방법들을 알지 못해 애태우는 분들이 많습니다. 혼탁한 시대 속에서 성경적 자녀교육의 기본적인 원리와 목표 그리고 방법을 배우는 세미나입니다. 토브교육의 전체 그림을 그릴 수 있습니다.

강의 내용은, '교육은 교과학습이 아니다', '성경적 교육의 정의', '성경적 자녀교육의 7가지 기초', '신앙교육 10가지방법', '인성교육 12가지 방법', '지성교육 6가지 방법' 등입니다.

2) 부모훈련대학(매주, 집중훈련)

토브교육세미나가 큰 그림을 그리고 입문하는 과정이라면 부모훈련대학은 좀 더 구체적이고 실제적인 교육과정입니다. 현재 5학기로 구성되어 있습니다. 토브교육의 각론입니다. 1, 2학기는 성경적 육아법, 3학기는 성경적 인성교육, 4학기는 성경적 신앙교육, 5학기는 성경적 지성교육법으로 진행됩니다. 부모들을 위한 추가 학기 과정이 계속 업데이트 되고 있습니다.

매주 또는 2일 집중과정으로 진행합니다. 아주 실제적인 부분을 다루는 부모대학과정입니다. 이미 수많은 가정들이 참여하여 짧은 시간에 놀라운 변화를 경험하고 있습니다. 교회나 개별 단체에서도 요청 가능합니다. 부모대학과정으로 한국 뿐 아니라 전세계에서 많은 분들이 수강하고 변화를 경험하고 있습니다.

커리큘럼

1학기 성경적 교육 원리와 실제1		2학기 성경적 교육 원리와 실제 2	
회차	강의내용	회차	강의내용
1	순종하는 3살! 복종하는 7살! 효도하는 10대! 토브한 가정과 세상 만드는 20대!	1	잘못된 10가지 훈계법
2	세상적 육아법과 성경적 육아법 구분하기 (1) 성경으로 살펴보기	2	올바른 훈계법
3	세상적 육아법과 성경적 육아법 구분하기 (2) 비교 분석법	3	권위와 질서
4	자녀교육의 목표를 분명히 하라	4	권위자 앞에서의 올바른 요청법
5	목표에 맞는 계획수립하기	5	셀프리더십(자기주도)을 가진 아이로 키우기1
6	성경적 자녀양육을 위해 버려야 할 것들	6	셀프리더십(자기주도)을 가진 아이로 키우기2
7	칭찬으로 자녀의 기를 살리기(1)	7	책임감 있는 자녀로 키우기
8	칭찬으로 자녀의 기를 살리기(2) 칭찬의 부작용 처리법	8	책임감 없는 아이들의 10가지 요소
9	고집에 대한 성경적 이해	9	고집퇴치법
10	매로 자녀의 고집을 꺾어라!(1)	10	예절바른 아이로 키우기(권위공경)
11	매로 자녀의 고집을 꺾어라!(2)	11	공손한 아이로 키우라!
12	매로 자녀의 고집을 꺾어라!(3)	12	자녀를 효자로 만들라!

3학기 인성교육		4학기 신앙교육	
회차	강의내용	회차	강의내용
1	왜 기독교는 인성교육에 실패했는가?	1	왜 유대인 교육인가?
2	성경이 말하는 양심과 믿음과의 관계 이해	2	구약의 지상명령과 신약의 지상명령
3	인성파괴의 원인	3	성경적 가정신학
4	성경적 인성교육의 정의와 형성요소들	4	아버지 역할
5	유대인들이 13세 이전에 끝내는 인성교육	5	어머니 역할
6	신앙과 분리될 수 없는 인성교육	6	효도교육

7	세대차이 없는 인성교육방법론	7	온전한 복음 교육법
8	수직문화 형성법	8	토요일 가정식탁예배로 신앙의 명문가 만들기
9	탁월한 자신감 형성법	9	유대인의 생명의 사이클(새벽기도, 안식일, 절기)
10	민족고유전통과 기독교, 인성교육	10	자녀를 신앙, 인성, 학습천재로 만드는 암송
11	인성교육의 12가지 요소 -1	11	자녀를 신앙, 인성, 학습천재로 만드는 탈무드 디베이트
12	인성교육의 12가지 요소 -2	12	천대가 복을 누리는 신앙전수법

5학기 초대 교회 지성교육법 및 뇌과학 교육법

회차	강의 내용	회차	강의 내용
1	초대 교회 성도들의 자녀교육법	9	실습
2	하나님의 명령! 하야, 씨하흐, 다라쉬, 탈무딕 쇼파트(디베이트), 아사, 라마드	10	말하는 가정과 교실 만들기
3	성경에 나타난 배움을 위한 4가지 핵심 원리	11	하나님이 주신 최고의 작품 뇌를 이해하라!
4	디베이트에 대한 구약과 신약의 원어 이해	12	연령별 뇌기능 발달 과정 이해
5	성경의 디베이트	13	뇌파 이해 – 나의 뇌, 자녀의 뇌 건강한가?
6	원어와 히브리적 사고로 본 배움, 가르침, 학습의 의미	14	뇌과학 교육원리와 학습법
7	예수님 당시 성경연구와 해석 방법들! 차별화 된 예수님의 성경해석과 방법	15	뇌과학적으로 검증된 12가지 학습법
8	디베이트를 위해 어떻게 연구할 것인가?(12단계)		

3) 토브교육(홈스쿨)컨퍼런스

　토브교육으로 자녀를 양육하고 있는 가정과 이러한 교육을 꿈꾸는 분들이 참여하는 가족 수련회입니다. 같은 마음과 정신을 가진 이들이 모여 교제하고 발표하고 활동하는 최고의 가족 수련회가 될 것입니다. 토브가족들의 축제의 마당입니다. 성경적 교육의 최고 강사진들과 함께 온 가족이 한 마음이 되어 말씀 전수를 통해 말씀을 온 세상에 전파하는 일을 감당하게 만들어 줄 것입니다.

4) 코헨대학교KLC(미국 코헨대학교와 공동학위 수여)

기독교 홈스쿨교육과 경건한 유대 그리스도인 교육법을 바탕으로 한 학사, 석박사과정

아론의 147대손이신 게리코헨 박사가 설립하신 코헨대학교와 연계하여 신학과, 기독교교육학 학위 과정을 받을 수 있습니다. 이 과정은 세속주의 교육철학으로 무너진 가정과 교회, 학교에 진정한 성경적 교육전문가와 목회자를 양성하기 위해 세워졌습니다. 히브리 사고에 입각하여 66권의 성경을 탁월한 교수법을 통해 배우게 됩니다. 성경과 교육! 최고의 권위를 자랑합니다. 학사, 석사, 박사과정이 준비되어 있으며 탁월한 성경적 교육 즉 기독교 홈스쿨과 유대인 교육법, 초대 교회 성도들의 가정과 자녀교육의 원리를 배우고 실천할 수 있습니다. 온라인 과정으로 진행되며 필요에 따라 미국에서 공부할 수도 있습니다.

5) 성지연수 교육컨퍼런스(LA, Israel) – 자녀와 함께 가능

성경적 교육을 이야기하려면 유대인 교육을 말하지 않을 수 없습니다. 성경 즉, 구약과 신약의 초대 교회 가정들의 자녀교육을 이해하기 위해 유대인 가정의 교육 즉, 유대인 교육을 깊이 연구하는 것이 필요합니다. 연구할 뿐 아니라 예수님을 믿는 유대인 가정에서 이루어지는 교육을 몸소 체험하는 과정입니다.

이스라엘에서 만나는 유대인과, 예수님을 믿는 경건한 유대인들의 교육을 가정과 학교 그리고 회당을 중심으로 몸소 체험해보는 것은 큰 유익을 줍니다. 백번 듣는 것보다 한번 보는 것이 큰 유익이 있듯이 성지의 가정과 회당, 교육기관과 박물관을 중심으로 연구하고 공부하는 이 과정을 여러분에게 적극적으로 추천합니다. 단순한 여행(순례)이 아닙니다. 고고학자와 함께 하는 성지 연수과정입니다.

미국에는 유대인이 600만 넘게 살고 있습니다. LA의 경건한 유대인과 유대인 그리스도인의 가정을 방문하고 또한 유대인 회당과 학교와 박물관을 방문함으로 성경적 교육을 실제로 체험할 수 있습니다. 미국 기독교 홈스쿨은 세계적으로 그 명성이 높습니다. 홈스쿨 가정들을 방문하는 것 또한 기독교 교육의 매우 중요한 부분이 됩니다.

프로그램

2. 자녀(학생) 교육 프로그램

1) 토브 영어 하야(암송)캠프(매년 여름과 겨울 진행. 2주 집중과정)

자녀를 말씀의 사람으로 만드는 암송사관캠프입니다. 2주 동안 신앙과 인성, 학습적 능력을 탁월하게 만드는 검증된 영어 암송사관캠프입니다. 강도 높은 훈련과정이지만 한번 참여한 아이들이 다시 찾는 기적의 결과를 만들어내는 캠프입니다. 암송 뿐 아니라 온전한 복음과 아침 저녁 예배, 예절과 인성교육, 인내와 끈기, 자기 관리 능력을 탁월하게 만들어냅니다. 뇌과학 강의와 영어 발음을 교정하여 원어민 수준으로 바꾸어 냅니다. 한글과 영어로 암송도 하며 영성, 인성, 학습적 능력을 탁월하게 만들어냅니다.

참가자소감

"오늘 처음 아무것도 모르는 영어 잠언을 외웠다. 너무 힘들어서 한글 암송이 하고 싶었다. 그래도 내 입에서 영어가 저절로 조금이라도 나오니깐 정말 신기했다"(초2 김예지)

"부모님께 높임말을 쓰고 십계명을 잘 지킬 것이다. 이제부터 화내지 않고 차근차근 말할 것이다."(초3 윤예림)

2) LA 토브영어캠프(코헨대학교에서 열리는 3-4주간 영어연수)

고가의 다양한 영어캠프가 있지만 저렴한 비용에 실속있고 믿을 수 있으며 안전한 캠프입니다. 참여자들이 실제적인 영어 향상과 인성 변화에 부모 모두 만족하고 있으며 적극 추천하는 캠프입니다. 코헨대학교 부설 테필린 아카데미(미국)가 주최하고 토브미션과 연계하여 진행됩니다. 코헨대학교 부설 테필린 아카데미에서 발행하는 수료증을 받을 수 있습니다.

3) 토브 홈스쿨 아카데미

하나님의 말씀으로 자녀를 교육하기 위한 홈스쿨링이 확산되고 있습니다. 자녀를 학교에 보내지 않고 직접 교육하기를 원하는 부모들의 모임입니다. 서울, 경기, 대구에서 모임이 운영되고 있습니다. 토브 커리큘럼과 교재를 사용하여 가정에서 부모와 함께 홈스쿨 할 수 있도록 지원합니다. 소정의 과정을 수료한 이후 함께 참여하여 홈스쿨 할 수 있습니다. 수시로 신청 가능합니다. 각 교회내에 홈스쿨 아카데미 설립을 지원합니다.

4) 유니스 국제학교(유아·유치 과정)

어릴수록 교육의 효과는 큽니다. 가정교육과 더불어 같은 기독교적인 가치관으로 교육하는 학교(처치스쿨)가 있다면 너무 유익할 것입니다. 가정 없이 학교는 의미가 없습니다. 가정을 지원하는 유니스 국제학교는 영어와 스페인어 등의 언어 중심교육과 유대인들의 암송과 디베이트 중심의 교육으로 진행되는 학교입니다. 가정과 교회와 학교가 하나되는 학교, 유니스 국제학교입니다.

5) 유니스 국제학교(초·중·고과정)

권창규 교수의 신앙 7가지, 인성 12가지, 학습 6가지 교육법에 입각하여 자기주도학습과 뇌과학적 학습법, 언어중심, 쇠난(암송), 씨하흐(묵상), 디베이트(토론), 인성커리큘럼 중심으로 교육하는 학교입니다.

유대인 학교를 모델로 하여 기독교 홈스쿨 커리큘럼을 따른 탁월한 처치스쿨(학교)입니다. 대구 뿐 아니라 서울과 각 지역에 이 학교를 세우기를 원합니다. 성경암송과 디베이트, 씨하흐(묵상), 아침기도회를 중심으로 유대인 그리스도인 교육의 최고 장점을 바탕으로 어릴때부터 언어중심 교과로 진행합니다.

6) 토브스터디캠프(매월 또는 분기)

부모가 아이들과 함께 할 수 있는 과정으로 신앙 7가지, 인성 12가지, 지성(학습) 6가지를 구체적으로 체질화하는 캠프입니다. 경건한 유대인 그리스도인에게 배우는 경제캠프, 자기관리 캠프, 좋은 인성성품캠프, 고난의 역사캠프, 효도캠프, 남성캠프, 여성캠프, 생명의 사이클 캠프, 디베이트캠프, 학습캠프 등이 진행됩니다.

교육과정

토브미션 교육과정 안내

코헨대학교KLC 학위 과정

- 모집과정 : 대학과정(신학과, 기독교교육학과) 00명 /
  – 대학원과정(Mdiv, 기독교교육학 석사) 00명
- 문   의 : silguy97@naver.com, 010-3213-3617
  (통화가 안되는 경우는 문자나 메일로 보내주세요)
  더 자세한 내용은 http://cafe.naver.com/shemahome/2636 에서 확인하십시오.

온라인 부모훈련대학

- 상시접수 : 다음카페 [부모훈련대학]
  http://cafe.daum.com/shemahome/4143

온라인 과정의 부모교육프로그램입니다. 오프라인 강의는 서울 경기에서 진행되며 각 교회나 단체 요청시 인텐시브과정으로 진행됩니다.

온라인 토브홈스쿨아카데미

- 상시접수 : 네이버카페 [토브미션]
  http://cafe.naver.com/shemahome/1920

대구, 서울, 경기 지역 코업에 참여가 어려운 분들과 홈스쿨 가정들을 위한 홈스쿨지원프로그램입니다.

서울 경기 대구 홈스쿨학교(토브홈스쿨아카데미)
신입가정 모집안내

- 등록자격 : 부모훈련대학 1학기 과정을 수강 완료한 부모대학 회원
- 봄 학 기 : 매년 3월~6월(16주) 가을학기 매년 9월~12월(14주)
- 등록문의 : 010-3337-3617(대구),

Tel: 010-3213-3617   이메일 : silguy97@hanmail.net

사이트 : **네이버카페 토브미션**
(cafe.naver.com/shemahome)

입금계좌 : 대구은행 033-10-004019 좋은가족교회

도서소개

[묵상집 시리즈]

〈원어의 바른 이해와 히브리 사고로 묵상하는 묵상집〉
- 토다의 삶(성인~초등고학년)
- 키즈토다(초등저학년~ 유아)

유아부터 초등 저학년까지는 [키즈토다]로, 그 이상 연령과 성인은 [토다의 삶]으로 온 가족이 함께 히브리 원어로 풀어진 내용으로 묵상하실 수 있습니다.
성경 속에 숨겨진 하나님의 뜻으로 아침마다 온 가족 영혼을 적시며 은혜로운 하루를 시작하십시오.

- 신청방법은 1년 정기구독 혹은 매달 단회 신청으로 하실 수 있습니다.
- 토브미션 신청게시판 http://cafe.naver.com/shemahome/4137

[성경디베이트교재 쉐마북]

디베이트 자료로 사용할 수 있습니다.
- 토라교육 : 원어에 대한 바른 이해와 히브리 사고로 말씀을 묵상할 수 있습니다.
- 지혜교육 : 잠언을 히브리 원어로 해석하여 풀어낸 성경적인 지혜를 제공합니다.
- 효도교육 : 부모에게 효를 행할 수 있도록 구체적인 지침과 지혜를 담아 놓았습니다.
- 경제교육 : 경제에 대한 올바른 마인드와 사고를 기르도록 도움을 줍니다.
- 성품교육 : 구체적이고 다각적인 방법을 통한 성품을 훈련하고 배울 수 있습니다.

이 교재는 토브홈스쿨아카데미 회원에게 공급되고 있습니다.

도서 소개

[자식농사]

이 책은 권창규박사가 11년동안의 홈스쿨 경험과 구약과 초대교회 교육까지의 교육 원리를 정리하고 임상을 토대로 내놓은 책입니다.
부모대학과 각종 세미나를 통해 수많은 가정의 부모와 자녀들이 변한 원리와 교육방법이 담겨있습니다. 부록으로 토브교육을 적용한 간증과 사례들이 실려있습니다.

하나님의 말씀대로 교육을 하면 '자식농사가 주안에서 내 마음대로 된다'는 이 선언이 방향을 잃고 헤매는 한국의 믿음의 가정과 교회 그리고 사회에 큰 파장을 일으킬 것입니다.

[테필린 실제적 교육법]

- 3년동안 4천구절 암송의 비밀 (실제적 성경암송교육법)

토브홈스쿨아카데미 회원 가정의 자녀들이 아카데미와 암송캠프를 통하여 3년동안 4천구절 이상 암송하는 열매를 맺었습니다. 그 비결과 살아있는 간증이 담겨있어 암송교육을 지도하시는 지도자와 부모님께 적극 추천하는 교재입니다.

2014년 가을에 개최한 "토브암송실전세미나"의 내용이 고스란히 담겨있으며, 이 책을 구입하시는 분들은 암송교재 구입이 가능합니다. 성경적인 암송의 비결을 먼저 읽으신 후에 암송교재를 잘 활용하시기 바랍니다.

- 부록내용
  - 재미가 붙으니 하루 종일 영어로 잠언을 중얼거리기 시작했습니다.
  - 1년만에 우리집 암송가정이 되었어요
  - 5분에 3절이 외워져요!
  - 테필린 암송영재로 키울께요
  - 말씀의 사람, '하야'로부터 출발합니다
  - 아이들이 춤을 추며 암송 하야해요
  - 영어 암송후 은수의 발음을 듣고 주변에서 놀라워 해요.
  - 지속하는 암송이 힘이다
  - 8살 아들 암송캠프 다녀와서 파닉스 가르쳐 달라고

도서소개

[토브하야(암송)시리즈]

1. 잠언 한글
2. 잠언 영어
3. 요한계시록
4. 로마서 한글
5. 로마서 영어
6. 창세기 한글 상
7. 창세기 한글 하
8. 창세기 영어 상
9. 창세기 영어 하
10. 마태복음

한글교재는 개역개정이며, 잠언, 요한계시록, 로마서, 창세기 교재가 발간되어 있으며, 영어교재는 NKJV 이며, 잠언, 로마서, 창세기, 교재로 발간되어 있습니다. 앞으로 모세오경과 복음서가 순차적으로 발간될 예정입니다.

[토브교육시리즈]

- 토브교육학
- 토브 성경적 교육방법론1·2
- 토브 인성교육학
- 토브 신앙교육학
- 성경적 지성교육법

성경적인 부모교육을 위한 교재 시리즈로 토브교육세미나와 부모훈련대학 강의교재로 사용됩니다. 영적이고 학습적인 자녀교육 이전에 준비되어야 할 부모들의 준비된 마인드와 교육태도를 먼저 만드는 것이 중요한 만큼 부모훈련대학에 토브미션의 기본가치와 기초가 담겨있습니다.
부모훈련대학을 모든 과정 이전에 첫 과정으로 선택하시길 추천해드립니다.

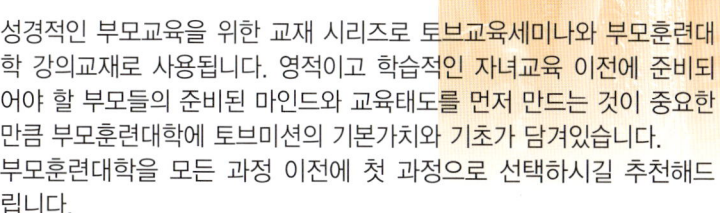

[세미나 동영상 시리즈]

● 토브교육세미나 세트 (토브교육세미나 CD2장+ 강의교재)

부모훈련대학의 필독서이며
입문과정입니다.

● 1회 토브교육컨퍼런스 세트 (토브교육컨퍼런스CD2장+강의교재)

성경적인 자녀교육 및 홈스쿨링의 기초 과정으로
필수 과정이며, 토브홈스쿨아카데미 입회를 위한
필독서 입니다.

[성경달력]

● 미국에서 이스라엘 선교사역을 하시는 시온의 빛 선교회(김성수선교사)를 수익금 전액으로 후원하기 위해 토브미션이 여호와의 절기가 담긴 성경력(유대력)과 태양력이 함께 기록되어 있는 달력을 매년 제작 합니다.

토브교육

서울홈스쿨모임

경기홈스쿨모임

대구홈스쿨모임

가장 좋아 하는 사진이다.
할아버지와 손자의 손이다. 할아버지가 두루마리 토라에 포인트를 짚으며 손자와 성경을 읽고 있다.
유대박물관에서 찍은 사진

토라를 소중히 여기는 사람들!
회당앞에 두루마리 토라가 늘 비치되어 있었다.

토브 교육

길거리를 지나면서 메노라를 쉽게 접할 수 있다. 유대인들은 많은 상징들로 하나님이 일하셨던 모습을 기억하고 자손들에게 가르친다.

새벽기도도 삼대가 함께하고 있다. 신앙전수위해 삼대가 늘 함께 한다.

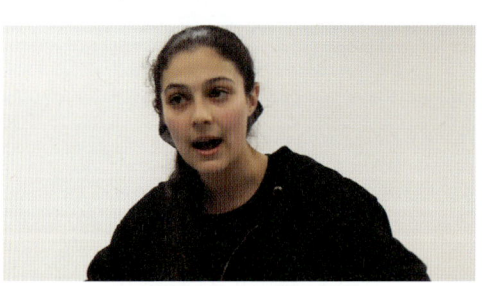

유대 여고생들과의 짧은 만남이었지만 매우 인상적이었다. 인생의 목표가 무엇이냐고 물었을 때 믿음의 유대청년과 결혼해 자녀를 많이 낳아 기르는 것, 세상을 좀더 토브하게 만드는 것이라고 했다.

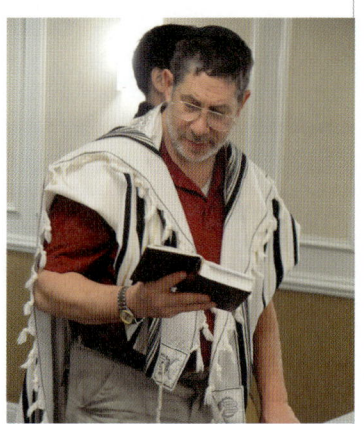

새벽기도하는 모습. 다니엘처럼 하루 3번 기도하고 있다.

약속이라도 한듯 질문에 동일한 내용으로 답변하고 있다. 여성의 삶의 목적을 들으며 잠언 31장이 생각났다.